JN005683

入門

Introduction to the core of marketing

マーケティング
の核心

—マーケティングの未来を展望する—

石川 和男　佐々木 茂　石原 慎士 編著
Ishikawa Kazuo　Sasaki Shigeru　Ishihara Shinji

同友館

はしがき

　2020年は，年初から世界中が新型コロナウイルス禍に見舞われた。現在もその影響下にあり，早く日常が戻ることが待ち遠しい日々である。コロナ禍により，多くの企業は経済的な打撃を受けた。一方，コロナ禍にありながらも業績を伸ばした企業もある。その違いはどこにあるのであろうか。同じ産業同じ業種に属する企業でも明暗が分かれた。

　コロナ禍でも，業績を伸ばした企業は，顧客対応，つまり市場対応を柔軟に行い，そのシーンに合わせたいわゆるサービスを含んだ商品を提供し続けている。そこでは事業活動の時間（営業時間）が制限されても，開店時間を前倒したり，店内だけではなく，持ち帰りの商品を用意したりするなど，柔軟に顧客対応をした企業であるといえよう。

　本書は，どの章においてもいかに顧客対応をするかを念頭においている。第1章ではマーケティングの全体図をその歴史に遡り，マーケティングとは何かを取り上げている。マーケティング活動の対象は，企業や公的組織も顧客としてマーケティング対象となるが，中心は消費者であるため，第2章ではその行動を消費者行動研究の時系列的流れに沿って言及している。またマーケティング環境を分析する必要があるため，第3章では主に経営戦略で言及される中心的な分析法について取り上げている。その上で第4章ではマーケティング戦略において独特な部分について言及している。

　第5章から第8章は，通常，マーケティング・マネジメントとよばれ，経営者視点における製品，価格，チャネル，プロモーションを各章で取り上げている。これらの章では，特にICTがマーケティング活動でも重視されていることから，その生かし方についても言及している。そして第9章では，1980年代後半からマーケティング活動の中で重みを増してきたブランド・マネジメントについて1章分を割いて取り上げている。

　第10章では，マーケティング・リサーチについて，特に定量調査を中心と

して説明している。第11章では，マーケティング活動が国境を越え，グローバルに展開される中で，一国内におけるマーケティングとの相違を中心としている。第12章では単なる販売ではなく，売り手と買い手の関係創造という側面を重視する関係性マーケティングを取り上げている。第13章では，サービス経済化が進む中，モノ（製品）マーケティングとは異なるコト（サービス）マーケティングの特異性を中心に取り上げ，2004年以降，注目度が増しているサービス・ドミナント・ロジックにも言及している。

第14章では，1970年前後にマーケティング拡張論争となったソーシャル・マーケティングを取り上げている。特に近年重要になってきた社会変革のためのマーケティングにも注目している。第15章では，21世紀になり，マーケティングの重要課題となってきた側面や新たなマーケティングの視角について取り上げている。

以上のように本書は，これまでのマーケティング論で取り上げられてきた一般的なマネジメント色の強い面と戦略の面，そして昨今注目されている事象についてマーケティングの側面からわかりやすく取り上げている。われわれが「マーケティングの核心」と考える部分は，若干異なっている部分もあるが，市場対応としてのマーケティングを念頭に置き，まとめたものである。本書を通して学ぶ際には，読者にはいかに市場対応をしているのかという視点を常に持ち続け，知識を深めてもらいたい。

本書の出版にあたっては，㈱同友館出版部の佐藤文彦氏には，執筆や校正が遅れ気味になる中，気長に待っていただき，時に適切な助言をいただいたことに感謝する次第である。

2021年3月

⊙目　次⊙

v

第 1 章

マーケティングの構図

はじめに

マーケティングを本格的に学ぶ前に，その成立と発展について触れる必要がある。それはどのような学問も，その形成過程に触れることで，なぜそれが成立したのか，成立せざるを得なかったかについて理解できるためである。マーケティングは，実践的な課題解決のための方法としてその誕生をみた。その概念（コンセプト）は，当時の社会や経済と大きく関係し，1世紀あまりの間に度々変遷し，現在に至っている。また，半世紀以上前に唱えられたマーケティング・マネジメントは，マーケティング要素である製品，価格，流通，広告・販売促進を組み合わせること（マーケティング・ミックス）によって顧客に対応する。企業はこれを実践するだけでなく，その成長には戦略的に市場を捉える必要がある。さらにマーケティングは，営利企業（組織）の経営手法から非営利組織の対顧客活動の側面，営利組織が社会責任を果たし，社会貢献を行うことを支援する側面も認識されるようになった。本章では，マーケティング・マネジメントとマーケティング戦略を中心にマーケティングの構図を学ぶ。

1. マーケティング概史

　マーケティングの歴史は，実践史と学説史に分けられる。前者は，マーケティング活動が行われてきた歴史をたどるものであり，後者はマーケティングに関する様々な言説や理論らしきものの歴史をたどるものである。

(1) 農産物マーケティングからの発展

　多くの学問は，ヨーロッパにその起源を求めることが多い。実際，哲学，文学，法学，経済学などは，ヨーロッパで生まれた。しかしマーケティングは，アメリカで誕生したとするのが通説である。それはアメリカの経済成長に大きく関わっている。同国は主にヨーロッパからの移民により成立し，その経済成長は農業から始まった。そこにおける農業は，収穫量を増やすために土地を耕し，栽培方法や肥料を工夫し，農業機械を開発・進化させ，大規模化した。一方，増加した農産物を受容する市場は，生産量の増加に追いつかず，余剰生産物が発生するようになった。これをいかに取り扱うかが課題となった。

　農産物は，そのまま消費しようとすれば，それを消費するだけの市場が近隣に必要となる。しかし，人口増加はそれに追いつかず，農産物を加工し，保存可能な製品へと生まれ変わらせていった。当初，小規模であった農産物の加工所は，やがて大きな食品工場となり，いわゆる食品メーカーへと変貌した。今日，世界的に有名なアメリカの食品メーカーは，自社製品にブランドを付与し，市場に働きかけるようになった。したがって，**マーケティング実践史**は，農業における過剰生産物問題にその誕生を求めることができよう。この余剰生産物を加工し，農産物は加工食品となり，長期間保存でき，距離の離れた場所まで輸送されるようになった。消費者が生産者の顔を見ることができなくなると，製品に対して消費者の様々な不安が起きる。そこで生産者は，製品にブランドを付与することにより，品質に間違いのないことも訴求していくこととなった。今日，**ブランド戦略**が盛んであるが，ここでのブランドには生産者の区別と品質保証の意味があった。

(2) 差別化としてのマーケティング活動

　19世紀の終わり，アメリカでは農産物を加工する食品メーカーだけではなく，工業製品の製造も開始され，その生産量も増加していった。ヨーロッパから同国に伝えられた自動車（四輪車）は，農業国アメリカの風景を大きく変化させた。自動車は，当初「馬なし馬車」と呼ばれたが，ヘンリー・フォードが大量生産方式を生み出し，**Model-T**（**T型フォード**）を大量生産し，規模の経済性により，その価格が低下すると一気に普及が進んだ。同様に多くの耐久消費財も自動車と同様，大量生産によりその価格が低下し，一般家庭にも普及し始めた。同国では，人々がこうした物質的な豊かさを感じることができるようになった。一方，大量生産が軌道に乗ると，先の農産物と同様に**大量生産**された製品を受容できる市場が必要となった。しかし，一度購入した耐久消費財は買換え以外では，なかなか販売できず，いかに市場に受容されるかという課題がまた突きつけられるようになった。

　フォードは，T型フォードの発売開始から15年後には約3分の1の価格で販売した。しかし，市場が飽和したため，価格の低下は顧客への大きな訴求要素にはならなかった。飽和市場では，どのように商品を販売すべきかが課題となった。T型フォードは，同じスタイルでボディの色は黒であったが，GM（General Motors）は多様なスタイルで多様な色の車を販売するようになった。そうすると飽和した自動車市場ではあったが，GMの提案は市場に受容され，購入者は増加した。ここでは，多様な**消費者ニーズ**に対応したGMが，マーケティングによって自動車市場の主導権を握ることが可能になったことが理解できる。つまり，飽和市場でも顧客ニーズを把握することにより，さらに販売を増やすことが可能となる。これを可能にした方法がマーケティングに他ならない。

　マーケティングの歴史は，市場対応の歴史である。顧客ニーズを明確に把握し，それに適合する製品情報を適切に伝達し，適切な価格で，顧客が入手しやすい方法で提供することが，ある時点までのマーケティングであった。マーケティングの実践史は，ある時点までは顧客対応の歴史である。

(3) マーケティング学説史研究の展開

　一方，マーケティング学説史は，ショー（Shaw, A.W.）が1912年に執筆した「市場配給に関する若干の問題」という論文を契機として開始された。同論文では，商人機能を取り上げ，区分しようとした。その後，これを修正したのが，ウェルド（Weld, D.H.）であった。さらに明確に整理したのがクラーク（Clark, F.E.）であった。これら一連の研究は，マーケティング機能研究や流通機能研究としても位置づけられる。先にマーケティングの誕生で取り上げた余剰生産物をいかに市場に販売するかについて，発生する様々な機能を理論的に説明しようとするものであった。したがって，当初のマーケティング学説に区分される研究は，社会的視点から農産物流通を取り上げたものであり，今日，**マクロ・マーケティング研究**に位置づけられる。ここでもわかるように，実際に社会で起こっていることを理論的に説明するためにマーケティング研究は生まれたといえよう。**マーケティング学説史**研究は，その後，ミクロ・マーケティング研究の萌芽もあったが，現実をいかに説明し，未来を予測しようという方向は今日も変わりない。

2. マーケティングの主体・対象

　マーケティングの主体は，一般にマーケティング活動を行う人や組織である。ここでは主体を働きかける側とする。一方でマーケティングの対象は，一般にマーケティング活動を受ける人や組織である。ここでは働きかけられる側とする。

　マーケティングが開始された頃，マーケティング活動の主体は，農業生産者（生産者）であった。彼らは自らが生産した農産物をマーケティング対象である消費者に口まで運んでもらい，マーケティング活動が終結すると考えていた。当時のマーケティング活動の主体である生産者は，その対象である消費者に消費してもらうことが最大の関心だったのではなく，とりあえず自らの手を離れること（販売）に傾注した。それは生産者の当座の目標として，自らの手

を離れ，その代金が貨幣として入ることを期待したからである。また生産者の顔を知らない消費者は，良質な農産物を安価に入手できることを期待しただけであった。

　生産者の手を離れ，流通段階に乗ることで，農産物は**商品**となる。通常，商品には**有形財**と**無形財**がある。有形財は文字通り物理的な形態を有するが，無形財はいわゆるサービス（用役）であり，物理的形態を有しない。また有形財は，最終的に消費者により消費使用される消費財と，**産業用使用者**により使用・消費される産業財に分けられる。マーケティングが中心に扱ってきたのは，消費財であった。そのため，ここでも消費財を中心に取り上げるが，現在のマーケティング活動では産業財やサービスも扱われる。

(1) マーケティング主体の移動

　通常，マーケティングが行われるには，生産者と消費者間には中間業者である流通業者が介在する。したがって，生産者が生産物（商品）の所有権を移転する対象の多くは，これら流通業者である。流通業者も，卸売業者から卸売業者，あるいは小売業者へと主体と対象は，場合によって異なる。また流通は小売業者から消費者へ商品が移転すると一応完結する。このように考えると，マーケティングの主体は商品の移転により変化し，対象も最終的には消費者となるが，産業用の使用者など消費者ではない対象も登場するようになった。

　時代が進むとマーケティングの主体は，個人から複数の人が集合する組織へと変化した。さらに組織は大きくなり，大規模組織が形成された。現在，大規模組織である主体は，最終的に当該商品を消費するのが消費者である場合，個人の消費者に対してマーケティングを行う。マーケティングは直接行う場合もあれば，大規模生産者と消費者の間に介在する流通業者を介して行う場合がある。このように見るとマーケティングは，主体である生産者が対象である直接最終消費者に対して行う場合もあり，生産者が直接的な取引先となる卸売業者に対して行う場合や，当該卸売業者が主体となり，取引の対象となる卸売業者や小売業者，またこれらが主体となり，販売の対象となる消費者に対しても行

われることもある。

　マーケティングでは，消費財（商品）の生産者がまず働きかける主体となり，働きかけられる対象である**流通業者**，つぎに流通業者が働きかける主体となり，場合によっては複数段階を経て，最終的に働きかけられる対象の消費者に届く。この一連の流れで注意しなければならないのは，商品の所有権である。形がある商品の所有権は，生産者から流通業者，消費者へと移転する。その逆流として貨幣の流れがある。マーケティングでは，商品の所有権だけではなく，有形財の場合はその物理的移動や情報伝達にも注意を払う必要がある。

3. マーケティング概念

　マーケティング概念とは，マーケティングを行う主体が働きかけをする対象に，どのような考え方により，対象や市場全体をとらえているかを短く表したものである。それはマーケティング自体が，まだそのかたちを表していない時代にも，主体が対象にどのように働きかけるかについては様々な考え方が存在した。たとえば，過剰生産物に悩む農業生産者は，いかに自らが生産した農産物を働きかける対象に受容してもらうかを考えること自体，マーケティングコンセプトを明確化する第一歩であった。通常，マーケティング概念は，①**製品志向**，②**販売志向**，③**顧客志向**，④**社会志向**という段階を経て，進化してきた（図表1-1）。

図表1-1　マーケティング概念の推移

| 製品志向 | 販売志向 | 顧客志向 | **社会志向** |

出所：筆者作成

(1) 製品志向

製品志向は，「よいモノ（製品）を作ればよし」とする考え方である。現在もこの考え方は，製造業者（メーカー）には色濃くある。製造業者は，自らが製造したいモノを製造し，それを顧客は受容すべきと考える。現在も，顧客は魅力的な商品には列をつくり，購買しようとする光景が見られる。入手できるまで何年も待たなければならない商品もある。しかし，われわれが日常生活で使用・消費する商品を眺めると，製造業者の思いだけで製造された商品はわずかであり，消費・使用する側の思いや考えが反映されていることに気づく。

大規模製造業者は，研究開発部などで様々な研究をしているが，そこで得られた「製品のタネ（seeds）」をいかに製品へと結びつけるかが重要である。これらのタネを，他の要素を考慮せずに製品へ結びつけることが製品志向であり，研究者や技術者の思いが製品に反映される。しかし，色濃く反映されると，顧客が反応しない製品となる場合がある。その傾向はわが国の研究者や技術者に強いとされるが，とくに顧客から良好な反応が得られなくなった商品には，しばしば「ガラパゴス化した」という言葉が投げかけられることがある。これは製品志向がきわまった状態を表している。

(2) 販売志向

マーケティングは，「売れる仕組みをつくること」といわれる。マーケティング概史で触れたように，需要が供給を上回る状況では，製造すれば売れるため，販売努力をしなくても販売はそれほど困難ではない。しかし，次第に生産効率が上昇すると，それ以前とは反対に様々な局面で供給が需要を上回るようになった。そうなると，いかに販売量を増やすかが製造業者の大きな関心事となる。製造業者は，自ら製造した製品（商品）が最終的に使用・消費される段階に達することを望む。ただ，製造業者の元を離れ（所有権が移転），貨幣が入ってくればよしとする風潮もある。消費財の場合，最終消費者に盛んに広告を掲出，情報を伝達し，他方で流通業者には様々な手法で商品を押し込むことが常態化した。このような状況を**販売志向**という。したがって，売れる仕組み

の形成ではなく，いかに取引先に対して押し込んでいくかを重要視するものである。

　大規模組織の場合，組織内に「販売部」や「営業部」が組織され，流通業者に様々な攻勢（圧力）をかけ，商品を引き取ってもらう（買い取ってもらう）ことが日常茶飯となった。そこでは様々な販売促進策を実行し，市場が拡大しないまま，流通業者に無理矢理押し込んでいくことが行われる局面もあった。このような販売志向はやがて限界となり，最終顧客だけではなく，流通業者からも反発が出た。そこで新たな市場への考え方が必要となった。

(3) 顧客志向

　マーケティング主体が，対象とする顧客は，消費者だけではなく，産業用使用者も含まれる。しかし，様々な局面で需要が供給を下回る状況が継続すると，なぜ需要が伸張しないかを考えるようになった。これらを考える前に，市場に商品を押し込もうとしたのが販売志向であったが，すぐに市場の限界が見えるようになった。そこで顧客（市場）は何を欲しているかを様々な手法により調査し，それを商品に反映させようとする動きが見られるようになった。言い換えると，製造業者は市場ニーズを探り，それを反映した商品を製造することに関心を向けるようになった。つまり，販売志向からの転換を意味する。

　マーケティング主体は，顧客ニーズを探求し，**ニーズ**に適合した商品を提供することが，まさしく**顧客志向**である。ただ顧客が直接欲しいものを発しなくなると，製造業者は**マーケティングリサーチ**をし，顧客ニーズを把握しようとした。実際，顧客ニーズを把握し，市場に出された商品も多くある。ただ，消費者に代表される顧客ニーズは変化しやすく，マーケティングリサーチの結果が分析され，それを反映させた商品が市場に出る頃には，顧客ニーズは過去のものとなっていることもある。したがって，マーケティング主体は，顧客が意識していないニーズを探ることを考えなければならなくなった。この段階では，ニーズ志向ではなく，顧客の顕在化したニーズを超え，顕在化していないニーズを探求し，マーケティング主体が積極的に提案することが重要になっ

た。現在，顧客は欲しいものが具体的に何かがわからず，企業が提示した商品が結果的に適合していたという事例が多い。現在，流行している商品は顧客ニーズが顕在化していたのではなく，顧客が目の前に商品として提示されてはじめて購買意欲がそそられ，購入に至った商品が多い。

(4) 社会志向

　経済が豊かになると，消費生活の面では物質的な豊かさが達成され，モノに溢れた生活が一般的になる。消費生活に必要な食品などは，新規に購買しなければならないが，**耐久消費財**などは買換えが中心になった。一方，自らの消費を顧みようという動きも見られるようになった。先進国を中心に必要最低限のモノしか持たない生活やこれまでの消費生活を振り返り，自らの生活が環境に対して負荷をかけてきた状況を反省する消費者も現れるようになった。企業はこのような顧客にも対応しなければならなくなった。

　1980年代後半から，環境への企業の責任や消費者自身の消費生活の社会性を考えることが行われるようになった。企業はこれまでの企業行動を社会的に見た場合，どのようなものであったのか。消費者は自らの生活が，社会的にマイナスの影響を与えていることへの反省をするようになった。企業はその社会的責任を果たすことの重要性，消費者は倫理的消費が求められる社会となってきた。それは21世紀になるとより強くなり，マーケティング主体だけではなく，マーケティング対象においても社会志向が求められるようになった。まさにマーケティングは，個別の企業が顧客に向けるだけではなく，社会にも向けられており，そのような志向（**社会志向**）が求められる社会となった。

　以上のようにマーケティング概念は，時代や地域により，若干の差はあるが，4つの段階を経て展開してきた。それはマーケティングが，個別企業の対顧客に向けた活動だけではなく，広く社会で重要な機能を果たすようになった軌跡といえよう。

4. マーケティング・マネジメントとマーケティング戦略

　マーケティングは，具体的に何を顧客（市場）に対して働きかける活動であろうか。それを端的に説明したのがマッカーシー（McCarthy, E.J.）であった。マッカーシーがマーケティングを企業経営者視点で位置づけて以降，マーケティングは**4P**（product, price, place, promotion）を意識することが明確になった。これら4つのPをうまく掛け合わせるマーケティング・ミックスを行い，これを市場に対して行う活動が**マーケティング・マネジメント**である。他方，マーケティングを実践するには，マーケティング・ミックスを操作すればよいが，それ以前に自社の顧客は誰であるのか，また顧客を区分し，各顧客に適合した商品あるいは特定の顧客に適合する商品を提示することが必要となった。それが**STP**（segmentation, targeting, positioning）と表現される**マーケティング戦略**である。

(1) マーケティング・マネジメント

　先にも触れたように，企業はマーケティングの4要素（製品，価格，流通，広告・販売促進）を掛け合わせることにより，顧客（市場）への対応努力を重ねる。しばしば，これら4要素は並列にされることもあるが，やはり製品があっての価格，流通，広告・販売促進対応となるため，図表1-2のように製品をピラミッドの上部部分に位置づけると理解しやすくなる。

①製品マネジメント

　マーケティングにおける製品は，顧客にとって様々な課題を解決する「便益の束」という捉え方がされる（Kotler, P.）。顧客が製品を購入するのは，何らかの課題を解決するためであり，同じ製品でも顧客には解決したい課題は異なる場合がある。そのために製造業者は，製品を顧客の課題を解決するモノとする捉え方，媒介する流通業者にも同様の捉え方が必要となる。その上で，新製品の開発・改良，ブランド付与などが行われる。

図表1-2　マーケティングの4要素

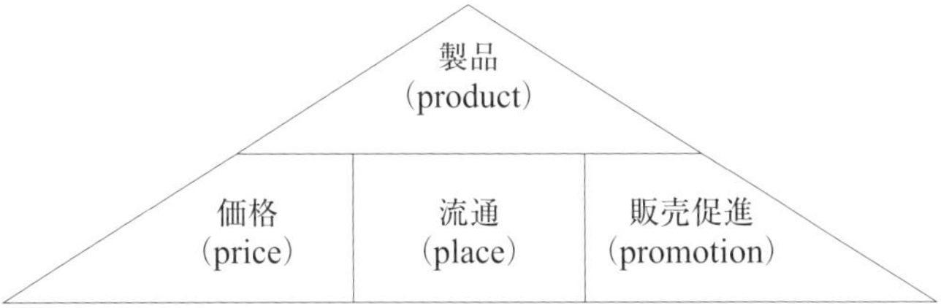

出所：筆者作成

②価格マネジメント

　マーケティングにおける価格は，多くの場合，単に製造にかかった費用に利益を付加することではない。常に安い価格という意味ではなく，顧客が受容しやすい価格を目標とし，製造過程や流通過程を考慮する。さらにサービスの価格付けでは，顧客や供給状況を考え，柔軟に変更することも必要となる。

③流通マネジメント

　マーケティングにおける流通は，顧客が商品を入手し，受容やすい場所にいかに商品を配置（荷）するかという問題である。日用品であれば，顧客の購買頻度が多く，生活上，急に必要になることもある。したがって，ごく身近で入手しやすい場所に配置されなければならない。耐久消費財などの場合，購買頻度がそれほど多くないため，販売時には商品の説明を行い，説得しなければならない。そのため，配置する場所の数や位置を考慮する必要がある。

④広告・販売促進マネジメント

　マーケティングにおける広告・販売促進は，単に顧客に情報を伝達し，言葉巧みに商品を購入してもらうことではない。顧客が商品を選択する上で重要な情報をきちんと伝達し，場合によっては使用場面を見せ，納得し，購入してもらうことが必要となる。したがって，広告・販売促進活動は，顧客との十分なコミュニケーションをとり，売り手が発信するメッセージを理解してもらう必要がある。

図表1-3　STP戦略

S(Segmentation)	T(Targeting)	P(Positionig)
同質ニーズのグループに分類	標的とする顧客層の絞り込み	ターゲットに自社の優位性を明確化

出所：筆者作成

(2) マーケティング戦略

　マーケティングが誕生としたとされる19世紀後半には，過剰農産物をいかに市場に押し込むかが課題であった。その後，農産物だけでなく，工場で生産した製品が中心になると生産効率が上昇し，供給が需要を上回るようになった。アメリカでは，第1次世界大戦前の時期，過剰となった製品も，現在行われているような標的（ターゲット）や顧客ニーズによって，製品を変更せずにマーケティング活動を行っていた。こうした全体市場に対し，同一製品のマーケティング行うことをマス・マーケティングという。コカ・コーラなどは，マス・マーケティングの典型である。こうした単一製品を全体市場，最近ではグローバル市場に対してマーケティングを行う企業はごくわずかである。対応できる企業の場合，顧客層によって製品に変更し（**製品差別化**），顧客層という言葉からもわかるようにマーケティング対象とする顧客も複数に区分する。場合によっては，顧客と想定していなかった顧客層が存在する場合もある。

　マーケティング主体が，対顧客（市場）をいくつかに区分，区分した顧客に各々異なる製品を提供する姿勢は，先に取り上げたマーケティング・マネジメントによる製品ミックスを考慮する。これらは，通常マーケティング戦略と呼ばれ，その活動の頭文字から「**STP**」と表現されることもある。最近は「戦略の時代」といわれ，戦略をもとに事業のあり方について考える。ただ「戦略」（Strategy）は，企業にとって当該企業の5年先，10年先を見据えたものであり，企業は5年先，10年先にどうありたいかを目標として据えるものである。そこでしばしば混同されるのが「戦術」（Tactics）である。戦術は，たとえば個別企業の製品売上が落ちてきた際，対前年と同じ水準にまで引き上げようと

する対応のようなものであり，戦略よりも短期の対応となる。したがってマーケティング活動では，マーケティング戦略を立案し，その上でマーケティング・マネジメントを行う必要がある。

5. マーケティングの領域拡大

　長い間マーケティングは，営利追求を目的とする企業（組織）のための技術という捉え方をされることが多かった。言い換えると，営利企業が利益追求を第一義とするため，顧客（市場）対応する手段としてマーケティングを位置づけることが一般的であった。

(1) 非営利組織のマーケティング

　顧客に対応するという側面を考えると，営利を組織の第一義としない場合など，様々な状況がある。**非営利組織**が，対象顧客にマーケティング・ミックスの解釈を変更，提供しようとする場合がその典型である。たとえば，病院という組織（非営利組織）が，顧客（患者）に対し，治療や治癒，心の安らぎを提供する場合，形がある有形財ではなく，いわゆるサービス（無形財）を提供することにより，顧客からは代金という名称ではなく（医療費，治療費など），報酬を受け取る。これらの活動（対応）もマーケティング活動として捉えようという動きが，1960年代後半から1970年代にかけて起こった。これは「マーケティング境界論争」と呼ばれた。先にあげたように，病院のような非営利組織もマーケティングの主体と捉えていこうとする「非営利組織（企業）のマーケティング」の動きが見られるようになった。一方，マーケティングはあくまでも営利企業のものであり，非営利組織は含めるべきではないという研究や動きもあり，研究場面では大きな論争となった。

(2) 営利企業における社会責任・社会貢献のマーケティング

　営利企業は，利益を追求するだけではなく，当該企業の存在で発生する社会

問題（公害やゴミ問題など）にも積極的に責任を果たすべきとする営利企業の**「社会責任のマーケティング」**もほぼ同時期に唱えられるようになった。

　非営利組織もマーケティングを行うということと，営利企業が社会的責任を果たし，さらに社会に貢献する**社会貢献のマーケティング**は，これまで論争があったものの，現在のマーケティング活動では，一定の位置を占めるようになった。したがって，マーケティングの領域は営利企業の対市場活動から，非営利組織の対市場活動，さらには営利企業が利益の直結するマーケティング活動だけではなく，利益に直結しない社会責任のマーケティングや社会貢献のマーケティングへとその領域を拡大している。

おわりに

　本章では，マーケティングの構図を理解することが第一目的である。そこでその概史に触れた。まずアメリカにおいて，供給が需要を上回る状況の課題解決方法としてマーケティングが誕生した経緯に触れた。その上で，それらの課題解決をするマーケティング要素として「4P」を簡単に取り上げた。また4P以前に，企業が考慮しなければならないマーケティング戦略（市場細分化，ターゲティング，ポジショニング）は，企業が長期間，利益を生み出し続ける上で，近年は重要な決定要素となった。

　マーケティングは，その誕生から，営利企業の対市場活動として捉えられていたため，極めて利益追求が強い営利企業のものとされた。それを非営利組織も含めた対市場活動も包含し，利益は営利企業が追求するだけでなく，社会的責任を果たし，社会貢献することをもマーケティングの範疇に含めるようになったため，次第にマーケティングの領域は拡大した。そして時間の経過とともに拡大するマーケティングの展開を改めて確認した。

演習問題

①マーケティングがなぜアメリカで生まれた学問であるかを，当時のアメリカ経済や社会状況とともに考えてみよう。

②マーケティング・マネジメント以前にマーケティング戦略を考慮する必要性について考えてみよう。

③マーケティングの領域拡大がなぜ主張されるようになったのか，当時の社会状況などとともに考えてみよう。

【参考文献】

Kotler, P. (1994) *Marketing Management 7th ed,* Prentice Hall.（村田昭治監修『マーケティング・マネジメント』プレジデント社，1996年）

Kotler, P., Hermawan, K. and Iwan, S. (2017) *Marketing 4.0: Moving from Traditional to Digital*, John Wiley & Sons, Inc.（恩蔵直人監訳・藤井清美訳『コトラーのマーケティング4.0：スマートフォン時代の究極法則』朝日新聞出版，2017年）

McCarthy, E.J. (1960) *Basic Marketing*, Richard D. Irwin, Inc.（浦郷義郎・粟屋義純翻訳『ベーシック・マーケティング』東京教学社，1978年）

石川和男（2018）『基礎からの商業と流通（第4版）』中央経済社。

慶應義塾大学ビジネス・スクール編，嶋口充輝・和田充夫・池尾恭一・余田拓郎著（2004）『マーケティング戦略』有斐閣。

宣伝会議編集部（2016）『マーケティング基礎』宣伝会議。

マーケティング史研究会編（2010）『マーケティング研究の展開』同文舘出版。

マーケティング史研究会編（2019）『マーケティング学説史—アメリカ編Ⅱ』同文舘出版。

石川和男

消費者行動とマーケティング

はじめに

この章では，消費者行動がマーケティング論の一部としてどのように位置づけられてきたかについて，市場環境や消費者の変化を学び，これらの変化によって消費者行動の研究の必要性が示されてきたことを学ぶ。

消費者行動研究は学際的であり，多様な学問から知識の援用が行われてきたが，とくに本章では心理学に基づいたアプローチであるS-RモデルやS-O-Rモデル，社会心理学などのアプローチを用いた研究（関与など）を学ぶ。また，実際の消費者の意志決定行動を踏まえながら，消費者行動で重要な概念である知識と関与について，その役割を理解する。近年，その重要性が高まっている購買後行動に着目し，事前の期待と実際の知覚から形成される顧客満足の概念を学ぶ。また，消費者自身がインターネットを通じて情報を拡散し，他の消費者に影響を与えることが増えているため，消費者行動のプロセスの変化についても検討を行う。

1. 消費者行動とマーケティング

　消費者行動研究の源流としては，ゲイル（Gale, H.）の広告の注目度を測定した調査（1896〜1897年），スコット（Scott, W.D.）の広告に対する心理研究（1903年）など，19世紀末〜20世紀初頭にさかのぼることができる。

　しかし，消費者行動が独立した研究領域として研究が行われるようになったのは1960年代からである。ハワード（Howard, J.A. 1963）は，テキストにおいて消費者行動の解明をマーケティング・マネジメント上の重要な課題として位置づけ，また1960年代以降，行動科学関連の知識の体系化が進んでその知見や方法論を利用できるようになった（Sheth, J.N., D.M. Gerdner and D.E. Garrett 1988）。

　1960年代の時代的背景として，モノ不足（売手市場）の時代からからモノ余り（買手市場）に移行し，企業は製造した商品をいかに販売するかという販売志向から，消費者の求めるものをいかに提供すべきかという消費者志向へ転換する最中であった。モノ余りの時代には，消費者は選択に困るほどの種類の中から製品を選ぶ必要性に迫られ，このような状況では，企業は単に商品を製造・販売すればよいのではなく，自社の製品（ブランド）を消費者に選ばれるようにするべく，消費者のことをよりよく知る必要性が生じたのである。このような背景から消費者行動の研究が進められるようになっていった。

　消費者行動に影響を与える要因は多様であることから，心理学，人類生態学，ミクロ経済学，社会心理学，社会学，マクロ経済学，記号論/文芸批評，人口統計学，歴史学，文化人類学等の様々な学問から学際的にその成果を援用している（Solomon 2013）。

　企業がマーケティング戦略を実践する上で，消費者行動を知る必要性が出てきたが，消費者の行う購買意思決定プロセスの全体像を網羅したモデルであるBMEモデル（Blackwell et al. 2005）では，消費者行動とマーケティングの関係性，および消費者行動に他の学問から援用された概念が影響を与えていることを見て取ることができる（図表2-1）。

図表2-1　購買意思決定の概念モデル

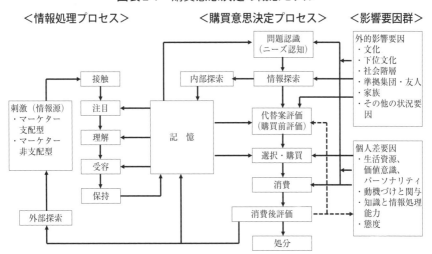

出所：Blackwell, Miniard and Engel (2005)，青木（2010b）

　この図の中央上部には，**購買意思決定プロセス**として，消費者が現状に何らかの問題点を感じたときに起こる「問題認識」に始まり，購買に必要な情報を探す「情報探索」，購買の候補となる複数の選択肢を評価する段階である「代替案評価」，実際に購買を行う「選択・購買」を通じ，実際に商品を「消費」し，「評価」を行い，「処分」を行うまでの一連のプロセスが示されている。

　図の右側に示された影響要因群のうちの外的影響要因とは，消費者が外部から影響を受けている要因であり，個人差要因とは，消費者ごとに異なる要因である。たとえば外的影響要因としての文化は，日本に生まれ育った人であればその多くの人に共通して見られる考え方や行動に基づいた購買の仕方がある（たとえば日本人の多くは主食として米を食べ，また日本国内だけを見た場合でも，都市部と地方では自家用車の所有や利用方法が異なると考えられる）。準拠集団は，意思決定に際し考え方の拠り所となるグループのことで，大学生であれば仲の良い友人グループやアルバイト先，サークルのメンバーなどが該当する（所属することを希望する集団，憧れの有名人等も準拠集団に含まれ

る)。

　図表2-1の左側の**情報処理プロセス**をみると，刺激（情報源）として「マー
ケター支配型」と「マーケター非支配型」が書かれている。**マーケター支配型**
とは企業がその内容をコントロールできるものを示している。たとえば，広告
や販売促進（営業担当者やプロモーション）等による消費者への情報発信は，
その内容や伝え方を企業が決められることから，マーケターが支配している。
その一方，**マーケター非支配型**とは企業がコントロールできないものを指す。
たとえば消費者同士で商品についての感想などが話されることがあるが，ここ
で行われるクチコミは必ずしも高評価のものとは限らず，悪い評価のクチコミ
がやりとりされることもあるだろう。このようにマーケター非支配型で与えら
れる刺激は，企業がコントロールできないものである。図表2-1で示されてい
るように，消費者行動において，企業から消費者へ与えられる情報は刺激とい
う形で扱われてきた。この考え方は心理学の考え方に依拠したものである。

2. 消費者行動モデルの展開（S-Rモデル，S-O-Rモデル等）

　消費者行動を刺激（stimulus）とその反応（response）として捉えようとし
たのが心理学の考え方である**S-Rモデル**である。心理学者ワトソンは「行動
主義が見た心理学は純粋に客観的な実験を行う自然科学の一分野であり，行動
主義の理論的目標は行動の予測と制御である」（Watson 1913）と述べ，行動
を「客観的に観察し，測定できるもの」として扱っている（糸魚川 1989）。

　S-Rモデルを消費者行動の文脈で考えると，S（刺激）とは広告や価格（値
上げ・値下げ）等のマーケティング上の施策として捉えられ，R（反応）とは，
消費者が与えられた刺激を受け，購買したか（しなかったか）ということの予
測を試みるものとして捉えられる。

　しかし，S-Rモデルは刺激（S）とそれに対する反応（R）のみに焦点を当
て，その刺激を受けた人がどう感じたか，どう思ったかといった点については
焦点を当てておらず，人間の内面（頭の中）をブラック・ボックスとして扱っ

ていた。実際にある商品に関する広告をテレビで行ったとしても，特定の人は
その広告に対し反応する（購買する）一方で，その広告を見ても反応しない
（購買しない）人もいるかもしれない。

　このように企業が刺激（ここでは広告）を与えたとしても，その刺激に反応
するか否かは広告を見た消費者が内面でその刺激をどのように処理したかとい
う点に依存する。人間の内面をブラック・ボックスとして扱うと，この点を明
らかにすることができないため，その後の心理学研究において現れた新行動主
義は，刺激（S）と反応（R）の間に生態（organism）を入れることにより
S-O-Rモデルとして表すことになった。S-O-Rモデルを取り入れた代表的な
消費者行動の考え方としては，**ハワード＝シェスモデル**（Howard and Sheth
1969）を挙げることができる（図表2-2）。このモデルでは，価格や品質等の
刺激（S）を受け，消費者がどのように注意を引きつけられ，態度や購買意図
を形成し（O），購買（R）に結びつくかという一連の流れをモデル化している。

　ハワード＝シェスモデルをもとに考えると，特定の刺激を受けた消費者がそ

図表2-2　ハワード＝シェスモデル

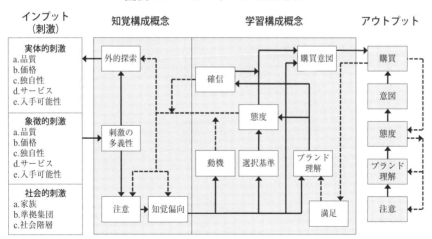

（注）実線は情報の流れ，点線はフィードバック効果を示す。

出所：Howard and Sheth (1969), p.30

の刺激（広告に出演しているタレント）に対し注意が引きつけられ，興味を持ったとする。そしてその出演タレントに興味が引きつけられた結果，購入に至るケースが考えられる。このように，消費者の内面に焦点を当てることによって消費者行動の解明を試みようとしたのがS-O-Rモデルの考え方であったが，このモデルにおいても消費者は依然として刺激に対して反応する存在であることを前提としている。ところが実際の消費者行動を鑑みると，消費者は広告が行われていない商品でも，または値下げや値上げ等の刺激が与えられなくても購買を行うことは多々ある。このような消費者の実態を踏まえて登場した考え方が消費者情報処理理論である。

3. 消費者情報処理研究

　消費者は単に広告や価格等の刺激に反応するだけの受動的な存在ではなく，自ら問題解決のため行動すると捉えたものが**消費者情報処理理論**である。ここでは，消費者を能動的な存在であると捉え，何らかの問題解決が必要になった消費者は，情報を探索・取得・統合し，購買へと至るモデルが示されている。

　消費者情報処理理論では，記憶の役割が重視されるが，記憶は**短期記憶**と**長期記憶**に分けられ，以下のように説明される（阿部 1984）。

①短期記憶

　短期記憶とは，意識的に覚えようとしない限り，短い時間（30秒程度）で失われてしまう記憶のことである。

②長期記憶

　長期記憶とは，半永久的に覚えている情報のことである。特別な記念日の食事などのように思い出として長らく覚えていられるような記憶のことである。

　問題解決のために情報収集を行う消費者が得た種々の情報（広告，価格，店員からの情報など）は，感覚レジスター（五感）を通じて短期記憶として貯蔵される。情報を取得すると，過去の購買経験等の蓄積である長期記憶と，今回

図表2-3　消費者情報処理理論の基本構図

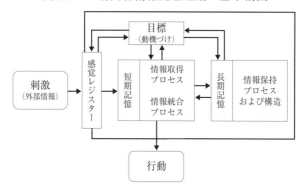

出所：阿部（1984），p.122；青木（2010b）加筆

得られた情報が短期記憶（意識的に記憶させようとしない限り，すぐに忘れてしまう記憶）内で統合（考えをまとめる）され，行動に至る（購買する/しない）とされるモデルである（図表2-3）。

　このように情報を取得・統合した上で購買に至るとする考え方が消費者情報処理理論であるが，**情報処理の方略**としてはつぎに示されるような方法が挙げられる（阿部 1984）。

①感情参照型

　過去の購買・使用経験から，最も好意的な態度を形成しているものを選択するものである。

②線形代償型

　ある属性に対する信念（たとえば自動車Aに対し，10点満点で燃費には9点を付け，同様に馬力には5点，デザイン8点と付ける）と，その属性に対する重要度（たとえば燃費の重要度は40％，馬力は30％，デザイン30％）を掛け合わせ，全体的な評価（先に付けた点数から，燃費（9×0.4）＋馬力（5×0.3）＋デザイン（8×0.3）＝7.5）を行うことを想定する。このような計算を，選択肢となる商品それぞれ（自動車B, C, D・・・・）において行い，点数を比較することで意思決定を行う。

③連結型

各属性について，最低基準となる切捨点を設定，1つでもその属性を満たさないものがあれば，選択肢から除外し，最初に条件を満たした製品を選ぶものである。

④分離型

各属性について，十分条件を設定し，1つでも条件を満たすものがあれば，他の属性のいかにもかかわらず，その製品を選ぶものである。

⑤辞書編纂型

属性の重要度を決め，最も重要な属性について，最も高い点数を付けたものを選ぶ方法である。もし同じ点数の選択肢が複数ある場合には，つぎに重要な属性について点数の高いものを選択する。

⑥逐次削除型

選択肢となる代替案について，属性ごとに必要条件を満たしているかをチェックし，条件を満たしていないものを選択肢から除外するものである。連結型と似ているが，連結型が銘柄（ブランド）ごとに情報処理を行うのに対し，逐次削除型は属性ごとに行う点が異なる。

主なものとして上記のような方法が挙げられるが，実際には上記のいずれか1つのみを使うのではなく，段階に応じて複数の方法を併用することもある（たとえば，まず感情帰属型として選択肢を3ブランドに絞り，その中から辞書編纂型で1つを選択するなど）。

上述の方法のうちのどれを用いるかは，消費者の置かれた状況や，製品カテゴリー，消費者ごとに異なると考えられる。一般に，製品関与が高いとブランド別の情報処理方略が用いられ，製品関与が低いと属性別の情報処理方略が用いられる（三浦 1992）。また，選択方法について消費者ごとの違いを説明する要因として，知識と関与が挙げられる。

4. 知識と関与

(1) 知識

　初めてスーツを買うという状況を想像して欲しい。成人式のためにスーツを新調するとしたらどのようにして買うだろうか。まず，スーツを買う店はどこにするのか，いくらくらいで買えるのか，スーツにはどのような生地や形（スタイル）があるのか，色はどうするか，ボタンの数，裏地，袖丈や裾の処理など，様々な点を考慮する必要があるが，このような状況で買い物を行う際に，初めてのスーツの購入時にすべて1人で意思決定をするのは困難である。

　このような時に消費者はどうすればよいだろうか。多くの人は身近な人に尋ねたり，スマートフォンやパソコン等で調べたりするだろう。消費者行動論では，製品やサービスに関して消費者が持っていた情報や，新たに調べたり聞いたりして得た情報のことを知識と呼ぶ。ある製品カテゴリーにおける知識量の多い消費者もいれば，知識量の少ない消費者も存在するように，消費者ごとに知識の量や質（知識水準）は異なる。

　また，知識のある消費者とは，経験や知識の量が多いだけでなく，より多くの属性評価の次元を持ち，それらの次元が細かく分節化されており，諸概念をまとめる抽象化の程度の高い人であるといわれている（Walker, Celsi and Olson 1987）。つまり，**購買経験**を重ねると知識の量が増えるだけでなく，様々な属性から検討を行うことが可能になり，より抽象的な情報でも判断をすることが可能になる。このことをスーツ購入の状況で考えると，スーツを販売している店舗（業態）として百貨店や量販店（スーツ専門店），セレクトショップなどがあげられるが，これらの業態から，おおよその価格や品質などについて見当をつけられるようになったり，あるいは価格を聞いたり生地を手に取るだけで，スーツの品質を判断することができるようになるということになる。

　消費者の知識に関し，**カテゴリー知識構造**の概念もマーケティングにおいて重要である。対象を既存のカテゴリー（範疇）に仕分けしたり，新たなカテゴリーを設けたりすることをカテゴリー化と呼び，その結果形成される知識構造

をカテゴリー知識構造と呼ぶ（青木，2010a）。たとえば，各ビールメーカーがノンアルコールビールテイスト飲料（いわゆるノンアルコールビール）を発売した際，これらの飲料は法律上でビールではないが，メーカー側は「ビールのようなもの」として飲用してもらうための製品デザインや広告，マーケティングを行っている。そうすることによって，消費者がビールの代用品として飲んでもらうことを期待しているのである。

　また，**アドホック・カテゴリー**と呼ばれる考え方もある。これは消費者が購買状況に直面した時などに，その都度カテゴリーが形成されるものである。たとえば，昼休みにランチを食べようと思い，どこかで何かを購入するという状況を考えると，近くのコンビニエンスストアで弁当を買うか，牛丼屋に行くか，ファストフードでハンバーガーを食べるかという選択肢が出てくるであろう。この場合，「ランチ」という状況においてすべて競合関係にあり，同じカテゴリーに属していると考えるものがアドホック・カテゴリーである。

　このように，知識は消費者ごとに異なり，また消費にまつわる状況でも必要とされる知識の水準が変わるが，これらの違いはどのようにしてもたらされるのだろうか。その違いを説明する要因の一つが関与であるとされる。

(2) 関与

　関与は，その用語のルーツをたどっていくと社会心理学の分野で使われていた「自我関与」に行き着くことができる（青木 2010b）。**消費者関与**は「目的志向的な情報処理能力の喚起状態」（Park and Mittal 1985; 青木 2010b）とされるが，マーケティングや消費者行動における関与を平易にいうと「思い入れ」「こだわり」（三浦 1996）として捉えられる。思い入れやこだわりとして説明できる関与について，消費者行動を以下のような状況を想定して見てみると，関与の持つ2つの側面が明らかになる。

(3) 製品関与

ケース①

　ファッションに関心の高い人が，日常的にファッション誌を購読し，趣味として ウインドウショッピングを行ったり，様々なインターネット上のショッピングサイトでも何かよい商品がないか日々探したり，眺めたりする。店舗での購買時は，店員と様々な会話を繰り広げ，自らのニーズに合った洋服を探し，購入している。また普段から友人らとファッションについて会話をしている。

ケース②

　兄の就職祝いに，妹がネクタイをプレゼントしようと考えた。しかしながら妹はネクタイについて詳しくなく，兄に似合うネクタイはどこで買えるのか，そもそも価格はいくらくらいなのか，社会人が仕事の時に使うネクタイはどのようなデザインがよいのか等，分からないことだらけであった。そのため妹は男性の友人にネクタイを買う店について教えてもらった。妹はその後店に向かい，店員さんと相談しながら兄に似合うネクタイを選び，購入した。

　上記の2つのエピソードから，関与の2つの側面である**製品関与**と**購買関与**（購買意思決定関与）を見て取ることができる。

　ケース①における消費者は，日常的にファッションに対して興味を持っており，商品購入時かどうかに関わらず，常にファッションに関する情報収集を行っている。このような関与の状態は製品関与とよばれる。製品関与とは，モノやサービスに対する関与のことで，その製品を通じて自らの目標（ここではファッションを通じて「格好良く／可愛くありたい」）達成のために活性化される心理状態のことを指す。そして製品関与の持続性は長いとされる（商品を買うときのみならず，日常的に当該製品にかかわる情報収集等を行う）。

　これに対し，ケース②における消費者（妹）はもともとネクタイに興味があるわけではない。しかしながら，兄にプレゼントを行うという状況によってネクタイに関心を持ち，情報収集を行うようになった。このように，購買状況を契機として高まる関与は購買関与（購買意思決定関与）とよばれる。購買関与

図表2-4　製品関与と購買関与の特性

	製品関与	購買関与
活性化の契機	対象特定的	状況特定的
活性化の持続性	永続的	一時的

出所：青木（2010b），p.207を一部修正

は購買を行う状況に対する関与のことで，製品の購買を通じて自らの目標（こ
こでは兄に似合うネクタイを購入したい等）達成のために活性化される心理状
態のことを指す。購買関与の持続性は一般的に短く，購買を通じて目標が達成
されると，商品に関する情報探索が継続されることはないとされる。

　また，関与の動機的基盤として認知的なものと感情的なものに分類すること
ができる（Park and Mittal 1985；青木 2010b）。**認知的関与**とは，製品の機能
や性能などの価値を基盤とした関与のことであり（たとえば自動車でいえば燃
費や馬力等），**感情的関与**とは製品の使用を通じた自己表現（たとえば自動車
でいえば色や形，デザイン等）と表せる。自動車のような商品では，認知的関
与が高くなることが多く，スペックや燃費，価格などの数量的に比較できる属
性で比較されることが多く，化粧品のような商品では，色や香り，容器の美し
さ等，感情的関与によって意思決定がなされることが多いと考えられる。しか
しながら，自動車であっても色やデザインは重要な属性であり，また化粧品で
あっても防腐剤や香料を使用していないなどの認知的な側面によって判断され
ることもあるため，製品の購買時には，認知的関与と感情的関与は相対的な関
係から判断がなされている。

5. 購買後行動

　消費者行動の定義をみると，実際に購買を行う時だけではなく，購買前の問

題認識に始まり，購買時を経て購買後に至るまでの一連のプロセスとされる（p.19，図表2-1）。

　消費者が購買前や購買時にどのような情報を取得し，処理し，意思決定を行うかという点は，とりわけブランド選択の場面で重要なテーマとして以前から研究が行われてきたが，**購買後行動**についてもその重要性は増している。購買後行動が重要視されるようになった背景は，消費者が購買した商品に対し満足すると（顧客満足），次回以降の利用意図が高まることや，インターネットを通じたクチコミが盛んに行われるようになったことがあげられる。

(1) 顧客満足

　消費者は，購入した商品（製品やサービス）に満足すると，将来の再利用意図（ロイヤルティ）が高まったり，他者への推奨意向（クチコミ）が高まったりするとされる（サービス産業生産性協議会 2018）。ひとくちに満足といった場合でも，満足（または不満足）には様々なレベルが考えられる。たとえば，①おいしいと評判のラーメン屋に行き，事前の期待通りおいしかった場合，②他者からの評判や下調べなどの事前情報は何もなく，たまたま通りすがりに入ったラーメン屋がおいしかった場合，③仲の良い友人にすすめられて一緒に行ったラーメン屋が，思ったほどおいしくなかった場合などのパターンが考えられる。このように満足（または不満足）は，事前の期待（期待水準）と，実際に商品を購買して得られた実感（知覚水準），そして事前の期待と実際に感じた内容の一致（不一致）の度合いで決まるとされる**期待―不一致モデル**が提唱されている（小野 2010）。

　満足は心理的な状態であり，目に見えるものではないために測定することが困難であったが，モデル化により可視化することで（たとえばサービス産業生産性協議会による顧客満足の因果モデルなど）企業は自社の製品やサービスのどこを改善すべきか確認することができるようになる。

　一方で消費者においても，購入した製品に満足すると，その情報を知識として蓄積しておくことで，次回以降同じ商品を購入する際，意思決定プロセスに

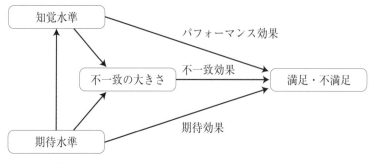

図表2-5　期待不一致モデル

知覚水準

不一致の大きさ

期待水準

パフォーマンス効果

不一致効果

期待効果

満足・不満足

出所：小野（2010），p.81

おける情報処理の簡略化が可能になる（Howard 1963）。

(2) 購買後の情報共有

　消費者行動のプロセスにおける購買後の重要性が高まっていると考えられる
もう一つの理由として，インターネットを通じ，消費者が購買後に様々な情報
を発信できるようになったことが挙げられる。たとえば，価格.com（家電や
パソコンなど），食べログ（飲食店），＠COSME（アットコスメ，化粧品）な
どの情報サイトでは様々なクチコミ情報が掲載されている。インターネットの
ない時代には，見知らぬ他人からクチコミの情報を得る機会は少なかったが，
現在はこれらのサイトを通じて容易に情報を調べたり，伝えたりができるよう
になった。

　また，様々なSNSにおいて，見栄えが良くおいしそうな食べ物や，美しい
風景・観光地，内装のきれいなホテル，デザインの優れた雑貨・家具など，消
費者は購買後に様々な製品・サービスが掲載されている。友人・知人によって
（場合によっては第三者をも含む）載せられたSNSを通じたこれらの情報共有
は，他者の購買行動に影響を与えることもある。この点は，従来**AIDMA**（att
ention→interest→desire→memory→action）モデルとして示されていたもの
が（Hall 1926），**AISAS**（attention→interest→search→action→share）モデ

ルとして提唱されたものと対応している（秋山・杉山 2004）。マスメディアの時代には，企業から発信された情報に注意（attention）を向けた消費者は，興味（interest）を持つとともに記憶（memory）し，購買行動（action）へと至っていたが，近年のスマートフォンを中心とした情報環境では，興味を持ったら（interest）すぐその場で情報を検索（search）できるようになった。さらに購買後（action）には購入した製品やサービスをSNSに載せる（share）など，このことにより他者の検索や購買を促すことができるようになった。

　また，購買後行動のうちの廃棄行動についても，オークションサイトやフリーマーケットのアプリ等，消費者から消費者（C to C）へ中古品を販売することが容易になったこと，また中古品の購買や利用に関し，消費者の抵抗感が薄れているともされ，従来とは異なる廃棄行動が多く見られるようになっている。廃棄行動をも含めた今後の消費者行動の変化に注目する必要がある。

おわりに

　本章では消費者行動をマーケティングの研究に位置づけた上で，研究が行われるようになった背景や，研究に影響を与えた様々な学問との関係を学んだ。また，消費者が情報を得て購買行動を起こすプロセスについて，企業から刺激として情報を与えられるとする考え方（S-Rモデル，S-O-Rモデル），および消費者が能動的に情報を取得する考え方（消費者情報処理理論）を示した。

　消費者の購買意思決定プロセスにおいて，消費者の知識と関与が大きな影響を与えており，関与には，製品に対する関与である製品関与と，購買状況に対して関与が高まる購買関与の2つがあることが示された。

　インターネットやスマートフォンの進化，SNSの発達により，企業のマーケティングと消費者の購買行動も変化してきた。これらの進化により消費者の情報探索が大きく変わるだけでなく，消費者自身が情報発信を行うようになったことや，購入した商品の処分のプロセスの変化にも注目する必要がある。

```

```
演習問題

①企業が行っている広告を見て商品が欲しくなり，買ってしまった経験があ
　るか思い出してみよう。さらに，購買に際し必要な情報を自ら検索して購
　買を行ったことがあるか思い出してみよう。

②自らの製品関与が高い商品（製品・サービス）を思い浮かべ，その商品に
　対し，日常的にどのような情報探索を行っているか考えてみよう。また，
　製品関与は低いものの，購買前にしっかりと情報探索をする必要に迫られ
　たケースがあったか思い出してみよう。

③パソコンやスマートフォン等を使用し，インターネットを通じて商品情報
　を探した経験がないか思い出してみよう。もしインターネットを使わずに
　情報収集をするとしたら，どのように行うか考えてみよう。

【参考文献】

Blackwell, R.D., Miniard, P.W. and Engel, J.F. (2001) *Consumer Behavior* 10th ed. South-Western Pub.

Converes, P.D. (1959) *The beginning of marketing thought in the United States with reminiscences of some of the pioneer marketing scholars*, Bureau of Business Research.（梶原勝美訳『マーケティング学説史概論：コンバース・先駆者達の回想』白桃書房，1985年）

Hall, S.R. (1926) *How to Make Advertisements Appealing*, International Textbook.

Hall, S.R. (1930) *The Advertising Handbook: A Reference Work Covering the Principles and Practice of Advertising*, 2nd ed., McGraw-Hill.

Howard, J.A. (1963) *Marketing management: analysis and planning* (2nd ed.) R.D. Irwin.

Howard, J.A. and J.N. Sheth (1969) *The Theory of Buyer Behavior*, John Wiley & Sons.

Park, C.W. and Mittal, B. (1985) "A Theory of Involvement in Consumer Behavior," Problem and Issues, in J.N. Sheth (ed.), *Research in Consumer Behavior*, Vol.1, JAI Press, pp.201-231.

Shiffman, L., D. Bendnall, A. O'Cass, A. Paladino, S. Ward and L. Kanak (2008)

Comsumer Behavior (4th ed.) Pearson Education Australia.

Sheth, J.N., D.M. Gerdner and D.E. Garrett (1988), *Marketing Theory: Evolution and Evaluaition*, John Wiley & Sons.（流通科学研究会訳『マーケティング理論への挑戦』東洋経済新報社，1991年）

Solomon, M.R. (2013) *Consumer Behavior*, Pearson Education.（松井剛監訳『ソロモン消費者行動論』丸善出版，2014年）

Walker, B., R. Celsi and J. Olson (1987) "Exploring the Structural Characteristics of Consumer's Knowledge," in M. Wallendorf and P. Anderson (eds.), *Advances in Consumer Research*, Vol.14, pp.17-21.

Watson, J.B. (1913) "Psychology as the behaviorist views it," *Psychological Review*, 20, 158-177.

Zimbardo, G.Z., (1980) *Essentials of Psychology and Life* (10th ed.) Scott, Foresman and Company.（春日喬訳「パーソナリティ―論点と理論」古畑和孝・平井久監訳『ジンバルドー現代心理学』サイエンス社，1983年）

青木幸弘（2010a）「知識構造と関与水準の分析」池尾恭一・青木幸弘・南知恵子・井上哲浩『マーケティング』有斐閣

青木幸弘（2010b）『消費者行動の知識』日本経済新聞出版社

秋山隆平・杉山恒太郎（2004）『ホリスティック・コミュニケーション』宣伝会議

阿部周造（1984）「消費者情報処理理論」中西正雄編著『消費者行動分析のニュー・フロンティア―多属性分析を中心に』誠文堂新光社

糸魚川直祐（1989）「行動」糸魚川直祐・春木豊編著『心理学の基礎』有斐閣

小野譲司（2010）『顧客満足（CS）の知識』日本経済新聞出版社

サービス産業生産性協議会（2019）「2018年度JCSI（日本版顧客満足度指数）第1回調査結果発表」
https://www.jpc-net.jp/research/jcsi/resultlist/assets/pdf/Jlattached.pdf（2019年3月28日閲覧）

出牛正芳（1992）「マーケティング・コンセプト」及川良治編著『マーケティング通論』中央大学出版部

三浦俊彦（1992）「消費者行動」及川良治編著『マーケティング通論』中央大学出版部

和田充夫・恩蔵直人・三浦俊彦（1996）「消費者行動分析」『マーケティング戦略』有斐閣

鈴木　寛

第 **3** 章

マーケティング分析

はじめに

・市場が成熟化し，外部環境が目まぐるしく変化している状況において，マーケティングを展開していくことは容易なことではない。マーケティングの展開に際して，少しでも確実性を高め，不確実性を低下させていくためには，客観的に分析していくことが求められる。本章では，マーケティングにおける分析を行う必要性について学ぶ。

・マーケティングの展開に際しては，基本的なプロセスに基づきながら分析の手続きを進めていくことが求められる。本章では，マーケティングの目標設定に至るまでの分析手法について学習する。

・マーケティング分析には，様々な観点に基づいた各種手法が存在する。本章では，内部環境および外部環境を対象とした分析手法について代表的なものを紹介しつつ，その内容について説明していく。

1. マーケティングにおける調査と分析の必要性

　企業という事業体が持続・存続していくためには，自社の経営資源を効率的かつ効果的に活用しながら，利益拡大と成長を目指していかなければならない。マーケティングは，企業にとって利益を拡大し，成長をしつづけていくためにも重要な活動となり，マーケティングの成果が事業体の持続性を生み出すと言っても過言ではない。

　しかし，市場（マーケット）は，その環境が時々刻々と変化している。第二次世界大戦後の日本における高度経済成長期は，人口の増加も相まって市場が拡大した。このような時代は，需要が供給を上回っていたため，企業はモノを大量に生産し，大量に販売（出荷）することができた。だが，近年は，市場の状況が劇的に変化している。少子高齢化という社会情勢は，需要（消費量）を減少させ，結果的に市場規模を縮小させている。また，物価が断続的に下がりつづけるデフレーション（デフレ）という現象は，消費の冷え込みに追い打ちをかけている。近年，EPA・TPPといった貿易自由化に向けた動向が見られるが，このような動向は海外諸国への輸出を拡大する上においては有益に働くことが期待されるものの，国内市場においては海外製の産品との間で価格競争が激化することが懸念される。マーケティングは，社会情勢，経済情勢，政治的な要因など，様々な外部環境によって影響を受けるものである。外部環境を意識せずに，主観に基づいてマーケティングを推進してしまうと，経営を悪化させてしまうばかりか，破綻に追い込まれるといった事態にもつながりかねない。

　一方で，企業の内部環境については，自社のことであるため，その状況が十分に把握できていると思われがちであるが，実のところ十分に把握できていない場合がある。自社の強みや弱みに気づかずにマーケティングを展開してしまうと，ビジネスの機会を失ったり自社では対応しきれない事態に追い込まれたりすることも考えられる。経営戦略論の書籍などでも引用されているが，紀元前500年頃の中国の軍事思想家が著した兵法書には，「彼を知り己を知れば百

戦殆うからず」（敵の状況と自分の状況を十分に分析できていれば，100回戦っても負けることはない）と記されており，戦の前に内部と外部の双方を分析する必要性が説かれている。マーケティングにおいても市場の動向（消費者の傾向，市場の規模，成長率など）や自社を取り巻く環境（内部環境・外部環境）を客観的に分析することは，リスクを回避したり，脅威を払拭したりする上で重要な意味を持つ。

　このように，マーケティングにおける調査活動や分析活動は，ビジネスを効率的に推進する上で欠かすことができない活動になるが，その定義はAMA（American Marketing Association：米国マーケティング協会）によってつぎのように示されている。

Marketing research is the function that links the consumer, customer, and public to the marketer through information–information used to identify and define marketing opportunities and problems; generate, refine, and evaluate marketing actions; monitor marketing performance; and improve understanding of marketing as a process. Marketing research specifies the information required to address these issues, designs the method for collecting information, manages and implements the data collection process, analyzes the results, and communicates the findings and their implications. (Approved October 2004)

（出所：American Marketing Association (2004)）

　AMAが発表したDefinition of Marketingでは，マーケティングにおける調査活動についてつぎの見解が述べられている（筆者要約）。
・マーケティングは，ビジネスの機会と問題を確認するとともに，様々な情報を通じて消費者，顧客，公衆をマーケター（マーケティングの主体者）につなぐ機能である。
・マーケティングに関する様々な問題を明確にした上で，マーケティング活動の機会を創出するとともに，洗練し，評価しながらプロセスとしてのマーケ

ティングを理解し，その活動を効果的に推進するための方法の知識について
改善する。

・マーケティング上の問題に対処するために求められる情報を位置づけるとと
もに，その情報を収集する方法を設計する。そして，データを収集するため
のプロセスを管理しながら実行し，結果を分析するとともに，分析した調査
結果と結果に含まれる分析結果を伝達する。

　マーケティングにおける調査および分析活動は，客観化が求められる顧客志
向および社会志向のマーケティングを推進する上で欠かすことができない取組
みであり，調査で得たデータや分析で見出した結果は本質的な問題の明確化や
リスクを軽減させるための手がかりとなる。また，企業の意思決定に際しても
客観的根拠に基づく有益な情報がもたらされることが期待できる。

2. マーケティングにおける環境分析

　図表3-1は，マーケティング戦略を立案する際に取り組む基本的なプロセス
である。

　マーケティングを立案するときに実施する最初の取組みは，環境の分析であ
る。環境の分析を疎かにしてしまうと，マーケティングの目標が曖昧になった
り，組織内の意思統一をはかることができなくなったりする危険性も否めな
く，現状と目指すべき姿のギャップも見いだすことができなくなる。環境の分
析は，膨大な情報を収集しながら重要な要因を探索していくことが求められる
ため複雑な作業が強いられるが，マーケティングの目標達成のためには欠かす
ことができない取組みとなる。

　環境の分析に際しては，社内を対象とする内部環境と社外を対象とする外部
環境に分けて作業を行っていく。**内部環境**では企業（組織）の文化や経営上の
特徴に加え，資本力，事業能力，組織力，情報力などの分析を行っていく。一
方，**外部環境**の分析ではマクロ環境とミクロ環境に分けて分析を行っていく。
マクロ環境とは，市場環境のうち企業にとって統制不可能なものであり，自社

図表3-1　マーケティングの展開に向けた基本的なプロセス

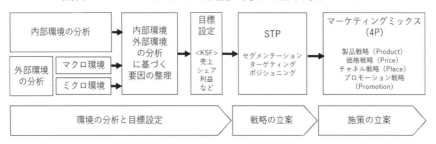

出所：筆者作成

を含む業界とは関係なく存在している環境のことである。具体的には，政治的要因（競争政策や流通政策，消費者保護政策などの国や自治体によって施行される法律や政策など），経済的要因（消費者の所得，消費支出，貯蓄，為替相場，原料価格の変動など），社会的要因（人口の規模や密度，年齢構成，高齢化率，性別，職業，婚姻率，出生・死亡率など），技術的要因（生産管理技術や新しい技術動向，コンピュータや情報通信に関する技術，原材料・素材に関する技術など）などが挙げられるが，これらは企業を経営する上で避けて通ることができない環境要因であるにも関わらず，企業側からのコントロールが難しいものである。

　一方，**ミクロ環境**とは，市場環境においてある程度統制可能なものであり，分析に際しては企業のマーケティング活動に影響を及ぼす環境について取り上げていく。具体的には，市場の規模や成長性に加え，競合企業との間で生じている競争の状況や顧客の動向など企業に直接的な影響を与える要素などについて整理していく。

　内部環境分析と外部環境分析（マクロ環境・ミクロ環境の分析）を実施した後は，それぞれの分析で得た結果を踏まえながら自社を取り巻く環境による影響と自社の現状を整理するための分析を行う。具体的には，後に説明するSWOT分析という手法を用いながら要因を整理することが多いが，分析後は，KSF（key success factor）と呼ばれる成功要因を提示しつつマーケティング

図表3-2　外部・内部環境分析における主要な環境分析のフレームワーク

出所：筆者作成

における目標の設定を行う。

　図表3-2は，環境分析における主要なフレームワークをまとめたものである。
それぞれのフレームワークについては，次節以降で説明していく。

3. PEST分析

　PEST分析は，コトラー（Kotler, P.）によって提唱された外部環境（マクロ
環境分析）を行うためのフレームワークであり，自社のマーケティングに及ぼ
す影響を「①politics（政治的要因）」，「②economy（経済的要因）」，「③soci-
ety（社会的要因）」，「④technology（技術的要因）」という切り口から検討し
ていく。

　①政治的要因とは，政治動向の影響を受ける要因であり，業界に対する規制
強化や規制緩和，法律や条例の施行および改正，税制の変化，補助金や各種制
度の新設などが該当する。このような要因は，一見マーケティングには関係が
無いように感じられるが，時に新しい市場が創出される場合がある。たとえ
ば，1991年に保健機能食品の制度が国によって定められ，個別許可型による
「特定保健用食品」が販売されるようになった。また，2015年4月には事業者
の責任において科学的根拠に基づいた機能性を表示することができる「機能性
表示食品」という制度が新設された。このような動向は，従来の市場とは異な
る新しい市場を創出しており，同じカテゴリーの製品であっても高価格帯で販
売されるケースが見られる。

　つぎに，②経済的要因とは，景気の動向や国内総生産（GDP），為替，金利，失業率など，経済情勢に左右される要因である。近年，経済のグローバル化により海外の景気動向なども日本の経済に影響を与えることがある。たとえば，2008年にアメリカのリーマン・ブラザース・ホールディングスが経営破綻した事象は，世界規模の金融危機を連鎖的に発生させ，その影響は日本の経済にも及んだ。また，為替相場の変動は，輸出入に影響を与えるほか，国内市場における物価の変動をも左右する。

　③社会的要因とは，人口動態の変化や人々の価値観などの変化，流行，ライフスタイルの変化などによって左右される要因である。近年の高齢化という社会情勢は，介護に関連する事業の需要を生み出している。また，食品業界においては，核家族化によりデリカテッセンなどの中食（なかしょく）の需要を生み出している。さらに，女性の社会進出により家事の短縮化というニーズが生まれ，時短商品やネットスーパーなどの需要が生まれている。

　④技術的要因とは，製品の開発や生産に係わる技術やICT（information and communication technology：情報通信技術）の進展・普及によって変化するような要因である。日進月歩で進歩していると言われているICTは，パソコンやスマートフォンなどの情報端末の所有率を高めるだけではなく，EC（electronic commerce：電子商取引）の利用者の増加など，流通業界にも大きな進化をもたらした。さらに，ディジタル技術とビッグデータの融合は，購買履歴やアクセス情報，GPS（global positioning system）による位置情報などの諸情報を分析することにより，商品の購入やサービスの利用が期待できる消費者に対してセールスプロモーションをタイムリーに展開できるようになった。

　PEST分析の実施に際しては，それぞれの要因に関する状況と関連性について記述しながら，将来的な状況について推測していく。

図表3-3　PEST分析における4つの要因

①政治的要因 （politics）	政策・法律の改正などによる政治動向
②経済的要因 （economy）	景気・雇用情勢・賃金水準・消費などの経済動向
③社会的要因 （society）	人口動態・地域的な慣習・トレンドなどの社会動向
④技術的要因 （technology）	新しい技術・ICTなどの技術動向

出所：筆者作成

図表3-4　PEST分析の記述例

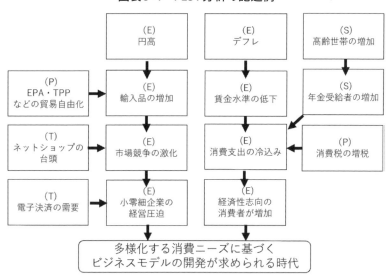

出所：筆者作成

4. ファイブフォース（5Force）分析

　ファイブフォース分析は，ポーター（Porter, M.E.）が提唱した「ファイブ・フォース・モデル」という理論をもとに開発された外部環境（業界環境）の分析を行うためのフレームワークである。この分析では，自社を取り巻く産業構

造（特定の業界におけるビジネスの特徴や収益性を生み出す構造）を5つの競争要因（①既存の競合業者・②新規参入業者・③代替品・④買い手・⑤売り手）について体系的に考察しながら自社が取り組むべき最重要要因を明らかにしていく。

　まず，①既存の競合業者の分析では，自社の事業において敵対関係にある企業の状況を把握していく。たとえば，洋菓子店をイメージした場合，同じ商圏に存在する同業の洋菓子店は既存の競合業者となる。また，業態は異なるものの，スーパーマーケットで洋菓子を取り扱っている場合も既存の競合業者となる。ここでは，競合している事業者数とともに，資金力や成長性，ブランド力なども分析していくことになる。

　つぎに，②新規参入業者の分析では，自社の業界や市場に新規企業が参入している状況について把握する。洋菓子店の場合，新規事業者が洋菓子店を出店した場合やコンビニチェーンが新たにケーキなどのスイーツを販売した場合はこの状況に該当する。ここでは，市場の経済規模やブランド力，技術水準について把握しながら自社への影響を分析していく。

　③代替品の分析では，自社の製品に代わる製品や類似品について把握していく。洋菓子店の場合を想定してみると，ベーカリーが洋菓子に類似した菓子パンなどを販売した場合に代替品となることが想定される。また，異業種の食料品メーカーがスイーツなどを販売した際にも代替品となる場合がある。

　ここでは，競合している企業（数）に加え，その企業の資金力やブランド力，業界全体の成長性について分析していく。

　④売り手の交渉力の分析では，原材料などを納入するサプライヤー（供給業者）との関係性に焦点を当てて，その状況について把握していく。一般的にサプライヤーの交渉力が強くなると，原材料などの仕入価格が高くなることが考えられ，結果的に自社の収益性が低くなる場合がある。また，仕入価格の高騰を避けるためにサプライヤーを変更する場合があるが，その際に生じるコスト（スイッチングコスト）が高くなると，収益性が低下することがある。このように，ここでは，市場の経済規模も鑑みながらサプライヤーの企業数やパワー

図表3-5　ファイブフォース分析

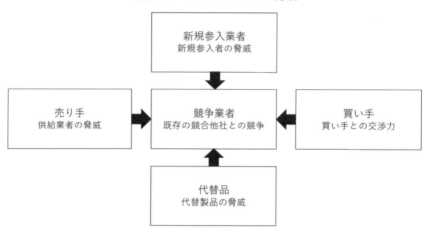

出所：Porter (1985). 邦訳書 p.8 をもとに筆者作成

バランス，サプライヤーを変更するときに生じるコストなどについて分析していく。

　⑤買い手の交渉力の分析では，販売先となる顧客との関係性に焦点を当てて，その状況について把握していく。顧客との関係性において，交渉力が強い場合は，自社が希望する販売価格よりも値引きして売ることになり，結果的に利益率が低くなる。また，自社製品の市場において大衆化が進み，他社製品との間での差別化ができなくなると，同業他社との間で価格競争が激化することも想定される。ここでは，自社製品の市場規模や顧客の状況，価格設定，値下げ可能な価格，顧客とのパワーバランスについて分析していく。

5. VRIO分析

　VRIO分析は，バーニー（Barney, J.B.）によって提唱された経営資源の優位性などを把握するときに用いる内部分析のフレームワークである。この分析では，自社の経営資源について「①value（価値）」，「②rarity（希少性）」，「③

imitability（模倣困難性）」，「④organization（組織）」という4つの観点から強みや市場における競争優位性について判定し，優位性の維持策や事業の発展に向けた方策などについて検討していく。なお，VRIO分析は内部分析であるため，分析の対象は個別の企業となる。このため，同業他社との比較という作業は行うものの，自社の特異性に焦点を当てながら作業を進めていくことになる。

　①価値の分析では，自社の経営資源が経済的な価値を有するか否かについて把握する。ここでは，顧客や社会に対して自社がどのような価値をどの程度もたらしているのかについて測定していく。

　②希少性の分析では，市場における自社の経営資源の希少性について把握する。高度な生産技術やノウハウなどの知的財産は，希少性が高い経営資源となる。また，独自の生産技術を適用した製品についても，希少性が高い経営資源となる。ここでは，競合関係にある他社の経営資源についても把握しながら，希少性を見出していくことが求められる。

　③模倣困難性の分析では，他社では模倣できない自社の経営資源を把握していく。模倣が困難な経営資源は，競合他社による類似品の開発を防ぐことができるほか，競争的な優位性を長期にわたって維持していくことが可能になる。職人が持つ独自の技術や製造方法などの特許は，競合他社の模倣を防ぐための経営資源の1つとなる。

　④組織の分析では，自社の経営資源を活用するための組織体制の状況について把握していく。ここでは，組織体制を維持するための各種制度や機能化させるためのルールの整備状況についても同時に分析していくことが求められる。

　4つの観点に基づいて分析した結果は，図表3-6のように判定結果を記すとともに，優位性の維持策や事業の発展に向けた方策を文章で記す。

図表3-6 　VRIO分析の記述例

経営資源	(V) 価値	(R) 希少性	(I) 模倣困難性	(O) 組織	競争優位性の維持策 事業の発展に向けた方策
人材	○	○	△	×	人材は…
企画開発	△	○	×	×	企画開発の能力は…
製造技術	○	○	○	○	製造技術は…
物流	△	○	○	△	物流は…
営業	○	○	△	△	営業は…
資金調達	○	○	○	×	資金調達は…
情報活用	×	×	△	○	情報活用は…

出所：筆者作成

6. プロダクト・ポートフォリオ・マネジメント分析（PPM分析）

　プロダクト・ポートフォリオ・マネジメント分析は，ボストン・コンサルティング・グループ（BCG）が考案した企業の将来性について分析するための手法である。分析に際しては，横軸にマーケット・シェア（市場における自社の製品の相対的なシェア）を，縦軸に市場成長率（事業環境の魅力度）を位置づけ，それぞれの大・小関係をもとに2×2のマトリクスを作成する。そして，企業の製品や事業の販売額を円の大きさで表しながらマトリクスの中に割り当てていく。この分析では，企業における製品や事業の状況を把握したり，バランスを整理したりすることができる。

　市場成長率が高く，マーケット・シェアが高い製品（事業）は「花形製品（事業）」として位置づけられる。「花形製品（事業）」は，シェアが高いため利益率が高く，かつ資金源になることが期待されるため，「集中的に資本を投入する必要がある」ものとして捉える。また，マーケット・シェアが高く，市場成長率は低い製品（事業）は，「金のなる木」として位置づけられる。このような製品（事業）は，マーケット・シェアが高いため資金源になることが期待されるが，市場の成長が遅いもしくは衰退傾向にあるため，将来的な成長を望むことができない。したがって，「金のなる木」に位置づけられる製品（事業）

図表3-7　プロダクト・ポートフォリオ・マネジメント分析

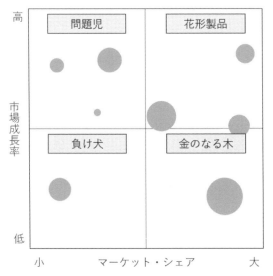

出所：筆者作成（円の大きさは販売額を示す）

は，依存しすぎると企業の収益性が低下してしまう可能性が懸念されるものの，取り敢えずの利益が得られる状況であるため，今後成長させていきたい他の製品（事業）への分配を考慮していく。

　つぎに，市場成長率は高いが，マーケット・シェアが低い製品（事業）は，「問題児」として位置づけられる。このような製品（事業）は，収益を上げられる見込みがあるのにも関わらず，売れていない状況に陥っていることを意味している。「問題児」である場合は，「金のなる木」で集めた資金を活用しながらマーケット・シェアを高め，「花形製品（事業）」にすることを目指していくことが求められる。

　一方，市場成長性が低く，マーケット・シェアも低い製品（事業）は，「負け犬」として位置づけられる。このような製品（事業）は，継続していても収益性を高めることができないことから，早期に撤退することを検討する必要がある。

7. 3C分析

3C分析は，大前研一氏によって考案された外部環境（ミクロ環境）を分析するときに用いるフレームワークである。この分析では，「①自社（company）」，「②顧客・市場（customer）」，「③競合関係（competitor）」という3つの観点から市場における業界環境について把握する（Ohmae 1982）。

まず，顧客・市場（customer）の分析では，自社の製品やサービスの購買対象となる顧客像について検討していく。ここでは，顧客の年齢・性別・職業といった属性（デモグラフィック）に加え，使用目的や購買の選択基準などの使用や購買に関するニーズ（意識），使用や購買時における行動（使用シーン・購買頻度・購買金額）について検討していく。

競合（competitor）の分析では，競合相手について検討していく。ここでは，競合他社の企業戦略や経営資源，売上高，市場におけるシェアなどについて「強み」と「弱み」に体系化しながら分析していくが，分析に際しては現状分析に加え，将来的に競合他社が展開する可能性がある潜在的な脅威についても考察することが求められる。

自社（company）の分析では，ヒト・モノ・カネ・情報といった経営資源に加え，製品の開発や製造といった生産面，営業・物流・アフターサービスなどについて検討していくが，競合の分析と同様に自社の「強み」と「弱み」に体系化しながら分析していくことが求められる。なお，自社の分析に際しては，5節で紹介したVRIO分析も適用しながら経営資源の競争優位性について把握していく。

8. SWOT分析

SWOT分析は，自社を取り巻く環境を外部環境と内部環境に区分けするとともに，さらにプラスとマイナスの要因に区分しながらマーケティングにおける戦略について検討していく分析手法である。内部環境は，強み（strength）

図表3-8　3C分析（戦略的3C）

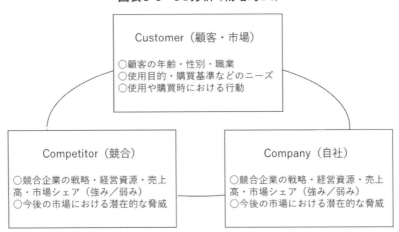

出所：Ohmae (1982)．邦訳書pp.112-121をもとに筆者作成

　と弱み（weakness）に分けて自社に該当する事項について記述していく。一方，外部環境は，機会（opportunity）と脅威（threat）に分けて市場や自社を取り巻く環境における事項について記述していく。

　記述するときは，図表3-9のように2行2列のマトリックス（枠）を作成し，強み（S）・弱み（W）・機会（O）・脅威（T）に該当する自社の現状について記述していく。

　マトリックスへの記述が終了した後は，図3-10のような枠を作成し，S×O，S×T，W×O，W×Tという4つの組み合わせをもとにマーケティングにおける戦略について検討していく。

　S×Oの組み合わせについては，自社の強みを生かして外部環境の機会を維持・拡大する戦略を検討する。内部環境の強みと外部環境の機会は，ともにプラスの要因なので自社にとってはポジティブな戦略となる。

　つぎに，S×Tの組み合わせについては，自社の強みを生かして外部環境の脅威に対応する戦略を検討する。外部環境の脅威は自社にとってはマイナスの要因となるが，戦略の検討に際してはマイナスの要因を自社が持つ強みによっ

図表3-9　SWOT分析

内部環境

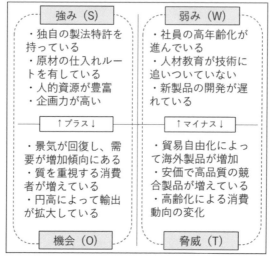

	強み（S）	弱み（W）
	・独自の製法特許を持っている ・原材の仕入れルートを有している ・人的資源が豊富 ・企画力が高い	・社員の高年齢化が進んでいる ・人材教育が技術に追いついていない ・新製品の開発が遅れている
	↑プラス↓	↑マイナス↓
	・景気が回復し、需要が増加傾向にある ・質を重視する消費者が増えている ・円高によって輸出が拡大している	・貿易自由化によって海外製品が増加 ・安価で高品質の競合製品が増えている ・高齢化による消費動向の変化
	機会（O）	脅威（T）

外部環境

出所：筆者作成

図表3-10　S・W・O・Tの組み合わせによる戦略の立案

	強み（S）	弱み（W）
機会（O）	強みと機会 自社の強みを生かして、機会を拡大する戦略を考える	弱みと機会 自社の弱みを克服するとともに、機会を生かす戦略を考える
脅威（T）	強みと脅威 自社の強みを生かして、脅威を克服する戦略を考える	弱みと脅威 自社の弱みと脅威を最小化する戦略を考える（参入しない・回避する）

出所：筆者作成

て克服していくイメージを持つようにする。

　W×Oの組み合わせについては，外部環境の機会を生かして弱みを克服する戦略を検討していく。戦略の検討に際しては，弱みを何らかの形で補いつつ，機会を活用するようなイメージを持つようにする。

　最後にW×Tは，ともにマイナスの要因である。これらの内容については，戦略において採用しないこと（避けるべきこと），もしくは戦略の策定上において最低限の対応にとどめておく。

おわりに

　本章では，マーケティング分析の取組みが求められる背景について説明するとともに，分析のプロセスや内部・外部環境分析の際に適用する手法について提示してきた。また，外部環境においては，マクロ・ミクロ環境別に体系化しながら分析の方法について紹介した。少子高齢化や貿易自由化の拡大など，市場の様相が変化することによってマーケティングにおける不確実性はますます高まっている。ビジネスは，とかくリスクが伴うものであるが，分析によって自社が置かれている状況や市場の状況について把握することができればリスクの軽減につながるものと期待される。さらに，客観的かつ多角的な視点を持って分析を試みることは，ビジネス確実性を高めることにつながるはずである。

　本章で提示した分析手法は，企業におけるマーケティングの展開に加え，営利・非営利組織を問わず様々な組織において適用されつつある。とくに，SWOT分析は，自治体やコミュニティ活動における事業策定の際にも行われている。マーケティングの適用範囲が広がる様相において，本章で紹介した分析手法は多様な場面で活用されるようになるだろう。

①外部のマクロ環境の分析を試みる際には，様々なデータを収集することが求められるが，少子高齢化や貿易自由化の状況を把握するためにはどのようなデータを収集する必要があるのかについて考えてみよう。

②あなたが菓子を製造するメーカーにおいてマーケティングを担う立場であったと仮定したとき，PEST分析によってどのような状況を見出すことができるかについて考えてみよう。

③出身地や居住地を対象にSWOT分析を行い，その地域のマーケティング戦略について考えてみよう。

【参考文献】

American Marketing Association (2004) Definitions of Marketing: Definition of Marketing Research.
https://www.ama.org/the-definition-of-marketing/（2019.2.20閲覧）

Ohmae Kenichi (1982) The Mind of the Strategist, McGraw-Hill, Inc.（田口統吾・湯沢章伍訳『ストラテジックマインド―変革期の企業戦略論』プレジデント社，1984年）

Porter, M.E. (1985) Competitive Advantage, The Free Press.（土岐坤・中辻萬治・小野寺武夫訳『競争優位の戦略―いかに好業績を持続させるか』ダイヤモンド社，1985年）

石原慎士

第4章

マーケティング戦略

はじめに

本章では，STPと呼ばれるセグメンテーション，ターゲティング，ポジショニングについて学ぶ。マーケティングを行う上で，標的顧客に対して優れたマーケティング・ミックスを展開することが重要であるが，標的顧客を決定するに当たっては，市場をいくつかのセグメントに分けるセグメンテーションを行う必要がある。その上で，自社にとって魅力的なセグメントを選択するというターゲティングが行われる。したがって，どのような基準でセグメンテーションが行われ，どのような基準で標的とするセグメントを選ぶべきなのかを学んでいく。

さらに，標的としたセグメントの中で，競争相手と比べてどのような優位性や特徴があるのかを，また，どのような価値を提供しているのかを標的顧客に理解してもらう必要がある。そうでなければ，標的顧客に自社製品を選んでもらうことはできない。標的顧客の頭の中で，競争相手の製品と比べて，自社製品がどのような位置にいるのかを決めるのがという取組みがポジショニングである。このポジショニングの確立に向けて，次章以降で学ぶマーケティング・ミックスを展開していくことになる。本章では，マーケティング・ミックスを展開する前に必要なSTPについて学ぶ。

1. マス・マーケティングからOne to Oneマーケティング・CRM

（1）マス・マーケティングからOne to Oneマーケティング

　商品を全国販売するためには，商品を全国に届けるための大量輸送手段と全国に広告を展開するためのマスメディアが必要である。鉄道や船などの大量輸送手段や，新聞やラジオなどのマスメディアが発明される前は，生産者は地方ごとに分断され，ある地方で作られた商品はその地方で販売されていた。しかし，米国においては，19世紀末になると鉄道網と通信ネットワークが全国に張り巡らされ，大量輸送と大量広告によって，低コストで大量生産された商品の大量販売が可能になった。こうして，20世紀に入ってから，コカ・コーラ，フォード，P&Gなどといった全国的な知名度を得た有名ブランド企業が，消費財市場に対して大きな影響力を及ぼすことになった。

　これらの企業の商品は，単一製品の大量生産により規模の経済性を追求し，低価格を実現し，できるだけ多くの消費者を標的とする**マス・マーケティング**を志向していた。そういう意味で，当初のマーケティングの概念は，マス・マーケティングを意味していた。

　まず，T型フォードがマス・マーケティングの典型といえるだろう。ヘンリー・フォードは，1908年，一般大衆のあらゆる必要を満たすことのできる「普遍的な実用車」としてT型フォードを発表した。T型フォードは，運転しやすく，悪路に強く，壊れにくく修理が簡単で，価格が安く，黒一色で飾りの少ないモデルであった。販売価格も1909年には960ドルであったが，値下げを繰り返し1916年には360ドル，1920年代には275ドルまで引き下げられた。その一方で，販売台数は，1909年には1万9,000台だったが，値下げとともに販売数量を増加させ，約20年間で1,500万台余りを販売した。低価格と丈夫で実用的で使いやすい高品質のT型フォードは，マーケティング的にみても大成功をおさめたといえるだろう。

　しかし，当初は大成功したフォードも，GM（ゼネラル・モーターズ）の挑戦を受けることになる。GMは単一車種のT型フォードに対抗して多車種によ

るフルライン政策をとり，最低価格帯から高級車まで顧客の多様な要求にこた
えた。「普遍的な実用車」ではなく，自動車が「成功の証」や「ステータス」
のシンボルであることを訴え，新たな「大衆高級車市場」というセグメントを
創ったともいえる。また，GMは，製品ラインに合わせてディーラー網を整備
して，担当地域を定めたテリトリー制に基づく**専売的チャネル政策**を導入し
た。これらの活動は，市場はひとつではなく，いくつかのセグメントから構成
され，そのセグメントごとによりきめ細かなマーケティングを展開するという
ことであった。こうして，GMの多様な車種が市場に受け入れられたことによ
り，T型フォードは1920年代半ばに生産中止に追い込まれた。

　このように，現在のマーケティングの考え方は，市場を同質的なニーズを
持った人々の集合として捉えるのではなく，多様なニーズを持った人々から構
成されるものという考え方が主流となっている。その究極の形が，**One to
Oneマーケティング**と呼ばれる顧客一人ひとりに対してマーケティングを展
開するものである。これを可能にするためには，消費者のニーズを効率よく伝
えるための「高度な情報システム」と，情報に対して柔軟に対応することがで
きる「伸縮的な製造技術」が必要であったが，近年の情報技術の発展により，
サービス分野や高額な耐久消費財分野などではその概念を適用できる分野も広
がってきている。

(2) CRM

　マス・マーケティングあるいは細分化した特定セグメントをターゲットとす
るマーケティングは，不特定多数の消費者を対象に，広告などマスメディアを
活用して，顧客を獲得して，市場シェアを高めるという考え方が根底にある。
しかし，一般に，新規顧客の獲得は既存顧客に商品を購入してもらうより5倍
のコストがかかるといわれる。新規顧客が増えない成熟市場において売上や利
益を伸ばすには，既存顧客との関係を強化し，顧客シェアを高めることが必要
になる。顧客シェアとは，一人の顧客の購買に対する自社売上の比率であり，
生涯にわたって得られる売上や利益を累積したLTV（Life-time Value：**顧客**

生涯価値）で測られる。

　既存顧客との関係を強化し，顧客生涯価値を高めるための代表的な手法が**CRM**（customer relationship management：顧客関係管理）である。情報技術の発展により，様々なマーケティング・データの取得・蓄積が可能になっているが，CRMとは，このデータを活用して，優良顧客に対して付加価値の高いサービスを提供したり，顧客一人ひとりに適したメッセージを届け，関係性を深めたりするような取組みであり，近年，このような取組みを行う企業も増えている。しかし，この取組みを行うためには，関係性を強化すべき顧客を特定することが必要であり，顧客と直接的に取引し，顧客情報や顧客の購買情報を得ていることが必要になる。

　シャンプーや洗剤，加工食品といった一般消費財を全国に販売するメーカーにとっては，数十万人，数百万人という膨大な数の消費者が顧客となり，多くの場合，メーカーと消費者の間で直接の取引は行われていない。また，その製品を初めて購入する顧客と，過去に何度も購入したことのある顧客も，区別されることなく，平等に扱われている。

　その意味で，One to OneマーケティングやCRMという手法が適する分野も増えてはいるが，一般の消費財メーカーにとっては，市場全体をいくつかのセグメントの集合と捉えて，特定のセグメントに向けてマーケティングを展開していくという考え方は，現在でも中心であることに変わりはない。次節以降ではその考えに基づくマーケティングについてさらに詳しくみていく。

2. 市場細分化（segmentation）戦略

（1）市場細分化の意義

　顧客のニーズを究極的に満たすためには，顧客一人ひとりのニーズの違いを意識して，それに合わせて製品を開発し，提供していくことが求められるかもしれない。既に述べたとおり，顧客は一人ひとりそれぞれ，好みやニーズは違っていて，それに個別に対応しようというものをOne to Oneマーケティン

グと呼ぶ。しかし現実には，顧客が一人ひとり違ったニーズを持っているから
といって，それに合わせてひとつずつ違った製品を作っていては，多くの場
合，コストが高くなりすぎてしまう。そして，そのコストを回収できる価格を
設定しても，多くの製品では，顧客にとって価格が高すぎて買ってもらえない
だろう。その一方で，顧客の好みやニーズはすべて同じだと考えて，すべての
顧客に対して単一のマーケティング・ミックスで対応しようとする手法をマ
ス・マーケティングと呼ぶが，今日の競争の激しい，消費者ニーズが多様化し
ている市場においては，このようなやり方では誰のニーズも十分に満たしてい
ないことになるかもしれない。あるいは，顧客ニーズをよりきめ細かく満たし
ている競合製品があれば，そちらに顧客を奪われてしまうかもしれない。

　このOne to Oneマーケティングとマス・マーケティングの中間に位置し，
顧客ニーズを十分に満たしつつ規模の経済性によりコストを押さえることを目
指すために，ある程度共通のニーズを持つ顧客をひとつのまとまりと捉えた標
的の設定が必要となる。そしてそのための手段として市場細分化が行われる。
顧客の好みやニーズは一人ひとり違うといっても，何らかの共通点，ある程度
の共通性はあるだろう。その共通点に注目し，市場を構成する人々を，同じよ
うなニーズを持ち，あるマーケティング・ミックスに対して同じような反応を
示す同質的な市場部分に分類することを**市場細分化**（セグメンテーション）と
いう。そして，市場細分化によって分類されたそれぞれの市場部分を**市場セグ
メント**という。さらに，標的として選ばれた市場を**標的市場**や**ターゲット・セ
グメント**と呼ぶ。通常の場合，マーケティング・ミックスを検討する前に，標
的市場を設定することが必要となる。

(2) 消費財の市場細分化の変数

　市場細分化とは，顧客の何らかの共通点に着目し，市場を分けることだと述
べたが，その共通点，すなわち，市場細分化の変数にはどのようなものがある
だろうか。代表的な変数としては，地理的変数，人口統計的変数，心理的変
数，行動上の変数がある（図表4-1参照）。

図表4-1　消費財市場における市場細分化の変数

地理的変数	
地域	太平洋側，日本海側，関東，関西，中部，九州，北海道
都市の人口規模	4999以下，5000〜1万9999，2万〜4万9999，5万〜9万9999，10万〜24万9999，25万〜49万9999，50万〜99万9999，100万〜399万9999，400万以上
人口密度	都市圏，郊外，地方
気候	北部，南部
人口統計的変数（デモグラフィック変数）	
年齢	6歳未満，6〜11歳，12〜19歳，20〜34歳，35〜49歳，50〜64歳，65歳以上
世帯規模	1〜2人，3〜4人，5人以上
家族のライフサイクル	若い独身者，若い既婚者で子供なし，若い既婚者で末子が6歳未満，若い既婚者で末子が6歳以上，年配の既婚者で子供あり，年配の既婚者で18歳未満の子供なし，年配の独身者，その他
性別	男性，女性
所得	299万以下，300〜599万，600万〜899万，900万〜1199万，1200万以上
職業	専門職・技術職，マネジャー・役員・経営者，事務員・販売員，職人，熟練工，退職者，学生，主婦，無職
教育水準	中卒以下，高卒，短大卒，大卒，大学院卒
社会階層	最下層，下層の上，労働者階級，中流階級，中流の上，上流の下，最上流
心理的変数（サイコグラフィック変数）	
ライフスタイル	文化志向，スポーツ志向，アウトドア志向
パーソナリティ	神経質，社交的，権威主義的，野心的
行動上の変数	
ベネフィット	経済性，品質，サービス，迅速性，プレステージ
ユーザーの状態	非ユーザー，元ユーザー，潜在的ユーザー，初回ユーザー，レギュラー・ユーザー
使用割合	ライト・ユーザー，ミドル・ユーザー，ヘビー・ユーザー
ロイヤルティの状態	なし，中程度，強い，絶対的
購買準備段階	認知せず，認知あり，情報あり，関心あり，購入希望あり，購入意図あり
製品に対する態度	熱狂的，肯定的，無関心，否定的，敵対的

出所：Kotler and Keller (2006)，邦訳書p.307を一部修正

　地理的変数には，地方，都市規模，人口密度，気候などがある。食品メーカーが，関東と関西でスープの味付けを変えていることなどは，地理的変数を用いた市場細分化といえる。また，自動車メーカーや住宅メーカーにとっては，寒冷な地域か温暖な地域かによって，製品の仕様を変えていることがあり，この場合は，気候を細分化の基準として用いているといえる。さらに，小売チェーンや飲食チェーンが出店地域を検討する際も，都市規模や人口密度は重要な基準となるだろう。このように，地理的な基準を重要な細分化の変数として用い，それぞれのセグメントごとに展開するマーケティング・ミックスを変えていくことをとくに**エリア・マーケティング**と呼んでいる。

　人口統計的変数には，年齢，性別，未既婚，子供の有無，職業，学歴，所得などがある。年齢や性別といった基準はわかりやすく，化粧品メーカーなどを筆頭に最も頻繁に活用されているといえるだろう。しかしながら，同じ30歳の女性でも，結婚しているか，子供はいるかなどによって，必要とするものや好みは大きく異なるかもしれない。人口統計的変数でも，いくつかを組み合わせて市場を細分化していく必要がある。

　心理的変数とは，ライフスタイルやパーソナリティなどである。たとえば，上述の地理的変数と人口統計的変数で分けた場合に，同じセグメントに分類されるとしても，部屋でゲームをしたりテレビをみたりして過ごすのが好きな人もいれば，外に出かけて時間を過ごすのが好きな人もいるだろう。学校で同じ授業を受けている人たちを比べると，地理的変数や人口統計的変数に関しては性別以外はあまり変わらないかもしれないが，好みや価値観は違うだろう。若い女性向けのファッション誌などは，ライフスタイルやファッションに関する嗜好によって，市場を細分化しているといえよう。

　行動上の変数とは，求めているベネフィットやユーザーの状態，使用割合などである。求めているベネフィットとは，商品を選択する際どのようなことを重視するかである。たとえば，自動車の選択でも，プレステージを重視する人もいれば，経済性を重視する人もいる。使用割合は，ヘビーユーザー，ミディアムユーザー，ライトユーザーなどである。たとえば，日本の缶コーヒーは2割のヘビーユーザーが消費量の8割を占めているといわれる。売上をたくさん上げるためにはヘビーユーザーを狙ったほうが良いかもしれないが，市場を拡大させるために，ライトユーザーやノンユーザーを狙うということも考えられる。

　このように，市場細分化の変数には様々なものがあるが，マーケターはどのような変数を利用すれば効果的なのかを考える必要があり，マーケターの力量やセンスが問われるところでもある。市場を細分化することは目的ではなく，自社にとって効果的なターゲットを選ぶための手段であるということを忘れてはならない。

また，利用する変数によっても長所や短所がある。たとえば，地理的変数や人口統計的変数は，国勢調査をはじめとする様々な慣行データが既に存在し，セグメントの市場規模を推定することが可能である。一方，心理的変数や行動上の変数は，消費者調査を行わなければ，それぞれどのくらいの人数がそのセグメントに存在しているかはわからない。つまり，セグメントの規模の予測という点では，地理的変数や人口統計的変数は優れている。しかしその一方で，どのようなマーケティング・ミックスを展開すべきかということへの示唆という点では，心理的変数や行動上の変数のほうが有効であろう。これらをうまく組み合わせて市場細分化を行う必要があり，通常は，最低限，どの地域にいる，誰の，どのようなニーズを満たすのかを決める必要があるだろう。しかし他社と似たような細分化の基準を設定していては，ターゲットも似てしまい，競争も激しくなってしまう。どのような変数で分類すれば，有望なセグメントを発見できるか，自社ブランドにとって意味のある分類になるかを念頭に置きながら，市場細分化の変数を探すことが重要である。

(3) 効果的な市場細分化の条件

　市場細分化の変数は無数に存在しうるが，すべての変数が効果的なわけではない。自社ブランドにとって効果的な細分化変数を探すことが重要なわけであるが，その条件として，以下の5つがあげられる。

①**測定可能性**：セグメントの規模や購買力を測定できること。これらを測定できなければ，市場規模が分からず，そのセグメントにアプローチすべきかどうかを判断することができない。

②**維持可能性**：最低限の市場規模または収益確保の見込みがあること。市場規模が小さすぎると，標的顧客を満足させても十分な利益が得られない。細かく市場を分けたほうが顧客のニーズはより満たせる可能性は高まるが，十分な売上や利益を確保できなくなる可能性が高まるので，注意が必要である。

③**到達可能性**：セグメントに効果的に到達し，マーケティング活動を行える

こと。効果的な流通チャネルやコミュニケーション・メディアがなければ，そのセグメントにアプローチできない。

④**実行可能性**：対象としたセグメントにアプローチできる効果的な能力・経営資源があること。魅力的なセグメントであっても，自社がアプローチできる能力や資源がなければ意味がない。

⑤**差別化可能性**：個別のマーケティング・ミックスに対して，同一セグメント内は，同質的な反応を示し，異なるセグメントは異質な反応を示すこと。同じマーケティング・ミックスに対して，2つのセグメントが同じ反応を示すのであれば，同一のセグメントとして捉えるべきである。

3. ターゲティング（targeting）戦略

(1) 市場セグメントの評価

　市場細分化を行ったら，つぎは，各セグメントを評価し，そのなかで，どのセグメントをターゲットとするかを決めなくてはならない。その際，セグメントの規模を考慮することは既に述べたが，現在の市場規模だけでなく，そのセグメントの将来性，成長性も検討する必要があるだろう。また，規模が大きく，高い成長が期待されるセグメントだったとしても，それは競争相手も多く，競争が激しいセグメントかもしれない。そうなれば，セグメントの規模は大きくとも，自社が得られる売上や利益は少なくなってしまうかもしれない。セグメントを選択する際は，そのセグメント内の競争環境も考慮する必要がある。

　さらに，企業は，セグメントを選択する際，自社の目標と経営資源も考慮する必要がある。魅力的なセグメントであっても自社の長期的な目標に合わなければ，ターゲットとして選択することはないかもしれない。また，長期的な目標に合致していても，自社にそのセグメントのニーズを満たす技術力や経営資源が足りない場合もあるだろう。セグメントを選択する際は，規模や成長性だけでなく，セグメントのニーズを満たし，競争相手よりも優位に立てるセグメ

図表4-2　市場セグメントの選択の3つのパターン

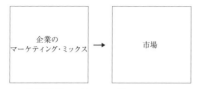

非差別型マーケティング

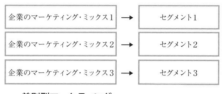

差別型マーケティング

集中型マーケティング

出所：Kotler and Armstrong (2001)，邦訳書p.316

ントを選択することが望ましい。

(2) 市場セグメントの選択

　ターゲットとするセグメントを評価したら，つぎに企業は，標的とするセグメントを決めなくてはならない。これを**ターゲティング**と呼ぶ。このとき，ひとつのセグメントに絞る必要はなく，とくに規模が大きく豊富に経営資源を持つ企業の場合は，複数のセグメントを選択することが一般的である。市場セグメントの選択のパターンは以下の3つに分けられる（図表4-2参照）。

　①非差別型マーケティング

　非差別型マーケティングとは，市場セグメントの違いがあると認識していた

としても，その違いを無視し，単一のマーケティング・ミックスによって市場全体に対応しようとするものであり，結果的には，マス・マーケティングと同じものになる。この戦略では，セグメント間の違いよりも共通点に着目し，できる限りより多くの消費者に訴えられるような製品を開発し，マス広告を通じて大量に販売することを目指している。コカ・コーラやマクドナルド，ユニクロなどは，市場細分化を行って特定のセグメントをターゲットとしているというよりは，このような考え方でマーケティングを展開しているといえるだろう。しかし今日，このような手法でマーケティングを行えるのは，顧客ニーズの違いが大きくなく，さらに規模の経済性を最大限に発揮できるような企業や製品に限られるだろう。

②差別型マーケティング

差別型マーケティングとは，いくつかの市場セグメントをターゲットとするもので，それぞれの市場セグメントに対して別々のマーケティング・ミックスを展開する。また，すべてのセグメントに対して，別々のマーケティング・ミックスを展開し，すべてのセグメントに対応しようとするものを**フルカバレッジ戦略**と呼び，リーダーの市場地位にある企業に適している。しかしながら，多くのセグメントに対応しようとすればするほど，一つのセグメントに割ける経営資源は少なくなる。規模が大きく経営資源を豊富に持つ企業であれば，対応できるセグメントも多くなるが，規模が小さく経営資源も少なければ，対応するセグメントの数も限定せざるを得ない。自社の持つ経営資源を考慮し，いくつのセグメントを選択すべきかを考えるべきだろう。

③集中型マーケティング

集中型マーケティングとは，ターゲットとして一つのセグメントのみを選択し，そのセグメントに経営資源を集中させるものである。経営資源を豊富に持たない小規模企業の場合，多くのセグメントに対応しようとすると，どのセグメントでも競争相手に負けてしまう可能性が高い。そのような場合に，集中型マーケティングでは特定のセグメントに絞ることで，そのセグメント内のシェアを大きくしようとするため，小規模企業に適したマーケティングである。た

とえば，スポーツ用品のメーカーとしては，ナイキやアディダスといった企業が有名であるが，タマス社は卓球市場に特化することで，そこでは大手スポーツ用品メーカーに負けない地位を築いている。ドイツのウールスポルト社は，サッカーやフットサル市場の中でも，さらにゴールキーパーに集中することで，ゴールキーパー用品に関しては強力な地位を築いている。

4. ポジショニング（positioning）戦略

(1) ポジショニング

　ターゲットとするセグメントが決定されると，つぎに企業は，顧客にどのように思われたいのか，顧客の心の中でどのような位置を占めたいのかということを決定しなくてはならない。そのための行為が，**ポジショニング**である。「誰に，どのような価値を，どのような方法で提供するのか」ということを考えると，「誰に」を決めるための部分がセグメンテーションとターゲティングであり，「どのような価値をどのような方法で提供するか」を決め，顧客にそのように認知してもらうこと，そして，競合相手と比べてどのような違いや優位性があるかを認識してもらうことがポジショニングである。セグメンテーションとターゲティングが，標的市場を決めるために行われるものであるとすると，ポジショニングは，提供価値と提供方法を決め，それを実行していく行為と考えることができる。したがって，ポジショニングという行為は，製品やコミュニケーション戦略など，マーケティング・ミックスを展開していく中で行われるものである。このように考えると，標的市場，提供価値，提供方法に関する計画が**マーケティング戦略**の内容であり，マーケティング・ミックスはマーケティング戦略の実行手段とえいる。

　これまでは，便宜上，セグメンテーション，ターゲティング，ポジショニングという流れで説明してきたが，現実には，どのような価値を提供するかが先にあり，その後に，ターゲットが決められることもある。重要なのはセグメンテーション，ターゲティング，ポジショニングの順番ではなく，これらに一貫

性がなくてはならないということである。

(2) ポジショニング・マップ

　消費者が自社製品のポジショニングをどのように認識しているかを知る手が
かりとして用いられるのが，**ポジショニング・マップ**または**知覚マップ**と呼ば
れるもので，これらは競合製品や自社製品がターゲットの頭の中で，どのよう
な位置にあるかを，通常は2つの軸を用いて表したものである。ポジショニン
グ・マップを作成することによって，市場の競争に関してつぎのことの理解に
役立つといわれる。第一に，自社製品や競合製品は市場でどのように位置づけ
られているか。第二に，ポジショニングが似ている競合製品はどれか。第三
に，どの製品も存在しない空白地帯はあるかどうか。さらには，既存製品のポ
ジショニングを理解するだけでなく，現在の自社製品のラインナップにおける
イメージの変更（リポジショニング）の計画や，新製品のポジショニングを考
える上でも，有効なツールとして利用できる。

　では，その軸を選ぶ上で重要なポイントとしては，どのようなものがあげら
れるだろうか。第一に，市場の争点性がある。消費者が何を重視して製品を選
択するかということである。それは，時代とともに変化するものであり，企業
側の技術革新によってもたらされることもあるし，消費者側のニーズの変化に
よって変わる場合もある。また，企業側の技術革新による新たな製品の変化だ
けでなく，広告を中心としたコミュニケーションによって，「この争点が重要
だ」と消費者に伝えていくことも必要である。ポジショニングの軸を考える上
で，消費者にとって重要な争点でなければ意味がないだろう。

　第二に，独自性である。競合製品と同じ軸を使っていれば，自ずと同質的な
製品になり，激しい競争に巻き込まれてしまう。競合相手が思いつかないよう
な独自の軸を設定することによって，消費者の頭の中で，独自のポジショニン
グを築くことができるのである。

　第三に，優越性である。いったん独自のポジショニングを築いたとしても，
競合相手が同じような製品を投入してくるかもしれない。その際に，競合製品

よりもその軸に関して劣っていれば，顧客を奪われてしまうだろう。自社製品が競合製品に対して優る軸を設定することも重要である。

　その他，2つの軸を設定する上でのポイントとして，それぞれの軸の関係を排除しなければならない。2つの軸を選んでも，たとえば，高級感と価格という軸では，ほぼ相関しており，1つの軸を選んだのと同じになってしまい意味がない。また，軸を設定する際のポイントとして，自由度も重要である。どんなにいいポジショニングを頭の中で描いても，それを実現できなければ意味がない。自社の技術や予算を考慮した実現可能なポジショニングが求められる。

(3) ワークマンの標的市場の拡大とポジショニング

　STPを考えるために，ワークマンの事例をみてみよう。ワークマンは，群馬県を地盤とする流通グループ，ベイシアグループの作業服専門店である。ワークマンは，建設作業員を標的に，作業服や作業用品など約1500の商品を圧倒的な低価格で提供し成長してきた。しかしながら，ワークマンが標的とする国内の建設作業者は少子高齢化や景気低迷を背景に，年々減少していた。このため，顧客層の拡大は，ワークマンにとって重要な生き残り策であったという。

　このような状況で，ワークマンが新たな標的としたのは，ユニクロ，しまむらなどのカジュアル衣料品店がおさえている市場だった。しかし，商品の種類やファッション性においては到底，競合にはかなわないとみて，「プロユース」の商品を販売してきた強みを前面に打ち出すことにした。雨風などの過酷な環境下でも快適に過ごせる防水性，保温性を兼ね備えたジャケットやストレッチ性の高い生地を用いたズボンなどを低価格で提供しつつ，「プロも使っている機能を手軽に身につけられる」とアピールした。色も，これまでの黒や紺を基調としたものから，赤や蛍光イエロー，オレンジなど，幅を持たせ，ワークマンに来たことのない客層に訴えるだけでなく，ワークマンの既存顧客にも仕事以外で着てもらえる商品構成を目指した。

　CM（テレビコマーシャル）も，「行こうみんなでワークマン」と，タレン

トの吉幾三氏が作業員たちと一緒に歌うCMを25年間続けてきたが，その
CMも，一般の人向けのものへと変更した。店舗の外観も，従来のグレーの塗
装から白い壁面に変更し，「作業服」と外壁などに大きく表示していたものも
止め，窓を大きくして，外から店内の様子が分かるように変更してきた。そし
て，近年のアウトドアブームを追い風に売上を拡大してきた。

　こうした中で，2018年9月，東京都立川市の大型商業施設に作業着が連な
る既存店とは異なり，アウトドアショップを思わせる店構えで，新業態「ワー
クマンプラス」を出店した。プロ仕様のカジュアルウェアが激安価格で並び，
これまでワークマンに見向きもしなかった一般客も増加し，さらには「ワーク
マン女子」と呼ばれる女性客も急増している。

　このワークマンプラスの品揃えをみた一般客は，ワークマンが新ブランドを
開発したと思ったかもしれない。しかし，売り場に並べられたすべての商品は
既存のワークマンで扱っていた商品だという。1,700に及ぶ膨大な商品群から
一般受けする320アイテムを選び，マネキンや什器を入れ，照明や内外装，陳
列方法を変えただけ，見せ方を工夫しただけだという。つまり，価値の提供方
法の工夫によって，顧客にとってのワークマンのポジショニングは大きく変更
されたといえる。

　しかし，この成功は既に述べたとおり，標的市場の拡大のための入念な準備
を既存店で行ってきた結果でもある。それまでに，日本のアパレル市場全体で
は競合は多いが，「作業服並みの低価格で，かつ機能性を備えたブランドは皆
無」であり，4,000億円ものブルーオーシャン（競合する商品やブランドがな
い未開拓の市場）が広がっていると推計し（図表4-3参照），商品を改良し，
街着にも使えるデザイン性の高いウェアをひっそりと増やし，既存店に投入し
てきた。そして，既存店での売れ行きをみて，新業態「ワークマンプラス」と
して独立させ，新たな顧客を獲得したのである。

　したがって，この成功には，プロ仕様の機能性と作業着並みの低価格を実現
できる技術力や販売力，店舗運営ノウハウなど，他社が簡単に模倣できない優
位性が根底にあることも忘れてはいけない。

図表4-3　ワークマンプラスのポジショニング

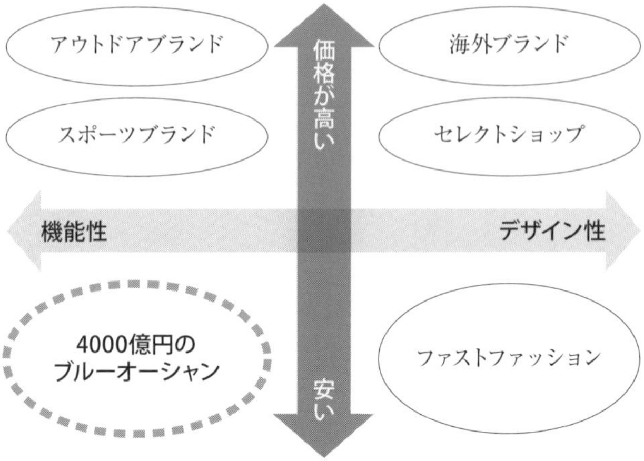

出所：『日経TRENDY』2019年12月号「2019年ヒット商品BEST30　1位ワークマン」
　　　p.101を一部修正

おわりに

　本章では，マス・マーケティングやOne to Oneマーケティングの考え方を
踏まえて，特定の市場セグメントを標的とする意義について学んだ。また，セ
グメンテーションのための変数にも様々なものがあり，それらの中で有効な変
数を探し出し，セグメントに分けて，自社にとって魅力的な，競争優位を発揮
できるセグメントを標的することが必要であることを学んだ。さらに，標的と
するセグメントは，必ずしも1つというわけではなく，自社の規模や競合状況
を考えて，複数のセグメントを選ぶ，あるいはあえて，セグメンテーションを
行わないという選択肢があることも学んだ。ポジショニングの確立のために
は，どのような価値をどのような方法で提供するのかを決めて，それが顧客の
頭の中で，はっきりと認知されていることが重要である。そのためには，実際
にマーケティング・ミックスをどのように展開していくかが重要であり，一貫
性を持ったマーケティング・ミックスを展開するためには，どのようなポジ

ショニングを目指すのかについて，事前に明確にする必要がある。

演習問題

①ロングセラーの製品ブランドを取り上げて，その製品のターゲットはどの
ような人か，セグメンテーションの基準を踏まえて考えてみよう。

②①で取り上げた製品と競合する製品を考え，ポジショニング・マップを作
成してみよう。

③あなたが，①と②で取り上げた製品カテゴリーのマーケターだとしたら，
どのようなターゲットが有効か，どのようなポジショニングが有効か，考
えてみよう。

【参考文献】

Kotler, P. and Armstrong, G. (2001) *Principles of Marketing* 9th ed., Prentice Hall.（和
田充夫監訳『マーケティング原理 第9版 基礎理論から実践戦略まで』ダイヤモ
ンド社，2003年）

Kotler, P. and Keller, K. (2006) *Marketing Management* 12th ed., Prentice-Hall.（恩藏
直人監修，月谷真紀訳『コトラー＆ケラーのマーケティング・マネジメント 第
12版』ダイヤモンド社，2014年）

青木幸弘編（2015）『ケースに学ぶマーケティング』有斐閣

井原久光（2001）『ケースで学ぶマーケティング』ミネルヴァ書房

小川孔輔（2009）『マネジメント・テキスト　マーケティング入門』日本経済新聞出
版社

恩藏直人（2004）『マーケティング』日本経済新聞社

山本直人（2005）『マーケティング企画技術』東洋経済

『日経ビジネス』2015.12.21「企業研究vol.68 ワークマン 衣料店 作業服のガリバー
おしゃれに"脱皮"」pp.68-72.

『日経TRENDY』2019年12月号「2019年ヒット商品BEST30 1位ワークマン」
pp.100-101.

坪井明彦

第 **5** 章

マーケティング・マネジメント①
製品

$\qquad$ はじめに $\qquad$

・企業にとって製品やサービスは，収益性を高めるために重要なものとなる。しかし，市場が成熟する状況において売れる商品を開発していくことは容易なことではない。本章では，製品やサービスに付与すべき価値形成のあり方について学ぶ。

・モノが売れない時代において，顧客に支持される製品を開発していくためには，プロセスに沿った活動を推進していくことが求められる。また，客観的な視点を持ちつつ製品を開発していくことが求められる。本章では，製品開発のプロセスについて学習する。

・製品は，市場において競合他社と競い合いながら販売していくことになるが，競争の中で優位性を確立するためには，製品を差別化していくことが求められる。本章では，製品を差別化するための方策について学んでいく。

1. 便益の束

「われわれは工場では化粧品を作っているが，店では希望を売っている」<
レブロン>

「購買者は4分の1インチのドリルを買うのではなく，そのドリルによって
あける4分の1インチの穴を買うのである」<Levitt, T.>

（出所：Kotler and Armstrong 1989，邦訳書p.315）

　これらの言葉が説明するように，マーケティングでは，製品（product）を
単なる有形物と捉えるのではなく，消費者の問題や課題を解決するための「**便
益の束**」（bundle of benefit）と捉えている。消費者は，日常生活において有形
の製品を購入するが，製品の購入に際しては単に「特定のモノを購入したい」
と思っているのではなく，「何らかの問題解決をはかるためにモノを購入して
いる」と考えるのである。たとえば，消費者が飲み物を購入するシーンを想定
してみると，「喉が渇いたという問題を解決するために製品を購入している」
のであり，喉の渇きという問題が解決されなければ（癒やされなければ），製
品として評価されない。

　このように製品には，消費者にとって「便利」かつ「利益」があることを意
味する「便益」（ベネフィット）を備える必要があり，このことは製品を開発
し，販売していく上でとても重要な意味を持つ。だが，実際の製品は「便益」
に加え，様々な要素が加わる。図表5-1は，「便益」を中核に位置づけたとき
の製品要素の構造を表したものである。中核部分に位置づけられた「便益」の
周囲には品質やブランドといった「実態部分」となる要素が加わる。さらに，
その外部には保証やサービスなどの「付随部分」が要素として加わる。飲み物
について考えてみると，消費者は飲み物を購入するときに，喉の渇きを癒やす
といった「便益」に加え，味，香り，甘さ，ブランドなどの製品の形態を意識
する。また，保証や配達，アフターサービスといった付随機能も意識すること
になる。製品の開発や販売に際しては，中核部分に位置づけられる「便益」に

図表5-1　製品の構造

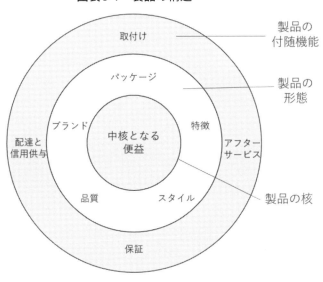

出所：Kotler and Armstrong (1989)，邦訳書p.316をもとに一部改変

加え，実態部分・付随部分の「便益」も複合的に検討していくことが求められる。

2. 製品とサービス

　コトラー（Kotler, P.）は，「製品とは，特定のニーズや欲求を充足する興味・所有・使用・消費のために市場に提供されうるすべてのものをさす。それは，物理材・サービス・人間・場所・組織・アイディアを含んでいる」と述べている（Kotler and Armstrong 1989，邦訳書p.315）。一般的に，**製品**は有形なものに対して使われる言葉であるが，コトラーが説明しているようにマーケティングでは有形財（物）に加え，無形のサービスも対象としている。とくに近年のマーケティングの研究では，製品について論じるとき，断りなしにサービスを製品として扱っているケースも見られる。

サービスとは，一般的に消費者に情報を提供したり，快適さや便利さを提供したりすることである。サービスを提供する業種（サービス業）としては卸売業・小売業などの商業，飲食業，金融業，旅行業，情報通信業などが該当するが，サービス業においても製品と同様に，利用者の問題を解決することを中核においてサービスの構造を検討していくことになる。

その一方で，近年では非営利組織や公共団体においてもマーケティングが適用されているが，このような様相を考慮すると，学校における教育，病院における医療，福祉団体による事業，政治家による活動，行政における公共事業などについてもサービスを受ける人々にとっての便益を中核に据えることが求められる。

3. 顧客価値

製品を購入するとき，顧客（消費者）は製品を購入する際に金銭というコストを支払うことになるが，製品の購入後は，消費の段階までに製品に対する何らかの評価を行うことになる。たとえば，食品であれば購入した製品を摂取し，おいしさ（味）や食感，風味などの便益について評価を行うことになる。このとき，顧客は製品から得た便益と支払ったコストとの関係性から製品に対する価値を判断することになる。マーケティングでは，顧客が製品を通して得る便益から価格などのコストを差し引いたものを**顧客価値**と呼ぶ（図表5-2）。顧客が得る便益がコストを上回る場合（便益＞コスト）は，顧客価値は高くなり，逆に下回る場合（便益＜コスト）は低くなる。このような関係性から，製品を提供する側が高い顧客価値を創造するためには，つぎの①〜⑤のような対応が求められる。いずれにしても，**CS**（customer satisfaction）を高めていくためには，コストを上回る顧客価値を形成していく必要がある。

①便益を高め，コストを下げる

②便益を高め，コストを維持する

③コストを上げるが，それ以上に高い便益を創造する

図表5-2　顧客価値

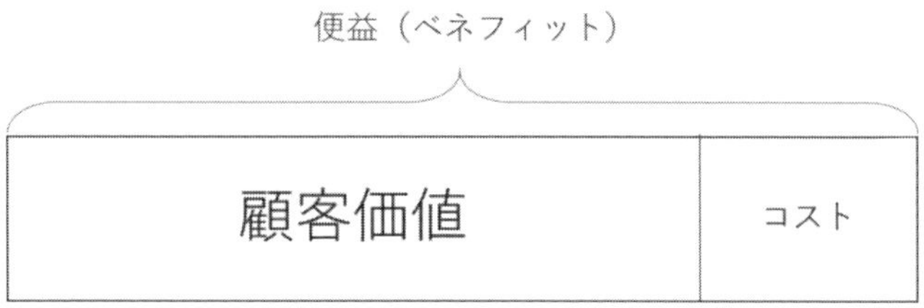

便益（ベネフィット）

顧客価値	コスト

出所：筆者作成

④便益は維持するが，コストを下げる
⑤便益を下げ，それ以上にコストを引き下げる

4. 製品の分類

　製品は，大きく消費財と生産財に分類することができる。これらの分類は，製品を使用（利用）する立場によって使い分けられる。消費財は，消費者が主として使用するために購入される製品であり，消費者は家庭などで製品を利用する。それに対して，生産財は，事業などで使用される製品であり，製造業において製品を生産するときに使用される原材料などがこれに該当する。

　一方，消費財は，消費者の購買行動によって**最寄品**，**買回品**，**専門品**に分類することができる。最寄品は，日常生活上で頻繁に使用するものが多く，購入する際に比較や検討をほとんどしないまま購入するものである。このような製品の場合は，消費する場所の近所で購入することが多く，購入に際して時間をかけたり，必要以上に経費をかけたりすることはない。それに対して，買回品は購買に際して時間や費用をかけて，複数のものを比較・検討するような製品のことを指す。最寄品と比較して，高価なものが多く，家電製品や家具などが該当する。専門品は，買回品よりもさらに高価なものであり，ブランドを重視するような製品のことを指す。

5. 新製品普及プロセス

　新しい製品が市場に導入されると，消費者は様々な行動をとる。新しいもの
が好きだという消費者は，店頭で新製品を見かけると試しに購入してみようと
考える。一方，慎重な消費者は，新製品が発売されても購入しようとはせず，
製品が一般的に認知されるようになってから購入しようと考える。このよう
に，消費者が製品を購入する時期は，パーソナリティによって様々である。ロ
ジャース（Rogers, M.）は，新製品の開発やサービスの創出などをイノベー
ションと位置づけるとともに，新製品が消費者によって購買・採用され，かつ
市場に普及していくプロセス（**新製品普及プロセス**）を数値でモデル化した。
そして，消費者が製品を購入する時期によって，図表5-3のように革新者，初
期採用者，前期追随者，後期追随者，遅滞者の5つに分類している（Rogers
1962，邦訳書p.125）。

　●革新者（イノベーター）

　革新者は，新しい製品に強い関心を示し，たとえ高価であったとしても，製
品が発売されるとリスクも覚悟しつつ購買する消費者層である。しかし，革新
性は非常に高いものの，社会的な価値観から逸れているため市場に対する影響
力は高いとは言えず，その比率は市場全体の2.5%である。

　●初期採用者（アーリーアダプター）

　初期採用者は，個人的な接触を通じて他人に対して影響力を与えるなど，
リーダシップを発揮する消費者層である。新しい動きに関心を持ち，社会的な
価値観にも配慮しているため第三者に対する影響力を有している。初期採用者
の比率は，市場全体の13.5%を占める。

　●前期追随者（アーリーマジョリティ）

　前期追随者は，周囲の消費者と一緒に行動することが多く，製品が普及した
頃に購買する平均的な消費者層である。前期追随者の比率は，市場全体の
34.0%を占める。

図表5-3　採用者のカテゴリー化

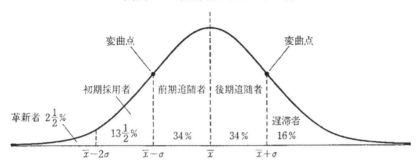

※ $\bar{\chi}$ は平均，σ は標準偏差を表す。
出所：Rogers (1962)．邦訳書p.112

● 後期追随者（レイトマジョリティ）

後期追随者は，新しい製品に対して慎重な行動をとる消費者層であり，一般的な消費者が新製品を購買する時期よりも後の段階で購買する。新製品が発売されると，その製品が支持されるまでその動向を観察するため，製品を購入する時期はしばらく経ってからとなる。後期追随者の比率は，前期大衆と同様に市場全体の34.0％を占める。

● 遅滞者（ラガード）

遅滞者は，新製品が発売されてから最後に購買する消費者層であり，保守的な考えや伝統的な価値観によって変化を好まない人が多い。遅滞者の比率は，市場全体の16.0％を占める。

6. プロダクト・ライフサイクル

企業は，製品を発売した後に市場という競争環境において競合する製品との間で切磋琢磨しながら売上を競い合う。このため，売上と利益の管理は日頃から観察していくことが求められる。一方，企業は，製品の開発に際して売上の見通しが立たない状況においてコストを投入していくことになるため，コスト

を上回る利益を確実に得たいと考えるようになる。また，製品の市場導入後は，可能な限り長期にわたって売上と利益を得たいと考える。しかし，市場には何十年にわたって売れ続けているロングセラー商品が存在するものの，長期にわたって製品の売上を維持することは容易なことではない。製品の一生を人間の一生にたとえて考えられた**プロダクト・ライフサイクル**という概念がある。この概念では，ある製品が市場で発売されてから消滅するまでの間にたどる売上と利益のプロセスが示されており，一連のライフサイクルを4つの期間に分けている（図表5-4）。

①導入期のマーケティング

まず，プロダクト・ライフサイクルでは，製品の発売直後のプロセスを導入期と位置づけている。導入期は，製品の売上が伸張せず，様々なマーケティング活動においてコストが嵩む時期である。このため，利益はマイナスになる傾向がある。この時期は，製品の知名度や認知度を高めるとともに，新たな市場を作り出すことが重要な取組みになる。販売促進においては，広告を出したり，サンプルを提供したりすることが求められるが，インターネット上のSNSによって情報が拡散する近年の風潮を考慮すると，多様なプロモーションを検討していく必要がある。ただし，この時期に不良品を出したり，企業にとって不都合な評判や情報が拡散したりすると後の成長期に移行できないまま衰退してしまうことも懸念される。導入期におけるプロモーションに際しては，一方的なメッセージの発信にとどまらず，消費者の反応などを探りながら展開していくことが求められ，必要に応じて製品の改良なども講じていく必要がある。

②成長期のマーケティング

プロダクト・ライフサイクルでは，導入期の後に製品の売上が伸び始めるプロセスを成長期と位置づけている。この時期では，導入期に購入した革新者や初期採用者が再購入するとともに，新規の購入者が増加するため，売上が伸張するとともに利益がマイナスからプラスに転換する時期である。しかし，前期・後期大衆消費者には普及しないことからプロモーションは継続的に実施し

ていくことが求められる。また，競合他社が類似製品や代替製品を発売することも想定され，これらの製品との間で競合したり価格競争が生じたりすることも予想される。成長期においては，市場の動向を継続的に観察していくとともに，類似製品との差別化を図っていく必要がある。

③成熟期のマーケティング

　製品の売上の伸張が鈍くなり，横ばいになるプロセスをプロダクト・ライフサイクルでは成熟期と位置づけている。この時期は，新規の購入客よりも前期・後期大衆消費者が製品を購入するため利益は高い水準で推移するものの，売上は鈍化し，伸張は頭打ちとなる。このため，成熟期を長期化することが出来るかが事業戦略上の鍵となる。中には，短い成熟期で製品の寿命が終わるものもあるが，何十年にもわたって販売されているロングセラーの製品も存在する。また，成長期でみられた競合他社の製品や類似製品も次第に淘汰されるため，売上は徐々に減少していくことになる。しかし，ロングセラーの製品に育てていくためには，この期においてもプロモーションや改良作業を展開していくことが求められ，場合によってはパッケージをリニューアルしたり，消費動向に合わせて内容量（大きさ）を見直したりすることが求められる。さらに，当該製品をベースに派生製品を開発したり，ブランドをシリーズ化したりする動きや他社とのアライアンス（連携）によって製品のラインナップを拡張するといったケースも見られる。このような動向は，ロングセラーの食品メーカーの Web サイトを参照しても確認することができる。

④衰退期のマーケティング

　プロダクト・ライフサイクルでは，製品の売上と利益が減少するプロセスを衰退期と位置づけている。衰退期は，成熟期で実施したような製品の延命化に向けた対応などが適用できなくなるとともに値下げの実施を余儀なくされるため，いかなる対策を講じても売上高が回復しない。このため，製品の販売を無理に継続しても無駄なコストを要してしまうばかりか，事業効率を悪化させることにつながってしまうことから，企業は製品を撤退させたり，あるいは全く異なる新製品を開発したりするなどの意思決定を行わなければならない。しか

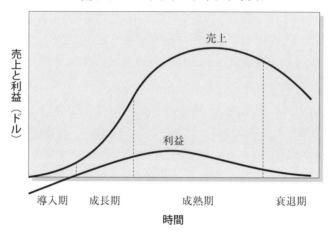

図5-4　プロダクト・ライフサイクル

売上と利益（ドル）

売上

利益

導入期　　　成長期　　　　　成熟期　　　　　　衰退期

時間

出所：Kotler and Keller (2007)，邦訳書 p.237

し，成熟期であった製品が十分な売上や利益を確保できないまま突如，売れなくなってしまうケースもある。また，売上の伸張の見込みが残されている（成熟期である）にもかかわらず，一時的な売上の減少から衰退期に入ったと捉えてしまうケースもある。衰退期に突入したと考えられる際には，主観で判断せず，売上が落ち込んだ原因を客観的に検証する必要がある。

7. 製品ミックス

　一般的にメーカーは，単一の製品だけではなく，多種多様な製品を開発し，生産し，販売している。また，同一の製品であっても，サイズを変えてみたり，味や風味を変えたりしている。近年では，健康ブームの風潮に相まって，機能性を持たせた製品などを取り揃えたりするケースも散見される。

　メーカーが開発・製造・販売する製品ラインナップの全体は，**製品ミックス**という概念を用いて体系づけすることができる。製品ミックスは，製品を「幅」・「深さ」・「整合性」・「長さ」によって整理する。

　製品ミックスの「幅」は，メーカーが製造・販売している製品ラインの数である。たとえば，飲料を生産しているメーカーを想定してみると，コーヒー飲料・果汁飲料・炭酸飲料といったように生産する際に用いる装置別に区分けすることができる。つぎに，製品ミックスの「深さ」は，単一の製品ラインにおいて生産されている商品のアイテムの数である。コーヒー飲料を想定してみると，無糖のコーヒー飲料もあれば，加糖されたものも存在する。さらに，加糖されたコーヒー飲料の中にも，コーヒーの濃さ・甘さ・苦みのバランスが複数存在する場合がある。このように同じ種類のアイテムが増えれば増えるほど，製品ミックスの「深さ」は増していくことになる。

　製品ミックスの「整合性」は，製品の用途，生産，流通経路から見た製品ラインの関連性や密接度である。飲料メーカーの場合，様々な種類のラインナップを取り揃えていたとしても飲み物という共通性が認められるが，同じ飲料であっても特定保健用食品や機能性表示食品などに位置づけられていたり，サプリメントなどの健康食品を製造したりすることもある。このような場合，製品ミックスの「整合性」は低くなり，そのメーカーの製品戦略は多角化されていることになる。最後に製品ミックスの「長さ」とは，製品ミックスに含まれる全てのアイテムのことであり，そのメーカーが取り扱っている製品の総数を表している。

8. 新製品開発

　製品やサービスは，収益を生み出す源泉になることから企業にとって組織の持続をはかる上で重要な資源となる。しかし，優れた製品であっても未来永劫にわたって売れ続けるとは限らない。とくに，企業間の競争が激化している近年の市場においては，競合製品の登場によって安定的に売れつづけて製品の売上が突然下落することも考えられる。また，消費者発信型メディアの普及に伴って個人のコメントや評価が製品の売上に影響をもたらすようになってきたが，消費者の否定的な情報によって製品の売上が落ち込むことも懸念される。

一方で，製品開発に際しては，売上が見込めない状況において様々な場面で
コストを要す。製品開発で投入したコストは，製品の発売後に売上が伸張すれ
ばコストを吸収することができるが，売上が低迷するとその企業にとって負債
が増えることになる。このように，不安要素が取り巻く状況において製品を開
発していくということは，リスクを抱えることにつながる可能性もあるが，企
業が存続していく上で避けて通ることができない。企業は命運をかけて製品開
発に関する諸活動に取り組んでいかなければならない。

● 製品開発における戦略

　製品開発における戦略には，プロダクト・アウト戦略とマーケット・イン戦
略が存在する。**プロダクト・アウト戦略**は，自社が保有する独自の技術やノウ
ハウ（シーズ）を使って顧客ニーズに結びつける製品コンセプトを創造する戦
略である（延岡 2002，p.73）。自社で開発した技術が顧客のニーズに結びつけ
ることができれば製品は売れるようになるが，結びつけることができない場合
は販売実績の向上は期待できなくなる。

　一方，**マーケット・イン戦略**は，顕在化した顧客ニーズに対応しながら製品
コンセプトを創造する戦略である。この戦略で開発した製品は，顧客のニーズ
に適応しているためある程度の売上が見込めるが，競争が厳しい市場の場合は
競合他社が類似した製品を発売することも想定され，結果的に過当競争（価格
の値下げ合戦）に陥ることも懸念される。

　確実に売れる製品を開発していくためには，プロダクト・アウト戦略とマー
ケット・イン戦略を適切に組み合わせていくことが求められる。このため，製
品開発の作業は，技術部門やマーケティング部門といった特定の部門のみで推
進するのではなく，製品に関与する様々な部門が関わりながらプロジェクト・
チームを設置するなどして全社的に取り組んでいく必要がある。

● 新製品開発プロセス

これまでにも述べてきたように，成熟している市場においては，新しい製品

を販売したとしても順調に売れつづけるという保証はない。このため，新製品の開発に際しては，調査や分析を実施したり，試験的な取組みを実施したりするなどして，綿密かつ慎重に作業を進めていくことが求められる。

　新製品を開発する際には，企業は開発作業のプロセスを設定することが求められる。図表5-5は，コトラーらが提示した新製品の開発を進めていくためのプロセスである（Kotler and Armstrong 1989）。

　①アイディアの創出

　アイディアの創出は，新製品開発に着手する最初の取組みである。アイディアは，社内・社外を問わず，様々な情報源から幅広く探索していくことが求められる。なお，この段階では，集めたアイディアを否定したり，評価したりせずにアイディアの量を収集することを重視する。

　②アイディアのスクリーニング

　収集したアイディアは，アイディア・スクリーニングの段階で企業の理念や経営戦略などに基づいて絞り込んでいく。ここでは，有益なアイディアを除去したり（ドロップ・エラー），潜在性の低いアイディアを採用したり（ゴー・エラー）する危険性があるため，多角的にアイディアを評価していくことが求められる。評価に際しては，3C分析（第3章参照）の観点であるcompany，competitor，customerからアイディアを評価したり，製造技術の適用可能性に関する分析を行ったりすることも求められる。

　③コンセプト開発とテスト

　アイディアを絞り込んだ後は，製品のコンセプトを開発していく。製品コンセプトは，顧客に製品を理解してもらうためのメッセージとなるため，シンプルで分かりやすい言葉に集約していくことが求められる。検討したコンセプトは，標的顧客（ターゲット）として見込まれるグループに理解されるか否かについてテストを実施する。ここでは，消費者に質問項目を提示し，コンセプトの理解度やコンセプトによって受けたイメージや購入意向などについて探っていく。

④マーケティング戦略の開発

コンセプトを開発した後は，マーケティング戦略を開発していく。ここでは，STP（segmentation・targeting・positioning）に関する作業，すなわち市場を細分化して標的顧客（ターゲット）を設定し，製品差別化や競争優位性のポイントを位置づける作業（ポジショニング）を行っていく。そして，ポジショニングに基づいて**マーケティング・ミックス**の要素となる製品（product），価格（price），流通（place），プロモーション（promotion）を検討していく。

⑤経済性分析

マーケティング戦略の策定後は，事業に掛かるコスト，売上，利益を算出するなどの経済性に関する分析を行っていく。この段階で新製品を開発することによって十分な売上と利益が確保でき，かつコストについても財務的な問題がクリアできると判断できる場合は事業性が妥当であると評価し，つぎのステップに進んでいく。

⑥製品化

経済性分析をクリアした後は，プロトタイプ（試作品）を開発し，改良と改善作業を繰り返して行いながら製品の完成度を高めていく。プロトタイプの開発に際しては，食味や使い勝手，デザイン，安全性などの項目を設定して品質や精度を評価していく。また，顧客にプロトタイプを使用してもらうほか，製品の評価を得る市場テストを実施するなどの対応を講じていく。プロトタイプに対する評価を得た後は，検証作業を行うなどして製品化に向けた最終的な意思決定を行う。

⑦テスト・マーケティング

プロトタイプで改良を加えた製品は，実際の市場において試験的に販売（テスト・マーケティング）し，消費者の受容性などについて確認していく。テスト・マーケティングは，販売する店舗を絞り込んで実施する方法や販売エリアを絞り込んで実施する方法があり，製品を開発する企業の規模や製品の想定販売先などに応じてその方法を選択していく。テスト・マーケティングを実施している途中の過程と実施後は，販売店の協力を得て販売実績を検証するととも

図表5-5　新製品開発プロセスの主な段階

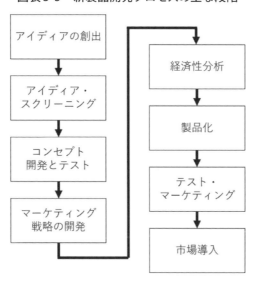

出所：Kotler and Armstrong (1989)，邦訳書p.371

に，消費者の反応などを可能な限り分析していくことが求められる。

　⑧市場導入

　テスト・マーケティングを実施し，懸念される事項がクリアした段階で新製品を市場に導入する。市場導入後も，プロダクト・ライフサイクルにしたがって検証作業を実施していくことが求められる。

9. 製品差別化

　一般的に市場においては，同一の業界に属す企業との間で製品が競合しており，売上の競争や顧客の争奪戦が行われている。しかし，製品の機能や特徴などに大きな差異が認められない場合は，値下げ競争が生じることがある。また，業界内に過剰に多数の企業が存在し，市場占有率（シェア）の拡大を目論んだ競争が激化すると過当競争が生じる。このような状況に追い込まれると，

価格が引き下げられ，正常な利潤を得ることが難しくなる。製品の販売に際して，不利な状況に追い込まれないようにするためには，企業は差別化戦略を展開していくことが求められる。

コトラーらは，企業が差別化をはかるときのポイントとして，「製品の差別化」，「サービスの差別化」，「スタッフによる差別化」，「チャネルによる差別化」，「イメージによる差別化」の5つを提示している。さらに，製品を差別化するポイントとして，「①形態」，「②特徴」，「③性能・品質」，「④適合性」，「⑤耐久性」，「⑥信頼性」，「⑦修理可能性」，「⑧スタイル」，「⑨デザイン」を提示している（Kotler and Keller 2007）。企業が差別化をはかる際には，競合製品との関係性や市場における販売状況を把握しながら，差別化のポイントを選択していくことになる。ただし，差別化をはかることによって逆に弊害を受けることもある。たとえば，「耐久性」を高めようとする対応は，製品の使用期間は長期間化し，場合によっては買い換えの需要を低下させてしまうといった弊害が起こることがある。

おわりに

企業にとって製品やサービスを開発することは，収益性を高めていくための手段になるとともに，組織を持続させる上で重要な取組みになる。しかし，新しい製品やサービスを開発していくためには，様々な場面で労力や費用を要す。また，本章8節で説明した新製品開発プロセスに沿って作業を進めていくことを想定すると開発期間は長期になる。

一方，製品を開発し，市場において販売を開始したとしてもその製品が永続的に売れるとは限らない。とくに，成熟化している現代の市場においては競争が激化しており，販売が開始されてから短期間で販売が終了するといった製品も散見される。製品の開発に際しては，様々なリスクを想定した対応策について検討しておかなければならない。

製品開発という取組みは，リスクや不確実性が高く，過去に成功した取組み

図表5-6　製品差別化のポイント

①「形態」による差別化	消費者にとって視覚的に理解しやすい製品の形・大きさ・色によって差別化をはかる。たとえば，競合他社の製品とは異なる形状やカラーバリエーションによって，利用者層を拡大させることがある。また，製品のサイズを変更して可搬性を向上させることがある。
②「特徴」による差別化	製品の機能を補う特徴によって差別化をはかる。たとえば，ゲーム機にインターネットの接続機能を付加したり，ディジタルメディアの再生機能を付加したりするなどの対応は，「特徴」による差別化となる。
③「性能・品質」による差別化	製品の主要な機能によって差別化をはかることである。たとえば，食味が主要な機能となる食品の場合，原材料のクォリティを高めて製品の品質を高めることがある。また，蓄電池で稼働するディジタル機器の場合は，消費電力の効率を高めて稼働時間を長期化させることがある。このような対応は，「性能・品質」による差別化となる。
④「適合性」による差別化	すべての製品において買い手が望む性能や品質を実現することによって差別化することである。売り手となるメーカーは，製品の仕様を安定させることに努めなければならない。
⑤「耐久性」による差別化	製品の耐久期間を長期化することによって差別化をはかることである。
⑥「信頼性」による差別化	製品の故障や誤作動を生じさせないようにすることによって差別化をはかることである。
⑦「修理可能性」による差別化	製品に故障が生じたときに容易に修復できることによって差別化をはかることである。
⑧「スタイル」による差別化	製品から感じることができる雰囲気や上品さなどの魅力によって差別化をはかることである。
⑨「デザイン」による差別化	製品の設計から生じる形状や意匠に加えて，製品の使用に関わる様々な要素や製品コンセプトによって差別化をはかることである。また，①〜⑧までの差別化の要素を統合させながら差別化をはかることも含まれる。

出所：Kotler and Keller (2007)，邦訳書pp.95-198を参考に筆者作成

も適応できない場合がある。売れる製品を開発していくことは容易なことでは無いが，開発の段階に際しては主観を排除し，状況を客観的に分析していくことが求められる。

演習問題

①長期にわたって販売され続けているロングセラー製品を選び，その製品の中核となる便益について考えてみよう。

②Webサイトで特定のメーカーを選び，その企業の製品ミックスの「幅」・「深さ」・「整合性」・「長さ」について考えてみよう。

③競合している製品やサービスの事例を提示し，それぞれの製品やサービスが強調している差別化のポイントについて考えてみよう。

【参考文献】

Kotler, P. and Armstrong, G. (1989) Principles of Marketing, Fourth Edition. Prentice-Hall, Inc.（和田充夫・青井倫一訳『新版マーケティング原理―戦略的行動の基本と実践』ダイヤモンド社，1995年）

Kotler, P. and Keller, K.L. (2007) Framework for Marketing Management, 3rd Edition, Pearson Education, Inc.（恩蔵直人監修・月谷真紀訳『マーケティング・マネジメント基本編』丸善出版，2014年）

Rogers, E.M. (1962) Diffusion of Innovations, The Free Press of Glencoe.（藤竹暁訳『技術革新の普及過程』培風館，1966年）

延岡健太郎（2002）『製品開発の知識』日本経済新聞社。

石原慎士

第 **6** 章

マーケティング・マネジメント②
価格

はじめに

本章では，マーケティング・ミックスの要素の1つである価格を取り上げる。マーケティングにおける価格は，単に商品に付けられた価格という意味以上に，多様なメッセージが込められている。そこでミクロ経済学において，価格理論を構築する需給理論や均衡理論，市場構造に触れたのち，マーケティングにおける価格設定を取り上げる。

以前は，製造業者や流通業者が販売したい価格を設定していた。しかし現在は，とくに消費財では消費者が購入したい価格をベースとして価格設定をする場合が多い。それは費用（コスト）を積み上げ，その上に利益を付加した価格では，消費者が受容しない商品もあるため，消費者が受容する価格をベースに製造段階まで遡り，設定しようとしている。また新製品の価格設定，売り手が設定した価格維持方法を売り手と買い手双方の立場から考え，わが国でもわずかに残る特殊な価格設定を学ぶ。

1. 経済学における価格設定

　経済学は，マクロ経済学とミクロ経済学に大きく分けられる。前者は個別の経済活動を集計した一国経済全体を扱い，国民所得・失業率・インフレーション・投資・貿易収支などの集計量がある。その分析対象となる市場は，生産物（財・サービス）市場，貨幣（資本・債券）市場，労働市場などがある。後者は価格理論，ゲーム理論，契約理論を主要分野としている。これまで経済学では，「合理的な経済人」が前提とされてきた。合理的な経済人は，①すべての選択肢とその結果を考慮する，②最善の結果を達成するために最適な選択を行う，③利己的な意思決定主体となるという行動を伴う。したがって，経済学の価格決定は，合理的な経済人の行動を中心に考えられてきたといえよう。

（1）ミクロ経済学における価格理論

　価格理論は，合理的な経済人を前提とし，ミクロ経済学の一分野として扱われてきた需給理論，均衡理論，市場構造などで構成される。需給理論は，特定市場における需要と供給の原理を説明している。これは需要理論と供給理論に分けられる。需要とは支払能力を伴う特定の財（モノといわゆるサービス）を消費したい欲望であり，その財の価格などで変動する。経済学では，**需要曲線**はあらゆる価格帯の需要を需要表としてまとめて観察し，その価格の変動に伴う需要量の変動を曲線として示している。ここでは通常，価格が高ければ需要量は減少し，価格が低ければ需要量は増大するといった相関関係がある。一方，供給とはモノやサービスを市場に提供する活動であり，これも価格によって変動する。**供給曲線**は，あらゆる価格帯における供給量の変動を曲線として示している。たいていの場合，供給曲線は，価格が低ければ供給量は減少し，反対に価格が高くなれば増大するという需要曲線とは正反対の関係がある。一般に供給曲線は，右上がりとなる。

　市場メカニズムは，価格によって需給を均衡させる。価格は財に対し貨幣価値によって示される相対的価値であり，これは需要と供給の均衡に影響され

図表6-1 需要曲線と供給曲線

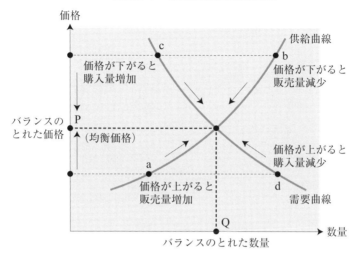

出所：http://chu.benesse.co.jp/qat/3519_s.html（一部加筆修正）

る。価格は中立的であり，市場の状況によって変化するため，優れた資源配分に貢献する。また価格調整過程では，需要と供給が影響を与える。市場では，買い手は低価格を望み，売り手は高価格を望むという正反対の行動原理があるため，両者が一致する価格へと調整される。その過程では，余剰と不足という2つ不均衡がある。余剰は所与の価格では供給量が需要量を超えている状態であり，商品価値の下落を招く。一方，不足は所与の価格では需要量が供給量を超えている状態であり，商品価値の高騰を招く。このように均衡された商品価値が市場において規定され，生産物の供給量と需要量が等しい状態へと向かう。つまり，財の価格と数量は，需要曲線と供給曲線の交点で均衡する。他方，財の価格と数量は，市場における貨幣価値の自己表現という面もある。

　市場構造は，経済学的な意味において市場が有する構造であり，競争の性質と度合いによって分類できる。また効率性や有効需要，構成などの観点から，市場構造を観察することができる。**完全競争**は，消費者と生産者が各々不特定多数であり，財について完全な情報を持つ場合，カルテルや不買運動などが起

きない市場構造となる。この構造の中で消費者は，自己の効用，生産者は自己の利益を最大化しようとするため，各企業は価格を統制できず，需給理論に基づいた均衡的な価格が導出される。そこで企業は，その均衡価格により，生産規模などを決定する。一方，**不完全競争**には独占的競争，寡占，独占がある。独占的競争は商品差別化により，市場の一部を独占し，寡占は少数の売り手が特定産業全体を支配する。独占は単一の売り手が特定商品や産業を完全に支配する。不完全競争下では，商品差別化や非価格競争や共謀，カルテルが発生しやすく，消費者は不当な（高い）価格で商品を購入させられる可能性がある。

　このようにミクロ経済学で価格理論と呼ばれる理論は，論旨が明快である。しかし多くの場合，ミクロ経済学が想定した「合理的な経済人」による完全競争での価格決定はほとんどない。近年は行動経済学分野で合理的な経済人ではない経済人による不完全競争下での行動を扱う研究も進展している。したがって，これまで企業のマーケティング活動における価格設定も場当たり的なものではなく，ある程度「有意義な」価格設定ともいえるようになった。

(2) 需要の価格弾力性

　一般的にある財の価格が上昇すると，その財の需要量は減少する。そのため，様々な価格における需要量を示す需要曲線は右下がりとなる。需要の価格弾力性は，価格を上下する変化率に対し，需要量がどの程度変化するかについての比率である。そこでは需要曲線は右下がりとなるため，需要の価格弾力性はマイナスの値となる。そのために絶対値が用いられる。

　需要の価格弾力性は，通常，価格弾力性の値が1を超えると弾力的であるといい，1未満の場合は非弾力的という。価格弾力性が1の場合には，価格の変動率と同じ水準で需要が変動することを示している。価格弾力性と商品の性質の関係は，①価格弾力性が小さい（価格が変動しても，需要の変動は小さい）場合，生活必需品や代替商品が存在しない商品や所得と比べ，支出額が小さい商品などに多くみられる。②価格弾力性が大きい（価格が変動すると，需要の変動も大きい）場合，贅沢品や代替商品が存在したり，所得と比べて支出額の

図表6-2　価格弾力性

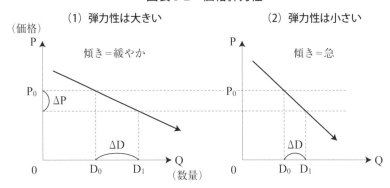

出所：cmaacademy.seesaa.net/article/310927912.html（一部加筆修正）

大きい商品などに多くみられる。

2. マーケティングにおける価格

　これまで経済学における価格決定に触れてきたが，これらは売り手，多くは製造業者（メーカー）による価格設定方法である。マーケティングは，市場対応を第一義とするため，顧客がどの程度の価格であれば，受容するかが重要になる。そこで顧客価値という言葉で表現されるが，顧客が喜んで支払ってくれる価格を意識した価格設定を考慮する必要がある。つまり，マーケターは **WTP**（willingness to pay）を念頭に置き，価格戦略を構築する必要がある。ただ，マーケティングでの価格設定は，経済学での価格理論を無視し，後で取り上げる損益分岐点を無視した価格設定をしてよいということではない。これらを念頭に置いた上で，**顧客価値**に見合う価格設定をしなければならない。

　価格に関しては，価格決定と価格管理が課題となる。価格決定では，費用をベースとした費用積み上げ型の価格設定（**コスト志向型価格設定**）と市場価値や競争をベースとした市場中心の**需要志向型価格決設定**，さらに**競争志向型価格設定**がある。これらの方法では，価格の上限は市場や需要によって規定さ

れ，下限は費用によって規定される。

(1) コスト志向型価格設定

価格を費用（コスト）の積み上げで設定する方法は，製品やサービスの費用を価格の下限とし，それに利益マージンを加算して決定する。この方式は，現実に多く採用されている実務上の価格決定方法である。ただ，①費用が価格を決定するが，数量が伸張すると規模の経済性や経験効果が働き，単位あたり費用は逓減する。そこでは費用が売上高の関数となるため，正確な費用確定ができない，②買い手が受容する価値がかなり高くても高価格で高い利潤を得る機会を逃してしまう，③買い手の需要価値範囲や競合価格をはるかに超え，売上に結びつかない場合がある，という懸念もある（嶋口2004）。

コスト志向型の主な価格設定は，**損益分岐点**を用いた価格設定である。損益分岐点は，利益がプラスでもマイナスでもなくゼロになる時点の売上高や販売数量をいう。したがって，売上高＝費用の時点を指している。売上がこれより増加すると黒字となり，これより減少すると赤字となる売上高である。これを求めるには，まず費用（コスト）を変動費と固定費に区分する必要がある。固定費は売上にかかわらず発生し，売上増加・減少に関係なく一定にかかる費用である。これには事務所や店舗・工場などの家賃，リース代，広告宣伝費，従業員給与などがある。変動費は売上が発生しなければゼロとなる費用であり，売上増加とともに増加する費用である。これには商品仕入代，原材料費，販売手数料などがある。

損益分岐点は，つぎの計算式により求められる。

損益分岐点売上高＝固定費÷{1－（変動費÷売上高）}

（損益分岐点売上高＝固定費÷{（売上高－変動費）÷売上高}）

また損益分岐点分析により，損益分岐点比率が求められる。それは実際の売上高を100％とした場合，損益分岐点売上高が何％であるかを表す指標である。数値は低ければ低いほどよいとされる。また100％よりも大きい場合は，損益

図表6-3　損益分岐点

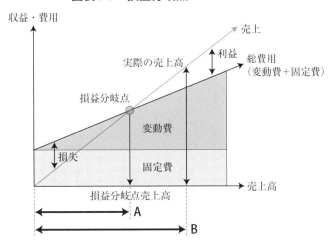

出所：筆者作成

が赤字になることを表している。

　　損益分岐点比率＝損益分岐点売上高÷実際の売上高×100

　図表6-3では，損益分岐点比率＝A÷B×100　となる。

　さらに安全余裕率は，実際の売上高と損益分岐点の差が，実際の売上高を100％とした場合，何％となるかを表す指標であり，高ければ高いほどよい。

　　安全余裕率＝(実際の売上高−損益分岐点)÷実際の売上高×100

　このように損益分岐点を明確にし，損益分岐点分析をすることで各企業は利益を含めた売上目標が設定できるようになる。また，企業は黒字にするためにはどの程度の売上を達成しなければならないかを意識し，マーケティング活動を行うようになる。さらに不況抵抗力を確認することもできるといわれる。

(2) 需要志向型価格設定

　市場中心型価格設定は，市場の価値に合わせた価格を出発点とし，その価格から得た予想売上高から費用を算出し，利潤を見積もる方法である。買い手の知覚価値を出発点とし，その需要範囲の上限部で価格設定ができる。また価格をベースとし，売上高の予想，費用の見積り，利潤を計画するため，比較的現実的なものとなる（嶋口 2004）。需要志向型の価格設定方法には，①知覚価値型価格設定と②差別型価格設定がある。

①知覚価値型価格設定

　知覚価値型価格設定は，費用ではなく，消費者の知覚価値をベースとする。この場合，消費者が知覚する価値の対象は，主に消費者心理に影響を与える品質，性能，サービスなどの非価格要素である。たとえば，端数価格（顧客に最大限引き下げられている印象を与えるために8や9を使い，1桁下げるような価格設定），威光価格（名声価格ともいわれ，顧客が商品品質を評価しにくい場合，品質判断とするための価格設定），慣習価格（長期間一定価格で販売するために顧客心理に慣習した価格が形成），プライスライン（顧客は価格によって商品クラスを区分する傾向があるため，複数クラスの参照価格に合わせて価格設定），ジャストプライス（高級イメージを訴求するため，端数のない価格設定）などがある。

②差別型価格設定

　差別型価格設定は，市場を複数に区分する市場細分化の考え方がベースにある。各市場での需要の相違により，同一商品でも異なる価格設定をする。対象顧客別価格設定（よく購買する顧客には，商品値引きなどで対応する），製品形態別価格設定（製品の仕上がり状態が異なる部分を持つ製品に異なる価格設定を行う），場所別価格設定（いわゆるサービスの場合，座席などによる異なる価格設定を行う），時期（時間）別価格設定（季節，曜日，時間などによる時期別の価格設定を行う）などがある。

図表6-4　知覚価値と価格の関係

購買者のタイプ	定義	価格の知覚
見込み客 （Prospect）	潜在顧客	高すぎる 競争製品の価格が安い 価格と価値の関係は好ましくない
顧客 （Customer）	定期的に購買して くれる顧客	価格は受容可能である 価格は競争的である 価格と価値の関係は受容できる 競争者の価格と類似している
ロイヤル顧客 （Client）	相互に便益を与え あう企業の顧客	価格と価値の関係は素晴らしい 価格は完璧に受容できる 価格は重要ではない 価格は適正である

出所：Monroe (1990), p.93

（3）競争志向型価格設定

　競争志向型価格設定は，競争企業の設定価格を基準に価格設定する方法である。寡占市場では，ほぼ同じ価格に設定されるが，業界や地域において競争順位が明確な場合，トップ企業が設定する価格を参考（参照）にし，価格設定する。この方法は，コスト算出が難しく，競争相手の反応が不確実な場合など，業界における現行価格が目安となるために採用される（Kotler 1996）。

　競争志向型価格設定には，実勢価格法（同様の製品であれば，競争企業の平均価格とほぼ同じ価格の設定をする），競争価格法（市場シェア最大化のため，競争企業の設定する価格よりも低価格に設定し，当該業界や地域での市場シェアを拡大するために価格を設定する），入札価格法（複数の売り手または買い手と取引する際，文書によって価格を提示する）などがある。

　このようにマーケティングおける価格設定方法は，ミクロ経済学で前提とされる条件だけではなく，非合理な意思決定もあり得る消費者や取引にあたっての情報の不完全性などを考慮した価格設定が行われる。現場では，価格設定方針が一貫しない場合もあり，様々な側面を考慮しながら価格設定が行われる。

3. 新製品の価格設定

　これまで売り手あるいは買い手をベースとした価格設定方法を取り上げた。通常，これまで市場に存在した製品のリニューアルも新製品と捉えられる。しかし，ここでいう新製品は，これまで市場に存在しなかった製品に限定する。企業では，技術革新を伴ったまったく新しい製品に対してどのような価格を設定するかが課題となる。いわゆる新製品価格の対応である。**新製品の価格設定**が難しいのは，比較対象がなく，ある欲求充足に独創的な解決策を提供する製品であるとその価格設定は難しくなるためである（Lambin 1986）。新製品の価格設定の主なものには上澄み吸収価格，**市場浸透価格**がある。

(1) 上澄み吸収価格

　上澄み吸収価格は，新製品に高価格を設定し，価格に敏感ではない高所得者や価格意識の低い顧客を対象とし，短期間で利益を上げ，当該製品の開発費用をできるだけ早期に回収するために設定する価格である。とくに革新性の高い新製品は，商品価値が熟知されておらず，価格の需要弾力性が低く，初期マーケティング投資が大きいため，上澄み吸収価格を採用する場合が多いとされる（嶋口 2004）。したがって，上澄み吸収価格設定がうまくいくと，時間の経過とともに価格を引き下げられるようになる。これまで耐久消費財における技術的な革新を伴った製品には，上澄み吸収価格を設定することが多かった。

(2) 市場浸透価格

　市場浸透価格は，早く新製品を市場に浸透させるため，利益を可能な限り抑え，製品を提供する場合の価格設定である。価格に敏感な顧客が多く存在し，需要の価格弾力性が大きい場合は，製造業者は大量生産により費用逓減が可能であるが，競争相手が同様の新製品を発売する潜在的競争の脅威を受けることがある。市場浸透価格を採用する場合，早期に大きな利潤は獲得が期待できないが，当該市場で支配的地位を早期に構築し，競争企業の参入を抑えられる可

能性がある。主に市場浸透価格が設定される新製品は，技術的革新を伴ったまったく新しい製品ではなく，既に市場に存在する製品の改良版の場合が多く，製品ライフサイクル上，成熟期とみなされる製品の改良型の場合が多い。

　近年，新製品の価格設定では，以前ほど上澄み吸収価格設定は行われなくなったとされる。それは費用構造が，多くの人にもわかりやすくなったことに加え，画期的な新製品もやがて同種類の新製品が発売され，競争状況が起きやすくなっていることが関係している。したがって，画期的な新製品でも短期間で開発投資に要した費用を回収できず，一方でできる限り利益を抑えて市場浸透を図ろうとしても同様にすぐに競争が激化し，さらに低価格への変更を強いられるなど，これまでの価格設定の定石はなくなったようでもある。

4. 価格管理

　技術的革新性を伴った画期的な新製品であり，それが一般に受容される価格であっても，需要は時間の経過とともに変化する。製造業者は，大量生産が可能な製品であれば，量産効果や経験効果により，さらに低価格での販売が可能となる場合がある。また市場では，すぐに競争者が現れ，競合製品との競争が始まる。このように設定価格が低下するだけではなく，原材料費の引き上げなど，生産状況や流通状況により，価格を引き上げざるを得ない場合もある。それは価格設定の下限は，製造費用となるためである。そのため，当該製品や企業を取り巻く環境により，**価格変更**をせざるを得ない場合もある。

　ある企業が競争企業よりも先に価格変更をする場合，顧客と競争企業の反応も予測しなければならない。これは新製品の価格設定より難しい。とくに一度設定した価格を管理したり，変更したりという課題は，当該企業の売上や利益に直結するため，製品や事業の存亡にもかかわることとなる。ここでは，価格割引と流通業者との関係を維持するために提供するリベートについて取り上げる。

(1) 価格割引

　主な**価格割引**には，現金割引，数量割引，機能割引，季節割引，アロワンスなどがある。①現金割引は，売り手が一定期限内に現金で支払う買い手に対して行う割引である。売り手は，早期に代金回収ができ，貸倒れを回避でき，売掛金回収費を削減できる。②数量割引は，一度に多くの商品を購入する大口の買い手に対して行う割引である。背景には，在庫費用，マーケティング費用，輸送費用などを節約できるため，それを買い手に割り戻せる。③機能割引は，製造業者が自社製品の流通上，販売，保管，輸送などの機能を代替してもらう場合に行う割引である。④季節割引は，季節によって商品需要に大きな変化がある場合に行う割引である。⑤アロワンスは，製造業者が流通業者によって，自社製品を有利に扱ってもらう場合，一種の割引で還元することをいう。アロワンスは，製造業者の意図に沿う販売促進活動であるため，その形態は異なる。

　価格割引を5つ取り上げたが，基本的には多くの場合，売り手である製造業者が自社の商品取引上，都合のよい支払いや，取扱いをした場合に提供される。

(2) リベート

　リベートは，一定期間の取引高に基づいて，期末に取引代金の一定割合を流通業者に払い戻すことをいう。したがって，製造業者がリベートを提供する目的は様々であるが，主な目的としては売上高の維持・拡大，代金回収促進などがあり，基本的には製造業者が流通業者との関係維持・促進のために行うことが多い。とくに売り手が買い手に対して行う経済的刺激やチャネル管理の側面も強い。リベートの種類には，①売上リベート（一定期間の売上高に応じて支払う），②支払リベート（現金または手形により支払われた場合に支払う），③専売リベート（製造業者の製品を優先して販売することで支払う），④協力リベート（特定製造業者の商品が店内に占める位置やプロモーションへの協力に対して支払う），⑤目標達成リベート（特定期間内に設定基準以上の売上を達

成した場合に支払う），⑥品揃えリベート（特定の製造業者の商品ライン以上
を取り扱うことで支払う）などがある。基本的には，売り手である製造業者が
買い手である流通業者に対して，自社のメリットとなるような行動をした場合
に支払われることが予め約束されているものと理解できよう。

5. 特殊な価格設定

(1) 再販売価格維持制度

　わが国では，国内のどこでも買い手である消費者に対して値引きされない商
品がいくつかある。つまり，日本全国どこで購入しても同じ価格であるため，
消費者の支払金額は同額である。この場合の価格の設定権は，当該商品の所有
権を有している製造業者にある。その後，流通段階では，たとえば売り手であ
る卸売業者が価格を設定し，買い手である小売業者に販売すると，価格決定権
は次第に川下に移転する。最終的には消費財の場合，小売業者が決定し，消費
者に販売される。しかしこのようなやりとりがなく，消費者に対して予め販売
価格が決められている商品がいくつか存在する。

　わが国では，第二次世界大戦後，日本国憲法で定められている「健康で文化
的な最低限度の生活」を送る上で必要な商品は，再販売価格維持制度により，
小売価格が固定されていた。指定商品は，①一般消費者が日常的に使用する，
②その種類の商品について自由競争が行われ，消費者に選択の自由がある，③
その商品の品質が一様であることが容易に識別できる，④その契約が一般消費
者の利益を不当に害するものでない，⑤その商品の価格設定を卸売業者が行う
場合は，メーカーの意思に反しない，という条件を揃えなければならない。当
初は，様々な商品で再販指定が行われたが，現在では新聞や雑誌などで残る程
度である。

(2) 特売

　特売価格は，表示・販売されている価格を一時的に引き下げて需要拡大を目

的とする際に採用される。通常は、「特売」と短く表現される。わが国でも週末になるとスーパーマーケットの折込広告が新聞に折り込まれる。平日もそれほど高い価格付けがされているわけではないが、週末の土曜日や日曜日になると、平日よりも引き下げられ、月曜日になると元の価格に戻されることが多い。このような価格設定方法をハイ・ロー・プライシングと呼ぶ。

　ハイ・ロー・プライシングによる価格設定ではなく、毎日が特売日であることを強調するため、「毎日安売り」を意味する**エブリデー・ロープライス**（EDLP）を政策として行う場合もある。買い手である顧客は、曜日によって価格が変化しないため、いつでも低価格で購入できるという安心感を持って購買することができる。他方、流通業者にとっても頻繁に価格変更を行う必要もなく、労力も節約できる面がある。わが国ではこれまでEDLPを定着させようとしてきたが、消費者の多くは、週末に引き下げられる方が感覚として受容しやすいため、なかなか浸透しない面もある。

おわりに

　本章では、マーケティング・ミックスの要素の1つである価格を取り上げた。かつて「マーケティングとは非価格競争をすること」といわれたが、価格競争は様々なレベルで継続している。それは製品差別化だけでは、競争にならない面があるからかもしれない。ただ「価格はメッセージ」であり、売り手が商品に設定する価格は、単に製造に必要な費用を積み上げ、その上に一定の利益を乗せているだけではない。売り手が設定した価格には様々なメッセージが込められている。マーケティングでは価格に込められたメッセージを解読する必要がある。これまでのミクロ経済学が前提としていたのは合理的な経済人であり、取引の場面でも合理的に行動をすることが前提とされていた。しかし、われわれの日常生活を考えると、常に合理的な行動をとっている人は意外と少ない。マーケティングにおける価格設定は、経済人の非合理的な行動も想定した価格設定を行っている面を考慮している。その点から本章では、製造業者や流

通業者など価格を管理する側の課題と，その価格を受容する側（消費者）の課題について取り上げた。

> **演習課題**
>
> ①ミクロ経済学における価格理論とマーケティングにおける価格設定方法の大きな違いはどこにあるか考えてみよう。
> ②新製品の価格設定について，画期的な新製品の場合，価格を設定する上で考慮しなければならない要素を取り上げて考えてみよう。
> ③価格管理の方法について，製造業者がリベートを支払うことのメリットとデメリットを考えてみよう。

【参考文献】

Kotler, P. (1991) *Marketing Management* 7th ed., Prentice Hall.（村田昭治監訳『マーケティング・マネジメント』プレジデント社，1996年）

Lambin, J.J. (1986) Le Marketing Strategique: Fondements, Methods Et Applications, McGraw-Hill.（三浦信・三浦俊彦邦訳『戦略的マーケティング』嵯峨野書院，1990年）

Monroe, K.B. (1990) Pricing: Making Profitable Decisions, Second ed., McGraw-Hill Series in Marketing.

石川和男（2004）「価格政策」『マーケティング概論』中央大学出版部

後藤一郎（2017）『企業成長と価格行動—キリンビールのマーケティング戦略』千倉書房

嶋口充輝（2004）「第7章 価格政策」嶋口・和田・池尾・余田『マーケティング戦略』有斐閣，pp.111-125.

石川和男

第7章

マーケティング・マネジメント③
チャネル（place）

はじめに

Placeは，マーケティング・ミックスのチャネルに加え，取引が行われる立地も指している（Blythe 2014）。チャネルは，さらに，取引や情報の流れ（フロー）としての流通とロジスティクスに大別することができる。チャネル管理は，どの流通ルートが最も適切で，プロセスをコントロールできるかを選択することであり，ロジスティクスは，適正な場所に適正な時間で製品が確実に届けられることを意味している。

1. チャネルの機能とフロー

チャネルは、商品やサービス、情報、取引が行われる場（place）であり、流通チャネル（distribution channel）や流通経路と呼ばれるフローを意味している。

マーケティング機関や代理店の業務と消費者の相互の関係性は、一般的な用語で記述するのは難しい。ここでは、最も基本的なマーケティングの考え方に基づいて、流通経路について検討してみよう。図表7-1に示されているように、フローの組み合わせでマーケティングを考えることによって、流通経路を最大限理解できるであろう。

まず原材料の生産者から始まる商品は、商品の物的所有に関する所有権の交渉を経て原材料生産者から最終消費者まで移動しながら、変化することから後方（川下）への移動といえる。

注文と支払いのフローは、流通における加工と受け渡しの前に伝達され、支払いが行われることから、前方（川上）への移動といえる。情報、金融、危険負担は、双方向の移動である。

また、チャネル内の主な機能として、収集分散機能と**不確実性プール**の機能がある。これについては、ホール（Hall, M. 1957）による説明をみておくことにしたい。

(1) 取引数量最小化の原理

この原理は、一定量の商品の流通に必要となる総取引数に対して卸売の段階に卸売業者を介入させることによって、本来であれば、製造業者が小売業者に対して直接販売しなければいけない少量かつ多数の商品の発送を省略することができることを指している。

たとえば、10社の製造業者と100社の小売業者が市場に存在するとした場合に、各々の小売業者が製造業者に直接注文を出すと仮定する。ここでは、10×100=1,000回の取引総数となる。しかも、各々の取引は、それぞれ発注、

図表7-1　チャネルの中で見られる8つの流れ

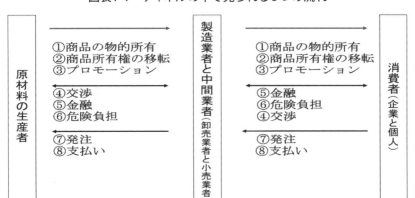

出所：Vaile etc. (1952), p.113

商品の選別，注文書の作成と商品の照合，送り状の作成，荷造，代金回収などの細かな業務を必要とするため，さらに仕事量は増大していくことになる。

　一方，100社の小売業者が2社の卸売業者に商品を発注するとしたら，取引数量は大幅に減少する。なぜなら，10社の製造業者は，それぞれ2社の卸売業者に対して1回の積送で間に合い，取引数は20回となる。また，2社の卸売業者は，それぞれが50社の小売業者に発送することになり，取引数は100回となる。その結果，取引総数は，1,000回から120回に減少するのである。

(2) 不確実性プールの原理

　卸売業者の存在意義の一つに，間欠的な需要の充足が挙げられる。消費者の需要は一定であることはなく，消費者は必要とする時に都合の良い場所で購入したいと考えている。企業が予定した通りに需要が生まれるとも限らない。流通のすべての段階で，商品の流れをスムーズにするためには，流通段階に位置するいずれかの企業が，商品在庫を保有する必要がある。

　たとえば，小売業者の適切な在庫数が500個とすると，商圏内に5店舗の小売業者が存在している場合，500個×5店舗=2,500個の在庫が必要となる。一

方，卸売業者がすぐに商品を補充できる場合，個々の小売業者が在庫を100個保有していれば間に合うとすると，500-100個=400個の節約が可能になる。それが5店舗分になるから2,000個分の在庫を節約できることになる。

取引回数を削減し，個々の小売業者の保有在庫量を減少させられる点で，卸売業者の存在意義は大きい。

もちろん，実際には，小売業者の経営規模が拡大していけば，小売業者の取扱い規模が拡大し，単位あたりの取引費用を低減させることが可能となる。こうした展開から，チャネルにおけるロジスティクスの意義が大きくなっているのである。

2. チャネルの選定

企業は，既存のチャネルを利用するか，既存の消費者により優れたサービスを提供したり，潜在的な消費者と取引を始めたりするために新しいチャネルを利用する場合がある。その際，企業がチャネルを選定する場合には，**差別的優位性**の高いチャネルを優先する。

一般的に多くのチャネルには，中間業者がいるが，生産者と消費者だけで構成される**直接流通**や1社程度の中間業者が介在する間接流通もある。本節では，消費財，産業財，サービスの各分野におけるチャネルのパターンについてみておくことにしよう（Stanton, Etzel and Walker 1994）。

(1) 消費財の流通のパターン

　①**生産者→消費者**：最も短いチャネルで，農産物直売所やメーカーなどが対面方式や電子商取引により消費者に直接販売する（直接流通）

　②**生産者→小売業者→消費者**：小売業者は，メーカーや農家などから直接商品を買い付け，消費者に販売する

　③**生産者→卸売業者→小売業者→消費者**：最も一般的なチャネルで，企業の規模を問わず利用できる

④**生産者→代理店→小売業者→消費者**：商品の所有権を持たない代理店を活用することで需要の変動に対応しやすくなる。大手の小売業者が利用する

⑤**生産者→代理店→卸売業者→小売業者→消費者**：小規模な小売業者にリーチするために代理店を活用することで，卸売業者は，大手の小売業者にも小規模の小売業者にも商品を提供できるようになる

(2) 産業財の流通のパターン

①**生産者→ユーザー**：産業財では最もよく使われるチャネルで，技術的な情報を付帯して取引が行われるため，できるだけ直接的なやりとりが求められる

②**生産者→産業財の流通業者→ユーザー**：部品や小規模の付属装置の流通で利用する

③**生産者→代理店→ユーザー**：自社に営業部門を持たない生産者(メーカー)が利用する。また，新製品を導入し，新しいユーザーを開拓しなければならないような場合にも利用する

④**生産者→代理店→産業財の流通業者→ユーザー**：③の状況で，在庫を持つ必要があったり，直接販売したりするには規模が小さすぎる場合に利用する

(3) サービスの流通のパターン

①**提供者→消費者**：サービスは無形であるため，生産のプロセスや販売活動には，提供者と消費者の間に立つ担当者の接触が必要になる。サービスにおける直接流通は，医療行為，法律相談，理美容などの専門的なサービス，あるいは，旅行，保険，エンターテインメントなどのサービスで利用される

②**提供者→代理店→消費者**：サービスの提供に当たって，消費者が直接，提供者と接する必要がない場合に利用する。代理店は，所有権の移転やそれに伴う業務を代行する。旅行，宿泊，広告媒体，エンターテインメント，

保険などで利用する

（4）チャネルの選定方法

どのようなチャネルを選択するのかについては，一般的な要因と特殊な要因に分けてみておく必要がある。

①一般的要因

一般的要因は，3つの視点から検討する。

- ・潜在売上高の検討‥‥市場調査により把握するとともに，再販売業者の販売能力も確かめる
- ・販売経費の比較‥‥短かければ安くすむとは限らないことに注意したい
- ・純利益の可能性‥‥潜在売上高と予定販売経費とを比較することにより，純利益をどの程度見込むことができるか検討する

②特殊的要因

特殊的要因は，6つの視点から検討する。

- ・対象市場の性質と範囲‥‥消費者総数，居住地域，購買動機，購買慣習，偏見などを分析する
- ・製品品質‥‥製品単価，技術的特徴，製品差別化，腐敗性，季節性を考慮する
- ・製品ラインの広狭‥‥広いと1回あたりの取引量が増えるため直接的チャネルが有利となり，狭いと異なる多くの消費者に販売され再販売業者数も増加する
- ・再販売業者の特殊的形態と管理能力‥‥たとえば，医薬品では，医科向けと薬局向けに分けられる。これは，専門的知識が必要とされるためで，専門卸売業者に依存する傾向がある
- ・市場開拓の程度‥‥製品ライフサイクル初期には，小売店に確実に取引して貰えるように自ら販売経路を開拓する必要があるが，成熟期に近づくと卸売業者を利用する方がマーケティング効率は向上する
- ・製造業者の特性‥‥運転資本，製造場所，新製品，トップの考え方によっ

て変化する

3. 3つのチャネル政策

一般に企業のマーケティング・チャネル政策には，つぎの3つがある（Stanton 1981）。

（1）開放的チャネル政策

この政策は，一般的にメーカーが最寄品を流通させるために適用する。消費者は，こうした製品クラスに対して一時的な満足を求めるため，特定のブランドを見つけるまで購入を延期することはない。小売業者は，**開放的チャネル**政策をカバーできる範囲まで管理することが多い。たとえば，歯磨き粉のメーカーは，すべてのスーパーマーケットに新製品を供給したいが，小売業者は，最も早く売れる4つのブランドに絞りたいと考える。開放的チャネル政策では，メーカーにとって最も広告費と販促費の負担が大きくなる。逆に，小売業者は特売などの対応は行うものの，広告費を負担しない。

（2）選択的チャネル政策

この政策は，開放的チャネルの幅広い範囲をカバーするものであり，特定の市場の中で限られた販路を対象にするか，あるいは多店舗ではあるものの開放的チャネル政策をいくぶん短縮したチャネルを利用したい場合に適用する。**選択的チャネル**政策は，買回品と専門品および産業財の付属設備にとくに適している。一般的に企業は，開放的チャネルをある程度経験してから選択的チャネル政策に移行する。開放的チャネルによる流通がコスト高になってしまい，中間業者のパフォーマンスが低いと，こうした変更が行われる。毎年，小規模な注文ばかりするために利益につながらない取引先もいれば，売上の未回収といった信用リスクが伴う取引先もいる。こうした収益につながらない中間業者を排除することで，販路は減少するかも知れないが，企業の収益は改善するこ

とが期待される。

(3) 排他的チャネル政策

　この政策の下では，供給業者はある特定の市場において特定の卸売業者もしくは小売業者のみに限定して販売することに同意する。(卸売業者との) 排他的チャネルや (小売業者との) 排他的なディーラーシップの下では，中間業者は，競合する製品ラインを直接取り扱うことは禁じられている。排他的チャネルは，高価なスーツや自動車 (新車) などの専門品のマーケティングで用いられることが多い。メーカーも小売業者が大規模在庫を保有せざるを得ない場合に，**排他的チャネル政策**を採用することが多くなる。この流通形態は，ディーラーや流通業者が家具の据え付けや補修サービスを行う場合にも適している。

4. 垂直的マーケティング・システム

　マーケティング・チャネルは，システムとして説明されることがある。システムは，何らかの一貫性を持った集団を形成している多様な実体の集合を意味している。たとえば，製造業者の立場からチャネルを考えた場合には，卸売業者や小売業者，物流業者，さらに金融機関や広告代理店などがマーケティング・システムを構成する要素としてあげられるが，これら構成要素を一貫性のある集団として定義することができる (Kelly and Lazer 1967)。

　システム論では，システムとして扱われる対象は，ものの集まりとしての集団を指している。したがって，システム的思考とは，関係概念による集団の認識の仕方であるという命題が成り立つ。つまり，集団を構成している構成要素同士の関係によって集団をみるのがシステム思考である。たとえばチャネル・システムは，メーカー，卸売業者，小売業者などの構成員間の関係性を示している。これは，集団がいかに集まっているかという関係的認識であり，12章で取り上げる関係性マーケティングの元となる考え方である。

　システムは，上位のシステムと下位のシステムから構成されている。また，

それぞれの下位のシステムも，様々な部分から構成され，成立している。部分は，全体を知るための知識の断片であり，部分の結合は全体を描くために知識の断片を秩序付ける形式である。

　チャネル集団は，取引の連鎖として企業をお互いに独立したものとして捉え，それらに影響を及ぼす要因を観察するだけでは理解することのできないチャネル集団の行動上の特性を，相互に関連性のある一つのまとまりとして捉える視点である。これがチャネルへのシステム・アプローチの特徴と言えよう。つまり，チャネル集団は，それを総合的に観察することによって最も明確に把握できるのである（MaCammon and Little 1965）。

　スターン（Sterm, L.W.）とエルアンサリー（El-Ansary, A.I.）によれば，マーケティング・チャネルにおける管理形態は，つぎのように説明されている（Stern, El-Ansary and Brown 1989）。

　垂直的マーケティング・システムは，チャネル組織の重要な形態として現れる。これは，3つのパターンに分類できる。すなわち，(1) 企業型垂直的マーケティング・システム，(2) 管理型垂直的マーケティング・システム，(3) 契約型垂直的マーケティング・システム，である。

(1) 企業型チャネル・システム（McCarthy 1987）

　これは，チャネルの異なる段階の活動ごとに企業を自社の傘下に置く垂直的統合を通じて構成されるチャネルである。メーカーだけでなく，小売業者が卸売業者やメーカーを統合する場合もある。この統合には，経営の安定，物資の保証，流通のより的確なコントロール，高い品質管理，大規模な研究開発施設，より大きな購買力，そして経営陣の費用の低下といった多数の利点が見いだせる。消費者にとっても，垂直統合は，価格低下やより質の高い製品などの経済的なベネフィットをもたらしてくれる。数量と取揃えの離齬もチャネル内の各段階で最小限に抑えられることによって，垂直統合が効果的かつ収益性も高めてくれる。近年の我が国で成長しているこのタイプの小売業者による後方型の垂直統合としては，ユニクロなどの製造小売業が当てはまるであろう。一方で，

前方垂直統合のパターンとしては，アイリスオーヤマなどの製造業者が自社で卸売業務を行い，一部小売店舗も出店する場合などが当てはまるであろう。

(2) 契約型マーケティング・システム (Stern, El-Ansary and Brown 1989)

　異なるチャネル段階に存在する独立した企業が，経済性の達成や市場インパクトの増加のために契約に基づいて，自分たちのプログラムを統合するものである。そのためには，卸売業者主宰のボランタリー・チェーン，小売業者主宰のコーペラティブ・チェーン，フランチャイズ・システムがある。中でも，フランチャイズ・システムは，法的拘束力が強く，管理型垂直的マーケティング・システムよりも密接な関係性が形成されている。

(3) 管理型マーケティング・システム (Stern, El-Ansary and Brown 1989)

　流通の異なる段階に存在するチャネル・メンバーが1つもしくは複数の組織

図表7-2　伝統的，垂直的マーケティング・チャネル・システムの特質

特質	伝統的チャネル	垂直的マーケティング・システムの形態			
		管理型	契約型		企業型
			ボランタリー及びコーペラティブ	フランチャイズ	
システム全体の目標	なし	制限的かつ非公式的	制限的かつ公式的	包括的かつ公式的	広範かつ公式的
調整メカニズム	駆け引きと交渉	マーケティング計画	契約	契約	会社方針
意思決定の中心	個々の組織	非公式的協力	許可された卸売業者	認可されたフランチャイザー	分散的
					集中的
チャネル関与	不安定	最小限度	並	非常に強い	非常に強い
規模の経済への機会	少ない	可能な	よい	非常によい	非常によい
柔軟性	非常に高い	高い	並	低い	非常に低い
必要投資	非常に低い	並	高い	高い	非常に高い

出所：Stern and El-Ansary (1989)

で開発したプログラムを通じて，所有・経営されるチャネルである。個々の
チャネル・メンバーの経営は独立しているが，特定の企業のリーダーシップに
従い，システム全体の目標に対して協力することを通じて，チャネル全体の収
益性を高めようと協力する。いわゆる家電メーカーの系列化政策などがあては
まる。

5. チャネル・コンフリクト

（1）コンフリクトとは何か

　スターンとゴーマン（Gorman, R.H. 1969）によれば，「**コンフリクト**は，
チャネル・メンバーが，他のメンバーの行動によって目標達成や効果的な業務
の遂行が妨げられていると見なすような場合にチャネルに存在する」と説明さ
れている。また，エトガー（Etgar, M. 1979）によれば，「マーケティング・
チャネルは，製造業者，卸売業者，小売業者の間の恒常的なインタラクション
とこれら企業間の相互依存性のために，コンフリクトを経験しやすい環境にあ
ると説明されている。それゆえに，チャネル・メンバーは，マーケティング戦
略が取引相手の行動にどのような影響を与えるかを見極め，評価し，自社の戦
略の正否を他のチャネル・メンバーの活動に結びつけて考えようとする。その
結果，協調関係よりも対立関係に陥りやすくなる」と説明されている。このよ
うな見解から，チャネル内でのコンフリクトは，企業にとって不可避の課題で
あり，その解決を巡って，企業は，様々な努力を続けている。

　チャネル・コンフリクトが発生する基本的な原因とは，目標，役割，そして
現実の理解に関する相違によるものである。現実に対する知覚の相違は，担当
者の役割期待の違い，コミュニケーションの中で発生する「ノイズ」，そして
個々の企業における目標の相違から生まれると考えられる。

(2) コンフリクト管理戦略
①交渉戦略

　交渉戦略とは，会社のトップ対トップの交渉活動である。たとえば，卸売業者と小売業者の仕入活動において，基本的な枠組みに関する契約が締結されていれば，ルーティン・ワークにコストをかける必要がなくなるとともに，受発注の合理化が可能となり，ひいてはチャネルのシステム効率の増大につながり，消費者への流通の無駄が削減されるのである。

②境界戦略

　ある特定の組織内の境界線は，いくつかの役割分担が組織のタスク環境の中にいる個人個人によって生み出される場所から規定されるものであり，そこで展開される戦略は境界戦略と呼ばれている。

③相互浸透戦略

　相互浸透戦略とは，多くの重要な相互行為を増やしていくための直接的な手段を提供する。メンバーシップは，人的交流を指しており，具体的には，企業間での人事交流などを指している。観念とは，情報提供や広報活動や研修を通じて企業同士の考え方を共有することである。人事の交流と考え方をお互いに共有する取組みを通じて，意思の疎通を図る。

④超組織的戦略

　これは，メンバー間の相互依存度が高く，安定的に相互作用が行われているチャネルでは，組織を超えてコンフリクトを解決する戦略を制度化するためのしっかりとした土台に基づいて実行されるコンフリクト解決のための戦略である。

6. オムニ・チャネル

　人々の消費形態は，インターネットが進化を続けていることから，パソコンからスマホやタブレット端末での商品検索や比較，さらには発注，そして，商品の受け取り方にしても店舗や宅配便，最寄りのコンビニといった具合に，複

雑かつ多様に目まぐるしい変化を遂げている。実店舗は，消費者にとっては商品を購入する場から，経験したり比較したりする場へと変化し，あたかもショールームのような位置づけがなされ，それが**ショールーミング化**といわれるようにまでなった。

　小売業者もこうした動きに対応して，自社のウェブサイトを充実させるとともに，実店舗での営業活動との間の整合性を取ろうと積極的に推進している。たとえば，店頭で店員が説明し，自社のウェブサイトと店内の在庫とをタブレットで確認しながら，消費者の購入判断をウェブも店舗も含めた自社内での売上に結びつけようとする取組みがあげられよう。

　本節では，NRFが2011年にまとめたMobile Retailing Blueprintを元に，**オムニ・チャネル**の概要をまとめておこう（National Retail Federation 2011）。

　小売業者が急速に進化するモバイル機器の使用を消費者に促進するための最善の方法は何だろうか。携帯電話は，小売業者，サプライヤー，そして消費者がコミュニケーションをとり，ビジネスを行う方法に変化を与えている。

　TargetやThe Home Depotなどのモバイル・テクノロジーの初期採用者は，店舗，Web，モバイル・デバイス，ソーシャル・ネットワークで消費者とやり取りする方法を再検討した。これらの小売業者は，自社ブランドと消費者間の全体的な関係を強化するために，モバイルを自社のビジネスモデルに統合できると考えている。他社は，完全に統合せずに携帯電話を現在の店舗，Web，またはカタログ・チャネルに追加することを選択した。

　小売業者にとって最適な目標は，そのブランドとの対話に使用されているテクノロジーに関係なく，消費者にとって単一のブランド体験を実現することである。これは，従来のチャネル・ベースのシステム，ビジネス・プロセス，および組織の壁を進化し続けなければならないことを意味する（図表7-3）。

　小売業者はブランドと消費者の関係を強化する方法に集中する必要がある。消費者は，製品の調査や購入代金の支払いだけでなく，ソーシャル・メディアやサード・パーティの価格設定やプロモーションからアプリケーションへの接続が増えているため，小売業者とのやり取りにもモバイル・デバイスを使用し

図表7-3　消費者小売業者のタッチポイント進化

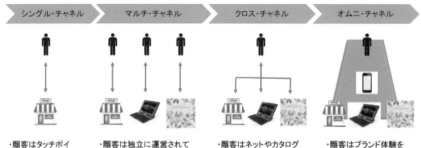

シングル・チャネル	マルチ・チャネル	クロス・チャネル	オムニ・チャネル
・顧客はタッチポイント1カ所で購入 ・小売業者のタッチポイントも1カ所	・顧客は独立に運営されている実店舗、ネット販売、カタログ販売の複数のチャネルを利用できる ・小売業者はチャネルごとに使用する技術と機能を使い分けている	・顧客はネットやカタログで注文した商品を実店舗で受け取ることができる ・複数のチャネルを有する小売業者は、顧客からは一つの会社としてみられているが、組織内には機能別に壁がある	・顧客はブランド体験を重視しているのであって、同一企業のチャネルを使うとは限らない ・小売業者は複数のチャネルを連携させて、顧客や商品を一元管理する

出所：National Retail Federation (2011)

ている。モバイル・デバイスを使用している消費者は，アプリケーションと統合されているAmazonやeBayを使用して，小売店の店内にいるよりも安価な価格を見つけることができる。食料品の買い物に悩むホールフーズマーケットの消費者は，スマホを使って食材を使ったレシピを見つけて，特定の食物アレルギーやグルテンやラクトース・フリーの要求に応えるために選択する商品を変えることもできる。ターゲットで買い物をする消費者は，友人のギフト登録を検索してピッタリのギフトを探し，その商品を在庫している最寄りの店舗を探し（その店舗内の商品の部門と通路の位置まで），レジストリ・リスト（ウエディング・ギフトの市場などで新婚のカップルが友人に送って欲しい商品を事前に登録しておくことで，親類縁者や友人が予算に合わせてギフト商品を購入できる仕組み）からギフトをチェックできる。

　オムニ・チャネルを採用した小売業者が取るべき戦略として，図表7-4の短期と長期の戦略が参考になる。オムニ・チャネルの環境で成功するためには，小売業者は，価格や買い物体験のデザイン，そして消費者との関係性の構築などといった領域で新しい戦略を採用する必要がある（Brynjolfsson 2013）。

しかしながら，実店舗とネット販売を同列に扱うためには，組織内を大きく変更する必要がある。つまり，実店舗でのリアルの消費者情報（オフライン）とネットでのデジタルの消費者情報（オンライン）を一致させるのである。オンラインにおいては，消費者が自らのデータを書き込むことで，商品検索や購

図表7-4　オムニ・チャネル小売業者の戦略

	短期戦略	長期戦略
すべての 小売業者	・店頭購入からネット購入への変更特典を設定する vs. ロイヤルティ・プログラムとサービス契約 ・ビッグ・データを利用して分析し，消費者のニーズと価値を理解する	・排他的な製品とユニークな特徴を作る ・製品の束と製品—サービスの束を作る ・分析を行い，製品設計製品ラインの選択，チャネルの決定と新製品の導入を導く
二重チャネル 小売業者		・チャネル統合 ・両方のチャネルからデータを活用してCRMとROIを管理する
ブリック・ アンド・ モルタル 小売業者	・店舗での商品検索の不確実性を低減し，オンラインで購入し，店内で商品を入手できるように店舗の在庫情報をオンラインで提供する ・情報提供，サービス，その場で満足してもらうことを重視する ・製品関連のサービスにより，最寄りに倉庫立地を有することから大いにメリットが得られる製品への割増価格請求	・二重構造チャネルの小売業者への移動
オンライン 小売業者	・EDLPと手際よく集めた品揃えの提供 ・「体験型商品」から「探索型商品」への変換 ・消費者がショールームとして物的チャネルを利用できるようにする ・地域ごとに商品引き取りポイントを設置する	・地方では入手が難しいニッチな商品に重点を置く ・人気のある排他的な製品以外の製品のコストと効率を重視する

出所：Brynjolfsson etc. (2013), p.25

買のプロセスがスタートする。一方，オフラインでは，店頭において店員が接客の際に同様の消費者データをインプットすることは難しい。こうした組織構造の違いをどう克服するかについては，課題が残る。しかし，実際には，実店舗の拡大や人員確保の難しさから店舗事業を主要な販路とする小売業者は益々EC（electronic commerce）事業（電子商取引）を拡大すると考えられる。また，店舗とECの相互が品揃えや物流面での共通化を図り，販売や消費者データを共通のシステムで管理するなど資源の共有化を通じて範囲の経済性を追求することは可能である（高嶋・金 2017）。

7. オムニ・チャネルにおける物流

オンラインでの小売取引の増大に伴って，商品の受注から入金管理に至る一連の作業プロセスを見直す必要に迫られている。とくに，物流の分野での改革が急務と言えよう。**マルチ・チャネル**（店舗販売と同時に，インターネットやカタログなど複数のチャネルでビジネスを行う）化は進んでいるが，オムニ・チャネル（OC）の次元では，様々な課題が散見され，未だに統合化が進まない企業も見られる。

物流の各段階におけるマルチ・チャネルからオムニ・チャネルに移行する際に求められる考え方をみておくことにしよう（Hübner, Wollenburg and Holzapfel 2016）。

（1）在庫

MC小売業者はチャネル別に在庫管理を行っているが，OC小売業者は1つの倉庫管理に集約している。

（2）ピッキング

MC小売業者はチャネルごとに個別にピッキングするが，より開発の進んだOC段階の手法は，クロスチャネル・ピッキング（たとえば，物流センター内

の共通のピッキングゾーンに作業を集約する）のプロセス改善に適用される。

（3）取り揃え

小売業者は基本的なMCでは限定されたオンラインのSKU（stock keeping unit：受発注と在庫管理のための最小の管理単位）を提供し，オフラインよりもオンラインでのより広範な品揃えを目指そうとする。

（4）配送

MCでは，小売業者は遠距離の注文に対して郵便配達を利用しているが，OCモデルでは，配達の選択肢はプロセス統合を通じて集配サービスも含むように拡張している。

（5）返品

MC小売業者では，消費者はオンラインで購入した商品を郵送でのみ返品できる。高度なOCの考え方では，商品の返品は購入された場所のチャネルとは必ずしも関係がない。

（6）組織

チャネルの運用責任が個別に行われているMCモデルは，最終的には，クロスチャネル（ネットやスマホで注文したものを店舗で受け取ることができる複数のチャネルを横断的に利用できるが，各チャネルは独立しているために，在庫を店舗とネットの間で融通したり，獲得したポイントを別のチャネルでも使えたりといった柔軟性はない）との調整を図りながら，単一の統合OCロジスティクス単位へと移行する。

（7）ITシステム

MC小売業者はそれぞれのチャネルに固有な**ERP**システム（enterprise resource planning system：企業資源計画のこと。企業の経営資源を有効に活用

し経営を効率化するために，基幹業務ごとではなく，企業全体で「ヒト，モノ，カネ」を管理しようとするもの）を備えているが，先進的なOCはリアルタイムにアクセスできる共同のクロスチャネルERPシステムに基づいてソリューションが図られている。

おわりに

　ICTの発展に伴って，マーケティング・チャネルを取り巻く環境も大きく変化した。これまでチャネルを構成してきた企業の中でも役割が変化し，求められる機能も多様化している。こうした中で，マーケティング・チャネルにおいては，商流，物流，情報流がより一体的に取り組む必要性が高まってきている。

　それとともに，チャネルにおけるコンフリクトの発生は止むことを知らない。そのため，企業は，常にチャネル・コンフリクトへの対策を怠ることはできない。その意味で，チャネルにおいては，企業間のコミュニケーションの取り方に改善が求められている。

演習問題

開放的チャネル政策，選択的チャネル政策，排他的チャネル政策のそれぞれについて，効果的に活用していると考えられる具体的な企業の取組みについて調べてみよう。

【参考文献】

Blythe, J. (2014) *Key Concepts in Marketing*, Sage, p.146

Brynjolfsson, E. (2013) "Competing in the age of Omnichannel Retailing" *MIT SLOAN Management Review*, Sum, pp.23-29.

Brynjolfsson, E. etc. (2013) *Competing in the age of Omnichannel Retailing*, MIT SLOAN Management Review, Sum, p.25.

Hall, M. (1947) Distributive trading: an economic analysis, Hutchinson University

Library.（片岡一郎訳『商業の経済理論―商業の経済学的分析』東洋経済新報社，1957年，pp.108-111）

Hübner, A., Wollenburg, J. and Holzapfel, A. (2016) "Retail logistics in the transition from multi-channel to omni-channel" *International Journal of Physical Distribution & Logistics Management*, Vol.46, No.6/7, pp.562-583.

Kelly, E.J. and Lazer, W. (1967) "*Managerial Marketing*", Richard Irwin.（片岡一郎・村田昭治・貝瀬勝訳『マネジリアル・マーケティング』丸善，1969年，p.15）

MaCammon, B.C.Jr. and Little, R.W. (1965) "*Marketing Channel: Analytical systems and Approaches*", In Science Marketing ed. By G. Schwartz, John Wiley & Sons, pp.329-330.

McCarthy, E.J. (1987) *Basic Marketing*, McGraw-Hill, pp.285.

Mobile Retailing Blueprint-A Comprehensive Guide for Navigating the Mobile Landscape, Version 2.0.0, A Joint White Paper sponsored by the National Retail Federation, 2011.

Stanton, W.J. (1981) *Fandmentals of Marketing*, 6th ed., McGraw-Hill, p.343.

Stanton, W.J., Etzel, M.J. and Walker, B.J. (1994) *Fandamentals of Marketing*, 10th ed., McGRAW-Hill, pp.367-369.

Stern, L.W., El-Ansary, A.I. and Brown, J.R. (1989) *Marketing Channels,* Prentice-Hal.（光澤滋朗訳『チャネル管理の基本原理』晃洋書房，1994年，pp.83-84）

Vaile, R.S., Grether E.T. and Cox, R. (1952) *Marketing in the American Economy*, Ronald Press, p.113.

佐々木茂（2003）『流通システム論の新視点』ぎょうせい

高嶋克義・金雲鎬（2017）「オムニ・チャネル化の組織的課題」『国民経済雑誌』神戸大学経済経営学会（3），pp.1-10.

佐々木 茂

第 **8** 章

マーケティング・マネジメント④
プロモーション

> ## はじめに

- プロモーションは，コミュニケーション手段を適用して製品の特徴などを消費者に認知してもらうための取組みである。実際には，様々なツールを活用しながら購買につなげたり，参加を働きかけたりするための活動を行う。プロモーションのツールには，広告に加え，パブリシティ，人的販売，セールス・プロモーションなどが存在するが，それぞれ異なる特徴を持つため状況に応じて最適なツールを組み合わせることが求められる。本章では，プロモーションに関する基本的な概念に加え，顧客にとってのコミュニケーションのあり方について学習する。

- 情報通信技術（ICT）の進展に伴って，マーケティングにおけるプロモーションの手法が劇的に変化している。とくに，スマートフォンの普及は，広告のあり方を大きく変えた。本章では，ディジタル時代におけるプロモーションについて学習する。

1. プロモーションとは

　良い製品を開発したとしても，顧客に製品の情報が伝わらなければ購入には至ることはない。顧客に製品の特徴や製品からもたらされる便益などを伝えていくためには，プロモーションを行っていくことが求められる。プロモーションは，基本的には売り手の立場から買い手側に情報を伝達していく行為である。しかし，客観化が求められている現代のマーケティングでは，売り手による一方的な情報伝達だけではなく，買い手となる顧客の立場を考慮していくことが必要であるため，プロモーションは顧客とのコミュニケーション活動であると位置づけられている。

図表8-1　プロモーション活動における主なツール

広告 （advertising）	アイディア，商品，サービスに関するプレゼンテーションやプロモーションのために，テレビ，新聞，雑誌などの有料の媒体によって製品などを宣伝する活動
販売促進 （sales promotion）	ある製品やサービスの購入や使用を促進するための短期的な動機づけ活動
広報活動・パブリシティ （PR=public relations）	好意的なパブリシティによって様々な利害関係集団との間に良好な関係や好ましい「イメージ」を築き，社会に対して事業や活動の内容を広く知らせ，理解を求める活動。PRは製品を売ることを目的とする広告とは異なり，支持を得ることが主たる目的となる
人的販売 （personal selling）	店頭などにおいて販売を目的として見込み客との対話を通じて行われる販売員によるプレゼンテーション活動

出所：Kotler and Armstrong (1989), 邦訳書 p.544 をもとに筆者作成

　製品やサービスに対する顧客の意識や関心を高め，購買を促進するためのメッセージであるプロモーションには，**広告，パブリシティ，人的販売，セールスプロモーション**（販売促進）といったツールが含まれている。表8-1は，プロモーションにおける主なツールである。プロモーションを実施する企業は，製品ごとに戦略を策定するとともに，戦略に基づいてプロモーション・ツールを適切に組み合わせていく。なお，マーケティングの目標にしたがっ

て，プロモーション・ツールを最適に組み合わせていくことをプロモーション・ミックスという。プロモーション・ミックスの検討に際しては，製品の知名から購買に至るまでのプロセスに合わせて適切な展開方法を検討していくことが求められる。

2. プロモーションの実施主体と対象

プロモーションは，実施する主体と伝達する対象によって狙いや手法などが異なる。ここでは，3つのケースについて取り上げる。

● メーカー→消費者のプロモーション

メーカーが消費者に対して実施するプロモーションは，主として自社製品の認知度を高めるために実施される。具体的には，試供品を提供したり，おまけをつけたりして対応する。このほか，期間限定で実施される増量キャンペーンや特別パッケージなどもこのプロモーションに該当する。

● 小売業者→消費者のプロモーション

小売業者が消費者に対して実施するプロモーションは，製品（商品）の販売実績を高めるために実施される。値引き販売や実演・試食販売などのデモンストレーションは，このプロモーションに該当する。このほか，通常の陳列棚とは異なるスペース（平台や棚の目立つ位置）で販売する特別陳列も小売業者が実施するプロモーションとして位置づけられる。最近では，PB（private brand）商品が増えているが，このような場合は小売業者が主体となって消費者に対してプロモーションを実施することになる。

● メーカー→小売業者のプロモーション

メーカーが小売業者に対して実施するプロモーションは，自社の製品を優先的に取り扱ってもらうように働きかけることを目的に実施されることが多い。具体的には，新製品のプロモーションに加え，陳列の優先対応やチラシ広告の掲載依頼などを行う。このほか，販売技術や陳列技術を競い合わせるなど，優秀な小売業者に対してメーカー側がインセンティブを与えるセールス・コンテ

ストを実施することもある。

3. プロモーションの効果

　プロモーションは，マーケティングの展開に際して売上の伸張に加え，認知度や知名度の向上といった目的を実現するための手段となる。プロモーションを実施することによって得られる効果は，量的なものと質的なものに分けることができる。

　●量的な効果

　プロモーションの実施によって得られる**量的な効果**は，販売点数，販売金額，購入客数，来店客数などで把握することができる。これらの効果はいずれもプロモーションの実施後に得ることが可能である。このほか，ポイントカードなどによって顧客の購買情報を管理するシステム（顧客情報管理システム）を活用することによって，消費パターン（購買行動の習慣化・消費する量）や購入パターン（ブランドのスイッチ・カテゴリーのスイッチ・購入店舗のスイッチ・購入する量）の変化などを分析することができる。

　●質的な効果

　一般的に，消費者は，製品を購買するときに過去に消費したときの経験に加え，外部から入手した知識などを参考にしながら選択する。プロモーションは，消費者が製品を購買するときに抱くイメージや知識に望ましい影響を与えることができる。このようにプロモーションの実施によって製品やメーカーのブランドの強さに望ましい影響を与えることを**質的な効果**と呼ぶ。消費者に好意的な印象を継続的に付与することができれば，製品の継続的な購買につながり，結果的に売上が増加する源泉となる。

4. プロモーションの実施による現象

　第3節でも述べたように，プロモーションの実施は，製品の認知度を高める

ことに加え，消費者に購買する動機を与える機会になるため，販売点数や売上
金額などの量的効果を引き出すことが期待できる。しかし，プロモーションの
実施によって量的効果を一時的に引き出すことができたとしても，プロモー
ションの実施期間中や実施後において売上の低下や他製品の売上に悪影響を与
えることがある。

　プロモーションの実施によって売上が伸張するものの，プロモーションの実
施後に売上が落ち込んでしまう現象を「**先食い**」という。たとえば，プロモー
ションの実施期間中に製品が通常の価格よりも安価で販売されていたり，ノベ
ルティ（無料配布の販促品）やプレミアム（特典品）グッズが付いていたりす
る。そのときに，購入する予定が無かった消費者が製品を購入してしまうと，
ストックする量が増加してしまうことからつぎの購入まで時間が空く。このよ
うにプロモーションの実施期間中に消費者の購入が早まることから，消費量が
増えない限り「先食い」という現象が生じることになる。

　また，プロモーションの実施期間中に対象製品の売上が伸張するものの，プ
ロモーションを実施していない類似製品の売上が低下することがある。このよ
うな現象を「**共食い**」（カニバリゼーション：cannibalization）という。たと
えば，プロモーションの実施期間中に対象の製品が通常の価格よりも安価で販
売されていたとき，消費者がいつも購入している製品から類似製品や代替可能
な製品に買い換えることがある。このようにプロモーションの実施によって消
費者が製品ブランドや製品カテゴリーをスイッチすると「共食い」という現象
が生じることになる。「共食い」は，プロモーションを実施している店舗と実
施していない店舗間など，同業種の店舗間でも生じることもある。

　プロモーションを実施することによって，特定の製品の売上が増加したとし
ても，他の製品の売上が低下したり，後に売上が低下したりするようでは実施
する意味が薄れてしまう。プロモーションの実施に際しては，製品の購入頻度
や消費パターンについて把握するとともに，実施後においても効果や弊害など
を検証することが求められる。

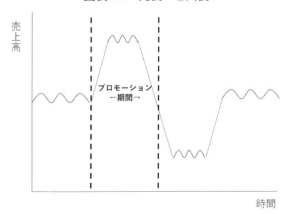

図表8-2　先食いと共食い

出所：渡辺・守口（2011），p.156をもとに筆者改変

5. ICTの進展とマーケティング・コミュニケーション

　マーケティングの概念は，時代とともにその内容が変化しており，近年では顧客ならびに社会志向のマーケティングが重視されている。このような考え方は，American Marketing Association（AMA）が発表しているマーケティングの概念（definition of marketing）でも確認することができる。

Marketing is the activity, set of institutions, and processes for creating, communicating, delivering, and exchanging offerings that have value for customers, clients, partners, and society at large.（Approved July 2013）

訳）マーケティングは，顧客，依頼人，パートナー，社会全体にとって価値のある
　　提供物を創造・伝達・配達・交換するための活動であり，一連の制度，そして
　　プロセスである。（2013年7月承認）

（出所：American Marketing Association (2013)）

　このように，企業はマーケティングにおいて顧客に加え，ステークホルダー（株主や自社を取り巻く利害関係者）や社会に対して情報を発信したりコミュニケーションをはかったりすることが求められている。とくに，近年は売り手側から買い手側に対するプロモーションやメッセージにとどまらず，ステークホルダーや社会を含めた多様な関係者とのインタラクティブな（双方向の）コミュニケーションの実現に向けた戦略（コミュニケーション戦略）が重視されている。コミュニケーション戦略の展開に際しては，ターゲットとなる顧客やステークホルダーなどに効率的かつ効果的に伝えるための方策を検討していく必要がある。

　一方，近年はICT（information and communication technology：情報通信技術）の進展に相まって，スマートフォン（スマホ）などの個人向け情報端末の所有率が増加している。また，同時にSNSやブログ，口コミサイトなどのCGM（consumer generated media：消費者発信型のメディア）を利用するユーザが大幅に増加している。このような動向は，従来まで情報の受け手であった消費者を情報の送り手（発信者）へと変えた。さらに，消費者が製品の購買時に入手できる情報量も大幅に増加しており，Web上には多種多様な情報が膨大に流れるようになった。

　ICTの進展は，製品を購買する際の消費者の行動をも変化させた。購買における意思決定のプロセスは，1920年代にホール（Hall, S.R.）によって提唱されたAIDMAの法則で説明されているように，注目（attention），興味・関心

（interest），欲求（desire），記憶（memory），行動（action）の順によって進められており，売り手側はプロモーションにおいて認知度の拡大やニーズの喚起，記憶の呼び起こしなどの活動を展開してきた。

　しかし，ICTが進展し，CGMのユーザが増加すると，2004年に株式会社電通が提唱した**AISAS**の法則（注目（attention），興味・関心（interest），検索（search），行動（action），共有（share））のように，消費者は購買決定のプロセスにおいて売り手が発信する情報に加え，買い手側の立場である第三者が発信するレビューを閲覧するなど，客観的な情報を重視するようになった。さらに，購買後においても，製品を使った感想や品質などに対する評価をWeb上に発信するなど，消費者の間で情報の共有化をはかろうとする動きが見られるようになってきた。このような消費者の購買行動は，販売の主体となるメーカー側のプロモーションのあり方に大きな変化を与えており，一方的な情報伝達からインタラクティブなコミュニケーションへの転換をはかろうとする企業が増えてきている。

　図表8-3は，日本におけるインターネット広告媒体費の総額の推移を表したものである。また，図表8-4はインターネット広告媒体費のデバイス別の広告費を，図表8-5はビデオ（動画）による広告市場の推移を表したものである。これらのグラフが示しているように，近年はインターネット広告の市場規模が拡大しており，2018年の総広告費（6兆5,300億円）に占める割合は26.9％まで伸びている。さらに，対象となるデバイスは，スマートフォンなどのモバイル通信媒体の比率が伸張しており，大容量のデータ通信を可能とする通信移動通信システムの発達に伴って動画によるインターネット広告が増加する傾向が散見される。

　最近では，テレビをリアルタイムで視聴する時間が減少し，インターネットの利用時間が増加している（総務省 2018）。また，モバイル通信媒体によるインターネットの利用時間も2016年で61分/人と増加する傾向が見られ，20代においては120分を超えている（前掲書）。現在，情報通信業界では，IoT（internet over thing）/IoE（internet over everything）の実現に向けて第5世代の

図表8-3　インターネット広告媒体費総額の推移

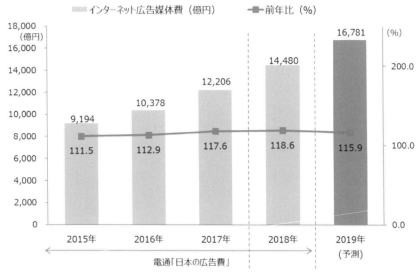

※2018年「マスコミ4媒体由来のデジタル広告費」をインターネット広告媒体費の推計対象に追加

出所：D2C・CCI・電通（2019）

移動通信システム（5G）の普及が進められているが，超高速通信技術が可能になる様相を考慮するとインターネット広告の市場規模がさらに拡大することは必至であり，インターネットを利用したマーケティング・コミュニケーションも，その必要性がより一層重視されるものと考えられる。

　ICTを利用したマーケティング・コミュニケーションは，従来までのマスメディアを活用したプロモーションとは異なり，モバイル端末で企業側のメッセージを受信することから企業と消費者の間でB to C（business to consumer）のコミュニケーションが行われることになる。B to Cのコミュニケーションにおいては，企業と消費者との間に信頼関係を醸成するとともに，リピーター，そして顧客になってもらえるよう**CRM**（customer relationship management）を展開していくことが求められる。これまで述べてきたICTの進展とコミュニケーションの必要性に鑑みると，現代のマーケティングでは，顧客やステー

図表8-4　インターネット広告媒体費デバイス別広告費の推移

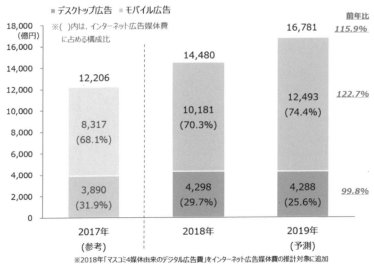

出所：D2C・CCI・電通（2019）

図表8-5　ビデオ（動画）広告市場の推移

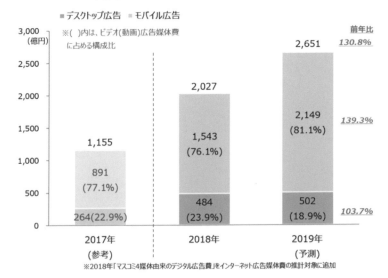

出所：D2C・CCI・電通（2019）

クホルダーとの関係性の構築こそが，プロモーションの目的となると言っても過言では無いであろう。

6. 統合型マーケティング・コミュニケーション（IMC）

　ICTが進展する様相においては，モバイル媒体は若年層が利用し，新聞などのマスメディアは高齢層が購読するというように，消費者が情報を入手する手法は多様化する。このように，消費者の世代によって利活用する広告媒体が異なってくるため，効率的にプロモーションを展開していくためには，様々なメディアを適切に組み合わせていくことが求められる。認知度を高めるために異なる複数のメディアを適切に組み合わせながら消費者の購買意欲を喚起していく手法のことをメディア・ミックスという。メディア・ミックスが機能化すると，それぞれの広告の弱点を補うことが可能になり，単一の広告媒体では伝えることが難しかった情報を詳細かつ具体的に伝達していくことが可能になる。

　プロモーションおよびマーケティング・コミュニケーションを効率よく展開していくためには，本章第1節で取り上げたプロモーション・ミックスやメディア・ミックスを適用することが求められるが，単にプロモーション・ツールやメディアを組み合わせただけでは一方的な情報提供の形に終始してしまい，効果的なコミュニケーションをはかることはできない。効果的なコミュニケーションを実現するためには，対象となる消費者や市場（ターゲット）に対して，適切なメッセージを，適した方法で，適切なタイミングで，伝達していくことが求められる。このように，ターゲットとする市場や消費者に対し，説得力を持つ情報を，最適な方法で，コミュニケーション・チャネルを統合・調整・管理しながら伝達していく考え方のことを**統合的マーケティング・コミュニケーション**（IMC：integrated marketing communication）という。IMCについて，マーケティング・コミュニケーションの先駆的な研究者であるシュルツ（Schultz, D.E.）らは「今まで広告やPR（public relations），SP（sales promotion）などとそれぞれ別個に考えてきたことを，一つの複合体として捉

える新しい視点のことである。いうなれば，消費者の立場からコミュニケーションを再構築することである」と説明している（Schultz and Tannenbaum and Lauterborn 1993，邦訳書p.6）。また，コトラー（Kotler, P.）らは，IMCの必要性について「コミュニケーション・ツール，メッセージ，視聴者の幅が大きく広がった現在，企業は統合型マーケティング・コミュニケーションに移行すべきである」と述べている（Kotler and Keller 2007, p.356）。

図表8-6　コミュニケーションにおけるステップ

①標的視聴者の明確化	コミュニケーションをはかる標的視聴者（消費者・市場）を明確にする。
②コミュニケーション目的の決定	標的視聴者に対して伝達すべき目的（何を伝え，どのような成果を生み出すのか）を決定する。
③コミュニケーションの設計	コミュニケーション目的に基づき，目的を達成させるためのメッセージを設計する。
④チャネルの選択	メッセージを伝えるための効率のよいチャネル（テレビ・ラジオ・新聞・雑誌・ポスター・看板・インターネット広告など）を選択する。
⑤総予算の決定	プロモーションをはかる際に求められる予算を決定する。予算の決定には，支出可能額法，売上高比率法，競争者対抗法，目標基準法などの方法がある。
⑥媒体ミックスの決定	プロモーションをはかる際に活用するツール（広告，販売促進，パブリック・リレーションズとパブリシティ，イベントと経験，ダイレクト・マーケティング，人的販売）の組み合わせを決定する。
⑦効果測定	コミュニケーションを計画に基づいて実施した後は，メッセージを伝達した効果を測定する。測定に際しては，標的視聴者を抽出して感想などを尋ねたり，メッセージを受け取った後の行動面の反応を測定したりする
⑧IMC・プロセスの管理	多様なコミュニケーション・ツールを組み合わせるとともに，個々のメッセージを継ぎ目がないように統合し，明確で一貫したコミュニケーション効果を生み出す。

出所：Kotler and Keller (2007), pp.345-357をもとに筆者作成

7. マーケティング・コミュニケーションの開発

　前節までにも述べてきたように，マーケティング・コミュニケーションにおける手法は，メディアの種類や情報伝達の方法が多様化したことによって複雑になりつつある。また，消費者の購買行動についても多様化しており，EC（electronic commerce：電子商取引）の発展によって買い手側の利便性は向上しているものの，売り手側は，市場の成熟化も相まって競争が激化している。このような状況において，効果的なマーケティング・コミュニケーションを展開していくためには，プランニングを立案するとともに，その手続きにしたがって事業を推進していくことが求められる。

　コトラーは，効果的なコミュニケーションを開発するためには，図表8-6の内容について手順を踏んで検討していくことが求められると説明している（Kotler and Keller 2007, pp.345-357）。

8. ディジタル時代のプロモーション

　商用インターネットやそれに接続可能なモバイル端末が普及したことに伴い，ビジネスのあらゆる場面で情報通信網を活用した活動が行われるようになった。また，ブロードバンドによる情報通信網が普及すると，アマゾンや楽天市場などのようにECが幅広く展開されるようになり，実店舗とバーチャルな店舗の間での競争も見られるようになってきた。

　一方，インターネットは，店舗と顧客間のコミュニケーションをはかる際にも活用されるようになり，小売業では**POS**（point of sales）システムを活用した販売管理や在庫管理といった業務の効率化をはかるための取組みに加え，ポイントカードなどを活用した**FSP**（frequency shoppers program）や**CRM**（customer relationship management）を展開するようになった。POSシステムとFSPおよびCRMを適切に組み合わせると，特定の商品を定期的に購入している顧客を絞り込むことが可能になり，ブランドスイッチを促すためのクー

ポン券の発行や特売のダイレクト・メール（DM）などを特定の顧客に対して送付できるなど，効果的なプロモーションを実施することが可能になる。

　インターネットを活用したビジネスは，顧客に対するアプローチの手法が進化しつづけている。商用利用のインターネットが普及し始めた1990年代は，「店舗販売＋ネット販売」というように，事業主体者は顧客に対してマルチチャネルで販売活動を展開していた。この手法は，顧客との接点を増やす上で有効であるが，それぞれのチャネルが独立しているため，在庫や顧客などの諸情報は一元的に管理されていなかった。

　その後，ブロードバンドの情報通信網が普及した2000年代に入ると，インターネットを介してPOSおよびFSPシステムとの連携が可能になり，複数のチャネル間における在庫管理，顧客管理，購買履歴管理などの業務は一元的に行われるようになった。企業は，この環境においてオンライン・オフラインを問わず顧客が要求する商品や商品の情報を望ましいチャネル（クロスチャネル）で提供するようになった。

　そして，ICTの更なる進歩に伴って，大容量のデータ（ビッグデータ）やAI（artificial intelligence：人工知能）を活用するビジネスのあり方が議論されている近年では，店頭販売，EC，カタログ販売などの通信販売，SNSといった複数のチャネルをシームレスに連携させ，「いつでも」，「どこでも」，「同じサービス形態」によって，顧客にとって利用しやすいサービスを提供するオムニチャネルを適用したビジネスが展開されつつある。セールス・プロモーションにおいても，GPSによる位置情報や気象情報などに加え，消費者が行った検索や閲覧履歴などを分析し，消費者の様々な興味・関心に基づいた対応がなされている。ECサイトでは，購買履歴やアクセス情報などのデータを踏まえながら，消費者の行動に影響を与える情報を提供している。また，スマートフォンから得られた位置情報をもとに，ディジタルクーポンを発行する試みも行われている。今後のマーケティングにおけるプロモーションは，情報技術の進歩に伴って消費者の意思決定や消費行動に様々な影響を与えることが想定される。

おわりに

　ICTの進展は，プロモーションのあり方を大きく変えた。本章5節でも取り上げたように，インターネット上で展開される広告は，スマートフォンなどの移動通信媒体向けにシフトしている。このほか，コミュニケーション・ツールの多様化やプロモーションの受け手となる消費者層の幅が広がった現代においては，統合型マーケティング・コミュニケーションをはかる必要性が叫ばれており，一貫的でかつ継ぎ目のない（シームレスな）対応を講じることが求められている。

　ディジタル3.0と呼ばれるビッグデータの時代が到来し，組織における情報活用能力や分析能力の差がプロモーションの成果に影響を与えるようになった。企業が効率的で効果的なプロモーションを展開していくためには，情報社会への対応がより一層求められている。

演習問題

①小売店（スーパーマーケット・コンビニエンスストア・ドラッグストアなど）でプロモーションを行っている事例を調査しよう。調査に際しては，メーカー名および商品名に加え，その取組みにおいてどのような工夫がなされ，どのような商品価値を消費者に伝えようとしているのかについて考えてみよう。また，既存商品や競合商品との違いをどのように訴求しているのかについても考えてみよう。

②プロモーションの展開において，カニバリゼーションや先食いといった現象を防ぐためには，どのような対策や対応を講じることが求められるかについて考えてみよう。

③インターネットを活用した広告の事例を調査し，メディアの統合，スマートデバイスの活用，ソーシャルメディアの活用がどのようになされているのかについて考えてみよう。

【参考文献】

American Marketing Association (2013) Definitions of Marketing: Definition of Marketing.
　https://www.ama.org/the-definition-of-marketing/（2019.5.12閲覧）

D2C・CCI・電通（2019）「2018年日本の広告費インターネット広告媒体費詳細分析」
　http://www.dentsu.co.jp/news/release/pdf-cms/2019026-0314.pdf（2019.5.12閲覧）

Kotler, P. and Armstrong, G. (1989) *Principles of Marketing, Fourth Edition*. Prentice-Hall, Inc.（和田充夫・青井倫一訳『新版マーケティング原理―戦略的行動の基本と実践』ダイヤモンド社，1995年）

Kotler, P. and Keller, K.L. (2007) *Framework for Marketing Management 3rd Edition*, Pearson Education, Inc.（恩蔵直人監修・月谷真紀訳『マーケティング・マネジメント基本編』丸善出版，2014年）

Schultz, D.E. and Tannenbaum, S.I. and Lauterborn, R.F. (1993) *Integrated Marketing Communications*, NTC Publishing Group.（電通IMCプロジェクトチーム監修・有賀勝訳『米国に吹き荒れる広告革命IMC旋風―統合型マーケティングコミュニケーションの理論』電通，1994年）

総務省（2018）「平成30年版情報通信白書」
　http://www.soumu.go.jp/johotsusintokei/whitepaper/ja/h30/pdf/index.html
　（2019.5.12閲覧）

渡辺隆之・守口剛（2011）『セールス・プロモーションの実際　第2版』日本経済新聞社

石原慎士

第 **9** 章

ブランド・マーケティング

┌─── はじめに ───┐

・元来，標識性機能として適用されていたブランドは，時代
　とともに変化しており，近年では無形の資産価値として捉
　えるようになってきた。企業にとってブランドを有すこと
　は収益性を高める上で重要なものになっている。本章で
　は，ブランドの概念について学習する。

・現代的な意味でのブランドは，売り手主導で構築できるも
　のではない。あくまでも買い手側の評価によって構築され
　るものである。本章では，ブランドが構築される要件につ
　いて先行研究における見解を把握しながら学習する。

・ブランドは，製品やサービスに備わる価値によってその位
　置づけが決まる。また，近年は「モノ」そのものの価値に
　加え，「コト」の価値が重視されている。本章ではブランド
　に備わる価値について学習する。

1. ブランドとは

マーケティングの活動が功を奏し，製品やサービスなどが消費者に愛好されるようになると，製品や企業名などがブランドとして認識されるようになる。元来，**ブランド**（brand）は，「焼き印をつける」という意味を持つ古ノルド語（ノルウェーの昔言語）の“Brander”から派生した言葉であるとされており，焼き印は，自分の所有物と他のものを識別するために使用されていた。その後，工業製品の生産と商業が発達してくると，ブランドは商標（trademark）という意味を持つようになり，類似品や偽物と識別するための手段として用いられるようになった。

1990年代に入ると，商標に加えて製品のデザインやジングル（音），ロゴ，パッケージ，キャラクターなどもブランドの要素として認識されるようになり，企業や製品のアイデンティティを示すものとして位置づけられるようになった。また，**ブランド・エクイティ**（brand equity）という考え方が広がり，ブランドを有することは無形の資産価値を有することにつながるという解釈がなされるようになった。ブランド・エクイティは，企業会計においても「のれん代」として計上されており，強いブランドを有することは長期的な収益の源泉となるため，資産を増大させる上で欠かすことができないものとして認識されている。

アメリカのブランド研究者として知られるアーカー（Aaker, D.A.）は，ブランド・エクイティを構成する要素として「名前の認知」，「知覚品質」，「ブランド・ロイヤルティ」，「ブランド連想」を提示している（Aaker 1991，邦訳書 pp.20-29）。「認知」は，ブランドがどの程度知られているかということである。有名な企業のブランドが世界的に知られているように，ブランドの資産的な価値を高めていくためには認知度を高めていかなければならない。つぎに，「知覚品質」は，顧客に受け入れられているブランドの品質である。ブランドは，顧客が持つ主観的な知覚によって左右される場合が多く，製品でたとえてみると製品そのものの品質よりも顧客が抱くイメージの方が重要になると

言われている。「ブランド・ロイヤルティ」（brand loyalty）は，ブランドを支持する顧客の忠誠心である。「ブランド・ロイヤルティ」が高いブランドは，顧客から絶対的な信頼を得ており，たとえ製品が欠品していたとしても他のブランドにスイッチされることはない。しかしながら，企業が何らかの不祥事によって顧客からの信頼を失ってしまうと，「**ブランド・ロイヤルティ**」は低下してしまい，製品自体の価値も著しく落ち込んでしまう。「**ブランド連想**」は，ブランドの名称から連鎖的に得られる消費者が抱く心象（イメージ）である。「（ブランド名）といえば○○」というように，ブランドとそのイメージが一体的な関係で結ばれており，強くて，好ましいイメージとの結びつきはブランドの価値資産を高めることにつながる。

　これまで述べてきたブランド・エクイティの要素のように，ブランドの概念は顧客との関係性がとりわけ重視されており，近年では（顧客志向の）マーケティング活動によって製品の意味や価値が明確化されたものがブランドであると認識されている（青木・恩蔵 2004，pp.18-20）。現代的な意味に基づくブランドは，その形成に際して，売り手側の企業がマーケティングにおいて製品の価値を明確にするとともに，顧客に支持されつづける製品に育成していかなければならない。換言すると，売り手が製品に商標などを付したところで，買い手側が製品の価値を認識・評価しなければ，ブランドとは言えないのである。

2. ブランド・アイデンティティ

　コトラー（Kotler, P.）は，ブランドについて「優れたブランドは，平均以上の収益を継続的に確保するための唯一の手段」と述べている（Kotler 2003，邦訳書p.26）。また，ケラー（Keller, K.L.）は，「ブランドは，同じニーズを満たすように設計された製品間に何らかの差別化要因をもたらす」と述べている（Keller 2008，邦訳書p.4）。このような見解から，企業がブランドの形成に成功すると，長期的かつ安定的な収益を確保することに加え，競合する製品との間で差別化のポイントが創出されるが，ブランドを形成していくために

は，企業活動においてブランディング（ブランドを形成するための活動）を推進していかなければならない。ブランディングについて，小川孔輔は「競合商品に対して自社商品に優位性を与えるような，長期的な商品イメージの創造活動」と述べている（小川 1994, p.15）。しかし，前節で述べたように，ブランドが顧客側の認識・評価によって形成されるものであるという要件で捉えてみると，企業側はブランディングに際してブランドのイメージやブランドらしさを明確に創り出すことがその活動の第一歩となる。

ブランド・エクイティを提唱したアーカーは，ブランド構築に際して**ブランド・アイデンティティ**を創出する必要性について述べている（Aaker 1996, 邦訳書pp.86-87）。ブランド・アイデンティティは，ブランド・エクイティを構成する1つの要素であり，ブランド・コンセプトとともにブランド連想の内容構造に位置づけることができるものである（和田 2002, p.51）。アーカーは，ブランド・アイデンティティについて「ブランド戦略策定者が創造したり維持したいと思うブランド連想のユニークな集合である。この連想はブランドが何を表しているかを示し，また組織の構成員が顧客に与える約束を意味する」，「ブランド・アイデンティティは，機能的便益，情緒的便益，自己実現的便益を含む価値提案を行うことによって，ブランドと顧客との関係を確立するのに役立たなければならない」（Aaker 1996, 邦訳書p.86）と説明している。図表9-1は，アーカーが提示したブランド・アイデンティティの構成要素である。図表9-2は，ブランド価値と信頼性を提供するイメージを示したものである（前掲書p.98）。このようにブランドを形成するためには，製品としてのブランドの形成にとどまらず，様々な要素を組み合わせながら「ブランドらしさ」を創出していくことが求められる。また，ブランド・アイデンティティの各要素をもとにブランドとしての価値を生み出し，顧客に提供することが実現すれば，長期にわたる顧客との関係構築につながることが期待できる。さらに，単一の製品ブランドが消費者に愛好されるようになると，メーカーの存在が意識されるとともに信頼性が増し，メーカーが生産する他の製品ブランドも好意的に受け入れられることが期待できる。

図表9-1　ブランド・アイデンティティの構成要素

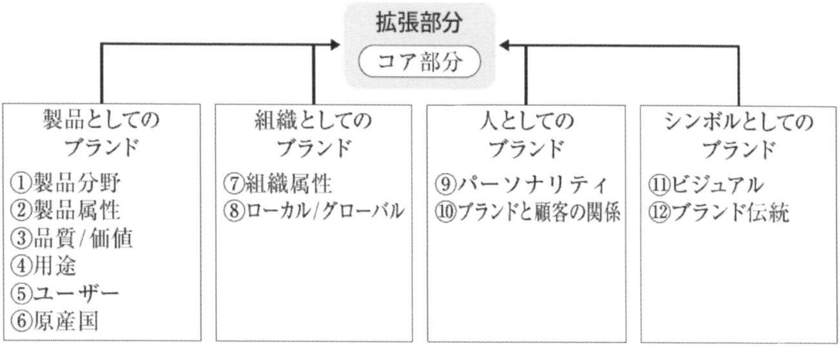

拡張部分
コア部分

製品としての ブランド	組織としての ブランド	人としての ブランド	シンボルとしての ブランド
①製品分野 ②製品属性 ③品質／価値 ④用途 ⑤ユーザー ⑥原産国	⑦組織属性 ⑧ローカル／グローバル	⑨パーソナリティ ⑩ブランドと顧客の関係	⑪ビジュアル ⑫ブランド伝統

出所：Aaker (1996)，邦訳書 p.98

図表9-2　ブランド価値と信頼性提供のイメージ

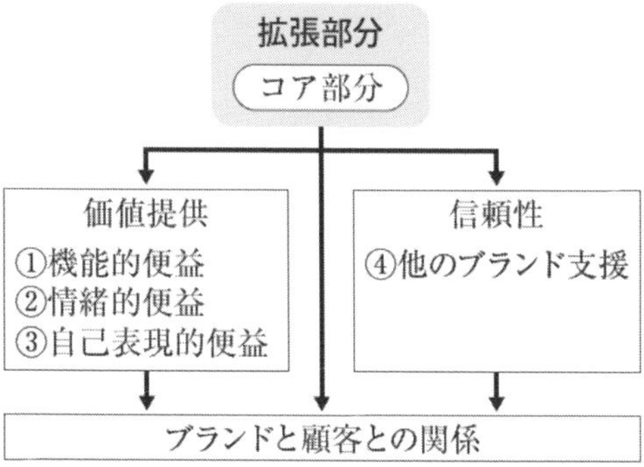

拡張部分
コア部分

価値提供	信頼性
①機能的便益 ②情緒的便益 ③自己表現的便益	④他のブランド支援

ブランドと顧客との関係

出所：Aaker (1996)，邦訳書 p.98

3. ブランドの価値

　これまでも述べてきたように，ブランドが形成される基本要件は，買い手側となる顧客から好ましい評価を得ることであるが，売り手側が強いブランドを形成していくためには顧客に選好されつづける仕組みを構築する必要がある。たとえば，自動車のブランドであれば，ユーザーに同一のメーカーや同一の車

種に乗り続けてもらうことが求められるし，家電品のブランドであれば自宅の電気製品の多くを買い揃えてもらうなど，ロングセラーの製品（売れ続ける製品）に育てていかなければならない。近年は，マーケティングの主体に非営利の組織も含まれているが，大学などの教育機関においても学校のブランド力を高めていくためには，卒業生の子弟や孫に入学してもらえるような学校にしていかなければならない。つまり，有形の製品であれ，無形のサービスであれ，ブランドを形成していくためには，顧客に支持・愛好されつづける仕組み（ブランド・ロイヤルティ）を構築することが必須の条件となり，そのためには図表9-2で示されているように売り手側は顧客との関係構築を重視しなければならない。このような視点で捉えてみるとブランディングにおいては，顧客と接点を持つ売り手の窓口となる営業担当者や広報担当者などは非常に重要な役割を担うことになる。

　一方，製品の価値は，製品に備わっている機能面からもたらされるものである。たとえば，食品の美味しさという価値は，食感や味付けなどの製品の機能からもたらされるものであり，イメージやフィーリングなどは，製品の色合いといった機能からもたらされるものである。また，使いやすさという価値は，製品のデザイン（形状など）という機能からもたらされる。このように，ブランディングに際しては，顧客にとって有益な価値を創出し，提供していくことは欠かすことができない取組みとなる。ブランディングで形成すべき価値については，図表9-3のように述べられている（和田 2002，p.66）。和田は，「真の意味でのブランド価値は，基本価値や便益価値を超えた観念価値と感覚価値にある」と述べながら，買い手の自己関与度が高い（売り手が関与しにくい）観念価値と感覚価値を形成することによってブランドの価値が高まると説明している。

　他方で，近年，**経験価値**という概念が注目されている。パイン（Pine, B.J.）らは，経験を第四の経済価値と位置づけながら，「経験を買う人（ディズニー風に言えばゲスト）は，ある瞬間やある時間に企業が提供してくれる"コト"に価値を見出す」と述べている（Pine and Gilmore 1999，邦訳書pp.28-29）。

また，シュミット（Schmitt, B.H.）は，経験価値を「製品やサービスそのも
のの持つ物質的・金銭的な価値ではなく，利用経験を通じて得られる効果や感
動，満足感といった心理的・感覚的な価値」と位置づけながら，SENSE（感
覚的経験価値：五感を通じた経験），FEEL（情緒的経験価値：顧客の感情に
訴えかける経験），THINK（創造的・認知的経験価値：顧客の知性・好奇心に
訴えかける経験），ACT（肉体的経験価値とライフスタイル全般），RELATE
（準拠集団や文化との関連づけ）という価値次元を提示している（Schmitt
1999，邦訳書pp.102-107）。

図表9-3　ブランド価値の内容と構成

	ブランド価値内容	ブランド価値構成
基本価値	製品の品質そのもの	・品質信頼度 ・品質優良性評価度
便益価値	製品の購買・消費にかかわる内容	・製品入手容易度 ・製品使用容易度
感覚価値	製品およびパッケージ，広告物・販促物に感じる楽しさ，美しさ，かわいらしさ，心地よさ，目ざわり耳ざわりのよさ，新鮮さなど	・魅力度 ・好感度
観念価値	ブランド名およびブランド・コミュニケーションが発信するノスタルジー，ファンタジー，ドラマツルギー，ヒストリー	ブランド・コミュニケーションに対する共感度自らのライフスタイルとの共感度

出所：和田（2002），p.66

　これらの研究における諸見解を照合してみると，感覚価値および観念価値
は，経験価値と共通している部分が多く，ブランドを愛好する顧客は対象とな
る製品を単なる「モノ」として捉えているのではなく，「モノ」の価値を超越
した「コト」を享受していると解釈することができる。客観性が求められてい
るマーケティングの概念に基づいてブランドを形成していくためには，モノそ
のものの価値に加え，ブランドのイメージや意味（「コト」）を演出し，買い手
側となる顧客に伝達していかなければならない。

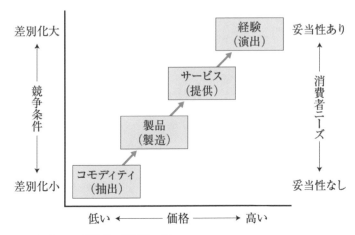

図9-4　経済価値の進展

差別化大

競争条件

差別化小

経験
（演出）

サービス
（提供）

製品
（製造）

コモディティ
（抽出）

妥当性あり

消費者ニーズ

妥当性なし

低い ← 価格 → 高い

出所：Pine and Gilmore (1999)，邦訳書 p.46

4. ブランドの構築

　ブランドの構築に際して，顧客に価値が認められることを必須の要件であると位置づけるのであれば，製品開発の段階から流通，販売に至るまでの価値伝達の仕組みを構築していく必要がある。とくに，買い手側の関与が高い価値（観念価値，感覚価値，意味的価値，経験価値）を形成していくためには，顧客との関係構築を意識していくことが重要になる。

　ケラー（Keller, K.L.）は，顧客の視点に基づくブランド・エクイティ（customer-based brand equity：**CBBE**）について「あるブランドのマーケティング活動に対する消費者の反応にブランド知識が及ぼす差別化効果」と定義しつつ，ブランド・ビルディング・ブロックと称するブランド構築に向けた概念を提示している。そして，「ピラミッドの両側を上り詰めれば，最強のブランドが構築できる」と説明している（Keller 2008，邦訳書pp.66-68）。このブロックでは，ブランド・エクイティの創出に至るまでの流れとともに，4つの階層（ステップ），6つのブランド構築ブロック，各構築ブロックに応じた下位次元

図表9-5　ブランド・ビルディング・ブロック

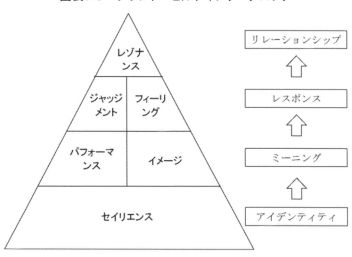

出所：Keller (2008), 邦訳書p.68

（属性やベネフィット, 重要な観点, 要素, タイプなど）が提示されている
（図表9-5・図表9-6参照）。

図表9-6　ブランド・ビルディング・ブロックにおける下位次元

レゾナンス	
ロイヤルティ, 愛着, コミュニティ, 積極的な関わり	
ジャッジメント	フィーリング
品質, 信用, 考慮, 優位性	温かさ, 楽しさ, 興奮, 安心感, 社会的承認, 自尊心
パフォーマンス	イメージ
主要な成分とそれを補う特徴, 製品の信頼性, 耐久性, サービス性, サービスの効果, 効率, 共感, スタイルとデザイン, 価格	使用者のプロフィール, 購買状況と使用状況, パーソナリティと価値, 歴史, 伝統, 経験
セイリエンス	
カテゴリー, アイデンティフィケーション, ニーズの充足	

出所：Keller (2008), 邦訳書p.68をもとに筆者が作成

ケラーが提示したアイデンティティ（identity），ミーニング（meaning），レスポンス（response），リレーションシップ（relationship）は，強いブランドを構築するための発展段階（ステップ）であると解釈することができる。一方，セイリエンス（salience），パフォーマンス（performance），イメージ（imagery），ジャッジメント（judgments），フィーリング（feelings），レゾナンス（resonance）は，各段階におけるブランディング活動の成果と位置づけることができる。

　第1段階のアイデンティティでは，ブランドらしさを創出する段階であり，ブランドの認知度を高めつつセイリエンス（突出性・顕現性）を確立することを目指す。この段階では，様々な購買・消費状況において，ブランドを構成する要素（ブランド名やロゴなど）が再認（認識したブランドを再認識すること），想起（認識したブランドを思い起こすこと）してもらえるかが重要な成果となる。

　第2段階のミーニングでは，ブランドに対する様々な連想を戦略に結びつける段階であり，顧客の心の中に生じたブランドを持つ・使用するといった意味を確立する段階である。この段階と次段階（第3段階）では，合理的なルート（左側の部分）と情緒的なルート（右側の部分）に分岐しており，合理的なルートではパフォーマンス（性能），ジャッジメントというモノに関する価値の創出を，情緒的なルートではイメージ・フィーリングというコトに関する価値の創出を目指す。第2段階の合理的なルートに位置するパフォーマンスは，ブランドの製品・サービスなどの物理的な特徴に対する顧客の認識であり，ブランドに対する信頼性や独自性，機能性，サービス力といった価値を認識してもらうことが求められる。一方，情緒的なルートに位置するイメージは，顧客の心理的・社会的なイメージであり，個性や親近感，洗練性といった顧客の心層に潜む価値や購買・使用状況に関するイメージを正しく認識してもらうことが求められる。ケラーは，ブランド・イメージを創出する段階において，使用者のプロフィール，購買状況と使用状況，パーソナリティと価値，歴史・伝統・経験といった要素をブランドに結びつけることが重要であると説明してい

る（Keller 2008，邦訳書pp.75-76）。

　第3段階のレスポンスでは，第2段階で形成されたブランドに対する連想を
もとに，親近感や肯定感など，顧客から適切な反応を引き出すことを目指す。
合理的なルートに位置するジャッジメントでは，品質，信用，考慮，優位性と
いった観点に対する評価を得ることが求められる。一方，情緒的なルートに位
置するフィーリングでは，温かさ，楽しさ，興奮，安心感，社会的承認，自尊
心といった情緒的・感情的な反応を得ることが求められる。

　第4段階のリレーションシップは，ブランドと顧客の関係性を構築する段階
であり，顧客からロイヤルティ（忠誠心），愛着，コミュニティ，エンゲージ
メントといった観点に対するレゾナンス（共感）を得ることが求められる。こ
れまでも述べてきたように，ブランディングにおいてロングセラーの製品（「売
れ続ける」製品）を育てていくことを視野に入れるのであれば，顧客との中長
期にわたる関係の構築は非常に重要な意味を持つ。

　図表9-6で提示されている下位次元は，ブランド構築時における評価活動や
作業の進捗状況を確認するためのベンチマーク（どの段階まで構築作業が進展
したかという水準や指標）として利用することができる。アーカーは，ブラン
ド構築における評価活動について「顧客の満足と不満足に関する定期的なサー
ベイは，顧客がどのように感じているかを理解したり，製品やサービスを調整
するのに役立つ」と述べている（Aaker 1991，邦訳書p.69）。ブランドの構築
は，買い手の評価が成否の鍵を握ると言っても過言では無い。顧客に対する評
価活動は，ブランド構築段階においても定期的に実施していくべきである。

5. ブランドのマネジメント

　前節で述べたように，ブランドの成立要件を顧客の支持・評価によって成立
するものであると捉えるのであれば，ブランドの形成に際しては客観的な視点
に基づく評価活動を行っていくことが求められる。コーポレート（企業）・ブ
ランドを対象とした評価手法については，会計・財務の理論をベースとした手

法や株価動向（時価総額）を適用した手法が存在する（伊藤・日本経済新聞社広告局 2002）。しかし，製品を対象とするブランディングの場合は，消費者に製品の価値がどのように受け入れられているかといった調査を行いながらブランドの価値を評価していくことが求められる。

　消費者調査による定量的な評価手法について，刈屋武昭は「マーケティング・アプローチ」と位置づけた上で，ブランド・エクイティを測定・評価する手順をつぎのように紹介している（刈屋 2005，p.46）。

・アーカーやケラーの理論を基に，ブランド資産評価の枠組みと評価指標，および評価尺度を設定する。
・設定された評価尺度に基づいて，消費者調査で測定する変数（質問項目）を設計する。
・消費者調査を実施して，変数に従って消費者のブランドに対する認識を測定する。
・変数の測定結果から，各指標の評価値および総合的なブランド力の評価値を算出する（必要な場合は，因子分析や共分散分析を用いて変数を数個の指標［次元］に要約した上で，各指標の評価値を算出する。
・総合力の評価値と各指標の評価値の相関分析から，ブランドの強み，弱みを明らかにし，ブランド力強化のための診断情報を提供する。

　また，アーカーは，「ブランド・エクイティ 10」と称すブランドの資産価値を測定する10個の評価尺度を提示している（Aaker 1996，邦訳書p.419）。この10個の尺度は，①価格プレミアム，②顧客満足，③知覚品質，④リーダーシップ，⑤知覚価値，⑥ブランド・パーソナリティ，⑦組織連想，⑧ブランド認知，⑨市場シェア，⑩市場価格と流通カバー率である。①～⑧は，ブランド・エクイティを構成する4つの次元（ロイヤルティ，知覚品質，連想，認知）に関する顧客のブランドに対する認識を表す尺度である。⑨と⑩は，市場動向から得られる尺度である。

図9-7　グレーブヤードモデル

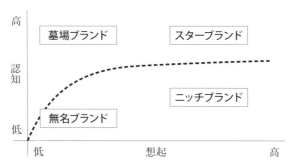

出所：紅瀬・西窪（2007），p.41

　一方，消費者の認知と想起の関係性に着目したブランドの評価手法も存在している。広告代理業であるヤング＆ルビカム（Y＆R）ヨーロッパ社は，商品カテゴリーに属すブランドについて，消費者の認知（再認）と想起（再生）のレベルを測定し，2次元表上にプロットすることによってブランドのポジションを把握するモデルを発表している（紅瀬・西窪 2007，p.40）。このモデルでは，知名集合よりも考慮集合が最終的な購入につながるという定義の下，想起が認識よりも高いブランド（購入の対象になること）が強いブランドとなり，認識が高くても想起が低いブランド（購入の対象にならないこと）がグレーブヤード（墓場）ブランドに該当すると説明している（図表9-7参照）。消費者に受け入れられるブランドを構築していくためには，積極的にプロモーションを展開していくことが求められるが，認知よりも想起を高めることが重要になるため，ブランディングに担う主体者は積極的にターゲットとなる消費者に製品の価値を理解してもらう必要がある。

6. ブランドの構造

　ブランディングに取り組む際には，自社ブランドの体系化をはかったり，階層を検討したりすることが求められる。とくに，企業の中で複数のブランドを

持つ場合は，体系化や階層の明確化といった作業を怠ると，ブランドのイメージが正しく伝わらなくなるばかりか，ブランド製品が持つコンセプトや価値が曖昧になってしまうことが懸念される。

　一般的にブランドは，企業などでは図表9-8のように体系化されている。

図表9-8　ブランドの体系

ブランド名	内　容	例
企業ブランド （Corporate Brand）	企業が持つ財やサービスに共通する包括的なブランド。複数の企業ブランドを統括したグループブランドも存在する。企業ブランドの策定に際しては，理念・価値観・目指すべき方向性など表したブランドスローガンが掲げられている場合がある。	＜企業ブランド＞ トヨタ，Panasonic，SONY，SHARP など ＜グループブランド＞ セブンアンドアイ など ＜ブランドスローガン＞ A Better life, A Better World (Panasonic) NO MUSIC NO LIFE（タワーレコード）など
事業ブランド （Business Brand）	企業が持つ特定の事業に関する財やサービスのブランド	レクサス，ユニクロ，au，デルモンテ など
ファミリーブランド （Family Brand）	企業が持つ財やサービスが属す複数のカテゴリーに関するブランド	カローラ，ヘルシア，エコナ，VIERA，AQUOS，伊右衛門 など
製品ブランド （Product Brand）	個別の財やサービスを表すブランド	アクシオ，フィールダー，カップヌードル，一番搾り など

出所：筆者作成

7. ナショナル・ブランドとプライベート・ブランド

　ブランドは，事業主体別に体系化されることがあり，主に**ナショナル・ブランド**（national brand：NB）と**プライベート・ブランド**（private brand：PB）に分類することができる。NBは，商品を製造するメーカーによるブランドであり，当該メーカーが企画から製造までを行う製品がその対象となる。製品の流通経路は，卸売業や商社を経由して小売店に送られることが多く，流通の過程でマージン（手数料など）が加算される。

一方，PBは，商業者（小売業者や卸売業者）が自主的に企画し，開発したブランドであり，製品の製造は生産ラインを有すメーカーに委託（外注）する。図表9-9は，主なPBと事業主体者である。PB商品の開発は，NB製品とは異なる特徴を創出することができるため，他社との差別化が図りやすく，かつ流通過程における中間マージンに加え，広告費や運送費などのコストを削減できるため安価で販売することができる。スーパーマーケットの業界団体が実施した調査によると，PB商品を取り扱っている事業者は7割を超えており，さらに7割の事業者がPB商品導入によって「粗利益の確保」「競合他社との競争力向上」といった取り扱いの効果が得られたと回答している。また，総売上高に占めるPB商品売上高の比率は平均7.7%となっており，約6割の事業者がPB商品のSKU（stock keeping unit：単品管理）数を増やしていきたいと回答している（全国スーパーマーケット教会・日本スーパーマーケット協会・オール日本スーパーマーケット協会 2018）。近年は，PBを事業ブランド化するとともに，高価格帯の高品質商品や低価格帯の廉価商品をサブブランドとして階層化したり，産地との連携体制を構築しながら生鮮食品を専門とするPBを立ち上げたりする大手流通チェーンも存在している。

図表9-9　主なプライベート・ブランド

プライベート・ブランド	事業者
トップバリュ	イオングループ
セブンプレミアム	セブンアンドアイグループ
みなさまのお墨付き	西友
ファミリーマートコレクション	ファミリーマート
CGC	シジシージャパン （コーペラティブチェーン）

出所：筆者作成

8. ブランド・アライアンス

ブランドのイメージは，長年にわたって営まれてきた事業との関係によって

醸成されることが多く，老舗のメーカーなどは歴史的な背景をもとにブランドを確立している。また，製品カテゴリーの中で市場への参入が早い企業のブランドは，先発優位性が機能し，高い知名度やシェア（市場占有率）を得ている。

　後発の企業がすでに確立された市場に参入する場合や市場への参入が遅れ，市場シェアの占有率が低い場合は，その対応策として他社のブランドと連携しながら製品化を試みる場合がある。このような取組みを**ブランド・アライアンス**（brand alliance）という。

　ブランド・アライアンスによる戦略を適用することができるようになると，パートナーとなる連携企業の組織的な能力（capability）を活用することが可能になるとともに，パートナー企業との間で相乗効果を生み出したり，自社のブランド力を強化したりすることができる。アーカーは，ブランド・アライアンスについてその意味をつぎのように述べている。

　ブランド提携（brand alliance）とは，優れた製品やサービスを創造したり，効果のある戦略的または戦術的ブランド構築プログラムを実行したりするために，2社以上の企業がそれぞれのブランドを結びつけることである。ある会社に欠けている能力や資産を他の会社が持っている。そういう場合には，提携によって，それまで不可能だった新しい製品やサービスの提供とブランド構築活動がタイミング良く行える（Aaker 2004，邦訳書p.206）。

　飲料メーカーが茶飲料のブランド力を強化するために，老舗の茶舗と連携したり，コーヒー飲料のブランド力を強化するためにコーヒー専門店と連携したりする事例が見られる。このような取組みは，自社製品のブランド力をより一層高めようとする戦略的なアライアンスであると位置づけることができる。

おわりに

　本章での述べてきたように，現代のブランドはマーケティングと表裏一体の関係を持つものであり，マーケティングの活動によって製品やサービスの価値が明確化され，ブランドとしてのステータスが成立する。また，ブランドは買い手に認知，評価されることが成立の要件となっていることから，ブランディングに際しては常に客観的な視点を持つことが要求される。

　近年，地域の産品や観光地などを対象に，地域ブランドの構築に取り組む自治体などが増えている。地域ブランドの場合は，地域社会全体で合意形成をはかり，事業を推進することが求められるため主体者側の性質が企業のブランドとは異なるものの，ブランドが成立するか否かという基本的な要件については変わらない。ブランドと称する製品やサービスが真の意味でブランドであり続けるためには，買い手にとっての価値のあり方が問われてくる。

演習問題

①ブランドとして認識されている製品やサービスを提示し，アーカーが提示した「ブランド・アイデンティティの構成要素」（図表9-1）に記されている内容（「製品」・「組織」・「人」・「シンボル」）について考えてみよう。

②「コト」の価値を持つ製品やサービスについて調べてみよう。なお，調査に際しては，どのような経験価値を付与されているのかということについても具体的に考えてみよう。

③ブランド・アライアンスに取り組んでいる事例について調べてみよう。なお，事例の提示に際しては，アライアンスに至った経緯について検討するとともに，アライアンスによって得られている効果についても考えてみよう。

【参考文献】

Aaker, D.A. (1991) *Managing Brand Equity*, The Free Press.（陶山計介・中田善啓・尾崎久仁博・小林哲訳『ブランド・エクイティ戦略─競争優位をつくりだす名前，シンボル，スローガン』ダイヤモンド社，1994年）

Aaker, D.A. (1996) *Building Strong Brands*, The Free Press.（陶山計介・小林哲・梅本春夫・石垣智徳訳『ブランド優位の戦略─顧客を創造するBIの開発と実践』ダイヤモンド社，1997年）

Aaker, D.A. (2004) *Brand Portfolio Strategy*, The Free Press.（阿久津聡訳『ブランド・ポートフォリオ戦略─事業の相乗効果を生み出すブランド体系』ダイヤモンド社，2005年）

Keller, K.L. (2008) *Strategic Brand Management Third Edition*, Pearson Education Inc.（恩蔵直人監修『戦略的ブランド・マネジメント第3版』東急エージェンシー，2010年）

Kotler, P. (2003) *Marketing Insights from A to Z :80 Concepts Every Manager Needs to Know*, John Wiley & Sons International Rights, Inc.（恩蔵直人監訳・大川修二訳『マーケティング・コンセプト』東洋経済新報社，2003年）

Pine, B.J. and Gilmore, J.H. (1999) *The Experience is the Marketing*, Strategic Horizon LLP.（岡本慶一・小高尚子訳『新訳経験経済─脱コモディティ化のマーケティング戦略』ダイヤモンド社，2005年）

Schmitt, B.H. (1999) *Experiential Marketing*, The Free Press.（嶋村和恵・広瀬盛一訳『経験価値マーケティング─消費者が「何か」を感じるプラスαの魅力』ダイヤモンド社，2000年）

青木幸弘・恩蔵直人（2004）『製品・ブランド戦略』有斐閣

伊藤邦雄・日本経済新聞社広告局（2002）『企業事例に学ぶ実践・コーポレートブランド経営』日本経済新聞社

小川孔輔（1994）『ブランド戦略の実際』日本経済新聞社

刈屋武昭（2005）『ブランド評価と価値創造─モデルの比較と経営戦略への適用』日本経済新聞社

紅瀬雄太・西窪洋平（2007）『墓場ブランド，儲かるブランド』毎日コミュニケーションズ

全国スーパーマーケット教会・日本スーパーマーケット協会・オール日本スーパーマーケット協会（2018）「平成30年スーパーマーケット年次統計調査」
http://www.super.or.jp/wp-content/uploads/2018/08/H30nenji-tokei.pdf

（2019.6.20閲覧）
和田充夫（2002）『ブランド価値共創』同文舘出版

石原慎士

第**10**章

マーケティング・リサーチ

はじめに

マーケティング・リサーチはマーケティングの文脈において，知りたいことを明確にするために，データを収集し，社会調査の技法を用いて分析を行いながら有益な情報を明らかにし，説明，予測を行っていく内容とプロセスである。

本章ではリサーチの入門として，専門用語の説明や数学的記述に紙幅を割くのではなく，社会調査の基礎的な理解について確認し，定量的調査の大きな流れと看過されがちな基礎的な部分を理解することとする。

1. 社会調査とマーケティング・リサーチ

　マーケティング活動における意思決定は多岐にわたる。たとえば，どんな製品を開発したらよいのか，製品の存在をどうやって消費者に伝えるのが効果的なのだろうか，価格設定はいくらにしたらいいのか，どんなところに顧客価値はあるのか，といった事柄である。

　こんな販売促進をしたらいいのではないか，こんな製品なら売れるのではないかと思って作って売りに出してみても，売れないことが多い（もちろん運よく売れることもある）。

　しかし，お店や企業の経営を考えたら，当たりはずれはあるにせよ，少しは売れてほしいし，お客さんにもたくさん来てほしい。市場と経営の状況に合わせて，どんな製品を開発したらいいのか，こうすれば必ず売れるという方法があったらいいのに，と思うだろう。

　これらについて意思決定する際には，依拠する**理論**や枠組みがあるとありがたい。それを使えばだれもが正解や最適解を見つけられる可能性が高まる。しかし，残念なことにマーケティングには誰もが使える一般理論というものがなく，経済学，心理学や社会学といった，他の学問領域からの借り物で中範囲の理論を目指せざるをえない。

　社会で起こっている現象や対象に，理論や視点，枠組みで持って検証していくことを社会調査という。マーケティングにかかわるような意思決定をするときも，社会科学分野によく使われる社会調査の技法が使われる。調査，観察，実験は社会科学における基本的な分析方法であり，マーケティング・リサーチにはこれらが含まれると考えてよい。

　マーケティング・リサーチとは，社会調査で使用される分析手法を使って，マーケティングの文脈における意思決定をするうえで必要な根拠を得たり，説明，予測をしたりすることである。図表10-1は研究のプロセスを表現したものである。これにはまず，理論（フレームワーク，視点，メガネ，学説）と，**観察対象**（現象，フィールド）をセットで把握する必要がある。

図表10-1　科学的研究のプロセス

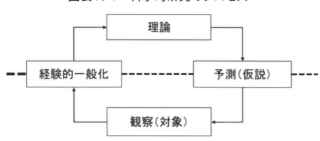

出所：Singleton and Straits (1999), p.27

　リサーチの手法は大きく分けて2つになる。理論→予測（仮説）→観察（対象），の流れを「仮説検証型」，あるいは定量的分析（量的分析）といい，観察（対象）→経験的一般化→理論，の流れを「事例研究型」，あるいは定性的分析（質的分析）という。

　これら方向性を取り入れた，リサーチが成立するための要素を取り入れた構想全体を，**リサーチデザイン**という。田村は，①研究課題（どのような問題を，何を目的にしてリサーチするのか），②理論（その問題や目的をどのような枠組みや理論で考えるのか），③データ（検証するためのデータ），④推論技法（データから推論するのにどのような分析技法を使用するか）といったリサーチ全体の流れと要素を提示する（田村 2006）。

　マルホトラ（Malhotra, N.K.）はリサーチデザインを探索的リサーチ，記述的リサーチ，因果的リサーチに分類している（Malhotra 2004；図表10-2）。記述的リサーチと因果的リサーチを合わせて検証的リサーチともいう。探索的リサーチは，課題を探索し，それを明確にしたり，仮説を導出したりする。検証的リサーチは，仮説を検証し，問題の原因や最善の解決策を特定したり，仮説への裏付けを取り問題の因果関係を明らかにしたりするために行われる。

　いずれのリサーチデザインを描くにしても，まず，「**問い**」を立てることから始まる。調査を始める前の素朴な疑問や矛盾を，先行研究や既存モデルを踏まえたうえで，さらに明確な解答（最適解）を出すことができるように練り上

げる（育てる）必要がある。

図表10-2　リサーチデザイン

	探索的リサーチ	記述的リサーチ	因果的リサーチ
目的	アイデアと洞察の発見	市場特性や機能の記述	因果関係の決定
用途	・問題をより正確にとらえる ・仮説を設定する ・つぎの行うべきリサーチを特定する ・実行不可能なアイデアを取り除く ・コンセプトを明確にする	・ある特定の集団の特性を記述する ・ある母集団の中で，特定の行動パターンを持つ集団の割合を推定する	・変数間の因果関係に関する根拠を提供する
方法	・文献調査 ・エキスパートサーベイ ・二次データ分析 ・定性リサーチ　など	・サーベイリサーチ ・パネル調査 ・観察法 ・二次データ分析　など	実験 ・実験室実験 ・フィールド実験

出所：Malhotra (2004)，邦訳書p.116に一部加筆

　こうした定式化によって落とし込まれた問いを「**リサーチ・クエスチョン**」という。佐藤によれば，筋の良いリサーチ・クエスチョンは，①データによって答えを出すことができ（実証可能性），②調べてみるだけの価値があり（価値，意義），③調査者の使用できる資源（制約下での費用，時間，人手など）によって調査可能か（資源的条件），をクリアしている必要がある（佐藤2015）。

　リサーチに取り組むうえで一番大事なのは，このリサーチ・クエスチョンの設定と仮説を鍛えることである。そのためには「物事をみる目」が重要になる。

　素朴な疑問や矛盾を明確にするには，理想と現実にギャップを見つけ出す必要がある。たとえば，未来にありそうな姿と現在の姿，現状の取組み方と追及している理想に大きなずれがあって，「○○になるはずなのに，なぜだろう」，「おかしいな」という感覚が生まれる。

　このとき，「なぜ」という感覚の背後には，そこにギャップを見つけられる
だけの根拠やメカニズムや枠組みが存在することに注意しなければならない。
この寄って立つ根拠，メカニズム，理論，枠組みが「物事をみる目」である。

　リサーチ・クエスチョンが不鮮明だと，ぼんやりした答えや当たり前の答え
しか導かないし，これまでにない視点を提供するものにはならない。それゆ
え，どんなリサーチデザインを考えるにしても既存研究と同じような答えや，
自明の結末が出た場合にさらに問いを尖らせて突き詰めたり，「物事をみる目」
のピントを変えたりするなど，問いを立てる物事をみる目と答えとして出てく
る現象を往復して考える必要がある。

　この往復をすることで，「なぜ」が研ぎ澄まされることになり，単なる「な
ぜ」ではなく，今後についての予想や予測でもなく，ピントを当てた目から見
て入手したデータを分析し，そこから確実に言えることを積み上げていくこと
が可能になる。すなわち，確実に答えを導き出せるものが良いリサーチ・クエ
スチョンである。

　1回の分析だけで答えが出ない場合や，答えを出すには複眼的な思考が複数
回必要だというような大きな問いについては，リサーチ・クエスチョンを設定
することは適切ではない。このような場合は，大きな問いを具体的に小さくし
て，分析したり，意義のあるものにしたりすることが望まれる。また，その分
析をすることで既存の考え方や物事をみる目が変更を迫られるようなものが望
ましいリサーチ・クエスチョンの要素である。

　加えて，できれば業界横断的な問いのほうがリサーチ・クエスチョンとして
は取り組む価値がある。ビジネスの世界ではよく，「成功したのは経営者の素
質」とか「目の付け所が他と違っていたから成功した」，「同じ業界内でも独自
の戦略で成功した」といったことが語られるが，これは特定の企業や製品の成
功要因であるため，もう一歩踏み込んで，「なぜその企業が他の企業にはでき
ないことをできたのか」，「なぜほかの企業はできなかったのか」といった問い
のように，企業特定性からさらに業界全体や日本の企業全体の問題をも包摂す
るようなクエスチョンが好ましい。

つぎに，**仮説**とは，2つ以上の変数の間にどのような関係があるかについての予想を言語的に表現したものである。仮説には相関関係（関連性）や因果関係に関するものなどがある。

　先行研究や事例を通じて，仮説を立てるときには変数間の関係を図示してみるとよい。

　仮説のパターンは大きく分けて，①主効果モデル，②調整モデル，③媒介モデル，の3種類である（林 2018）。他にも，調整媒介モデル，媒介調整モデルがある。

　①主効果モデルとは，独立変数（X）が従属変数（Y）に直接あたえる影響を予測するものである。このとき，XとYは関連すると予測する

　②調整モデルとは，独立変数（X）と従属変数（Y）の関連が第三の変数Zの影響を受けると予測するモデルである。このZを調整変数という。調整変数はXとYの関連を強めたり弱めたりする役割を果たし，その効果を予測する仮説が調整仮説である（調整効果は分散分析における交互作用効果に相当する）。たとえば，ある販売促進ツール（X）が消費者購買行動（Y）に影響するのは，女性よりも男性のほうが顕著だ（性別をZ）というように考える。

　③媒介モデルは，調整モデルと同様に独立変数（X）と従属変数（Y）の関連が第三の変数Zの影響を受けると予測するモデルであるが，XとYの関係をつなぐ要素としてMがある場合，このMを媒介変数という。つまり，XがMに影響を与え，MがYに影響を与えると考える。たとえば，広告をX，購買をY，Mを態度というメカニズムを仮定する場合がこのモデルに該当する。

　これら仮説は前述のように，先行研究を読む中で生まれるものもあれば，現実の企業で働く実務家や消費者にインタビューして，文献で述べられていることとの違いが見つかった場合にたてられる仮説もある。つまり，「この本や論文ではこういわれているけど，別の本では違う言い方がされている，企業で働いた人に聞いたら，また別の言い方をしていた」，「こういう結果が出た原因は何か」，「同じ商品を買ってくれる人と買ってくれない人の違いは何か」といった「ズレ」や「違和感」を見つけ出すことが仮説導出につながる。

図表10-3　概念定義から尺度化まで

出所：筆者作成

　仮説導出には，現象に関連するパラダイムを理解しておくこと（視点，前提，考え方）に加え，その現象についての過去の研究や発見について調べたり，他の分野の理論やモデルが使えないかと思いめぐらせたり，現実における矛盾した現象に注目してみることなどが必要で，頭にパッと思い浮かぶような感覚であっても，こうした下地があってこそ発想することができる。

　また，リサーチクエスチョンでも述べたように，仮説には答えが明確な基準を持って出てくるような，つまり，明確な基準を持って検証できる形に加えて，反証可能性がなくてはならない。仮説は事実に基づいているか否かで検証される。事実（科学的事実）には誰がやっても同じ結果が得られるような**再現性**を伴う。誰がやっても同じ結果が生まれるということは必然的に反証可能性があるということである。

　因果関係や相関関係などの概念間関係ができたならば，いくつか仮説も想定していることになる。つぎに，そこででてくる概念の「定義づけ」と「操作化」をする。

　概念の定義づけとは，ある概念をどのようにとらえるかについてあらかじめ決めておくということである。たとえば，「可愛い」という概念について，ある対象に対して，年配の男性が「かわいい」というのと女子高生が「かわいい」というのでは，意味合いが異なる。

　だとすれば，質問紙調査をする場合に，「かわいい」という言葉を使用されれば，被験者は自分の「可愛い」という観念についての物差しで判断をされて

は困る。だから，「この言葉はこういう意味で使います」という「定義」を，調査者は事前に決めておかねばならない。

　定義づけが終わったならば，それをさらに細かい概念にブレイクダウンする作業となる「**操作化**」を行う。これは尺度化につながる作業である。この作業では，どういう状態か，どういう選択か，具体的に何を指すのか，ということを明確化していく。

　「かわいい」の意味することは何かというと，たとえば，顔の目鼻のバランス，表情，手足の動き，雰囲気などになるだろう。これが「かわいい」の中身であるという判断ができたならば，これらを質問文にしていく。

　質問では，単純に「売れる製品はなんですか」と聞いても被験者が当を得た回答をすることは難しいので，被験者も気が付かない潜在意識の下において無意識下の状況を反映していることが重要である。

　収集方法は面接法や留め置き法などがあるが，どれを採用するのかは質問紙のタイプによる。たとえば，面接法では複雑な質問ができるもののコストを要するし，郵送法は一部複雑な質問も可能だが回答率が低くなるなど，一長一短なので事前に検討しなくてはならない。

　つぎに，1つの質問で二つ以上のことを尋ねている場合は，項目を複数に分けたほうが良い。

　たとえば，「なぜ，あなたはアイスの○○○を買うのですか」と尋ねた場合，回答として考えられるものは，①「お土産に購入したい」，②「友達に進められたから」などがあるだろう。しかし，①は目的を答えているし，②は購入のきっかけについて答えている。

　また，回答者が必要な情報を知らない場合には，先に「知っているかどうか」を回答者に尋ね，知っていると回答した人に，質問を重ねていくという方法をとると良い。

　さらに，YESと答えたがる人もいるので，架空の質問を混ぜておいたり，他の害のない質問を混ぜたりするなど，自然に回答ができるように説明を入れるなどの工夫も考えられる。

2. マーケティング・リサーチの手法
（主として論理実証主義に基づく質問紙調査の場合）

(1) 尺度の種類

　まず知らなければならないのは，データによって実行できる計算や統計的な分析手法が異なるということである。このような場合，データの違いをどこで観察するかというと，その観点は**尺度**（ものさし，単位）によって異なる。

　したがって，前節のリサーチデザインの箇所でも述べたように，明らかにしたい問題があって，それを明らかにできる分析手法があり，その分析手法に使える物差しが決まっている場合は，調査に際してはその物差しを使って，データを集めたり，ネットなどで収集できるようにしたりする必要がある。

　データには，一次データと二次データがある。一次データは，定性調査，サーベイリサーチ，実験などで得られるもので，二次データは新聞，雑誌（文献データベース），インターネットなどから入手できるものである。

　一方で，数値で表現されるデータを量的データ（定量的データ，数量データ）という。この尺度は計算【四則演算】することができるもので，①比率尺度，②間隔尺度を用いて分析を行う。

図表10-4　尺度の種類

データ		測定尺度	例
測定データ	量的データ	比率尺度	質量，長さ，年齢，時間，金額体重，販売数量，時間など
		間隔尺度	温度（摂氏），知能指数，西暦，時刻など
	質的データ	順位尺度	満足度，選好，水の硬度，好感度ランキングなど
		名義（カテゴリー）尺度	電話番号，住所，性別血液型，学籍番号，背番号，郵便番号など

出所：岩淵（1997）および田中（1996）を参考に筆者作成

　①比率尺度（比例尺度）は絶対数としてのゼロがあるもので，例としては，長さ，重さ，時間，金額などがあり，加減乗除ができるものである。

②間隔尺度は間隔，程度の違いを表す尺度で，足し算，引き算のみ可能である。たとえば，気温（摂氏），知能指数などがある。

数値で表現できないデータを質的データという。この尺度は計算できず，度数としてカウントするだけである。質的データの尺度には，③名義尺度（カテゴリーデータ）と④順序尺度がある。

③名義尺度は，内容を区別（対象を識別）し，度数としてカウントするのみに設定したものであり，たとえば，性別　職業　住所　電話番号などが挙げられるが，計算は不可能なものである。名義上，数字に変換し「1. 男，2. 女」と質問紙に表記することもある。

④順序尺度は，順序の大小や関係を表す尺度であり，たとえば，満足度や選好などであり，大変満足を5，満足を4，などというふうに1の差に意味があるという尺度（ただし，5と3の間の差に，どれほどの差があるのかというと曖昧）である。

(2) 尺度化プロセス

リサーチを行って知りたいことを明らかにするためには，その概念について測定することができないといけない。測定とは，調査したい対象が持つ属性の量を数量的にあらわす方法であり，事象や事柄を測定する為には，その「ものさし（尺度）」を決めなくてはならない。質問紙調査をするには必要不可欠である。

尺度を決めるには，先行研究で使用されている概念の定義を参考にすることもできるし，先行研究でどのように質問されているのかを把握することも参考になる。既に使用された尺度を使って自分で調査をするという場合は「追試的」な調査を行う。また，自分で尺度をいちから作成していく調査のことを「探索的」な調査という。

(3) 尺度の信頼性と妥当性

データを収集できたとして，その尺度を使った測定の結果を信用できるだろ

うか。具体的に言えば，設定した尺度を使えば，被験者が同じで，同じような
条件なら同じような結果が出るのだろうか。このように，リサーチにおいて
は，誰が尺度を使っても同じ測定結果がでるのかという問題（信頼性）と，測
定しようとしているものと実際に測定しているものがどの程度一致している
か，また測定しようとしているものをどれほど的確に測定しているのか（**妥当
性**）といった問題が生じることがある。

　信頼性は一貫性と安定性（再現性）から構成される。ある概念を測定しよう
とする場合，実際には数多くの変数があるし，測定しようとする時の条件が複
雑であることが一般的である。つまり，物差しを作る場合，物差しとしてふさ
わしい変数もあれば，それらに影響を及ぼしてしまうような条件や変数が生じ
る場合がある。

　たとえば，筆箱の中に入っている定規が熱に影響されやすい材質で，長さを

図表10-5　尺度化プロセス

①	「かわいい」とは何か？（この時「かわいい」を構成概念という）測定対象の明確化 →どんな尺度と相関が予想されるか
②	先行研究やブレストを通して，概念の定義づけを行う（例：守ってあげたい気持ち）
③	「かわいい」を測るには，どんな質問をすればいいか，概念を操作化し，アイテムプールをつくる（ブレスト，先行研究，自由記述）→考える，文献を探す，人に聞く
④	質問文を作ってみる（一因子につき3～5の質問を用意，キャリーオーバー効果やダブルバレルを確認する）
⑤	因子分析や相関分析，項目分析（G-P分析等）をする
⑥	尺度の信頼性や妥当性を確認する（α係数や再検査信頼性，収束的妥当性など）
⑦	予備調査（標本抽出（全数は困難なのでランダムサンプリングが望ましい） →少数で良い，正規性や多重共線性をみる
⑧	質問項目の再検討し，質問紙を再構成
⑨	再度データ収集
⑩	結果から再度，因子分析や尺度の信頼性を分析→クリアできたら多変量解析などへ

出所：筆者作成

測るたびに線と線の間隔が違ってしまったら正確な長さは測れない。このような場合は，熱や気温に影響されない材質のものを使用したり，気温を一定に保ったりするなどの措置をとらねばならない。

これが人の心理であったらどうだろうか。多様な要因が測定誤差を生み出してしまうかもしれない。調査に際して誤差が小さくなるように，一貫性を表すための概念が信頼性である（安藤ら 2017）。信頼性の検討方法にはつぎの5つの方法がある。

図表10-6　尺度の信頼性の検討方法

方法	内容
再検査法	ある程度の期間を空けて同一の被検者に対する測定を2回行い，測定値間の相関係数を算出する方法。時間が経過しても安定している測定値を示すのが真の値
評定者間の一致度	同一の研究対象について同時に2人（以上）で測定を行い，測定者間の相関係数を算出して信頼性係数の測定値（測定値＝真値＋測定誤差）とする。観察法，面接法などで用いる
折半法	内容，難易度などの尺度を2群に折半して，それぞれについて観測地の合計得点を算出して，得点間の相関係数を求め推定値とする（スピアマン・ブラウン公式） 例：奇数の項目と偶数の項目
内的整合性法	内的整合性に着目してα係数と呼ばれる信頼性係数が算出される（α係数は0-1の値で，値が1に近いほど高い信頼性を示す）
因子得点を用いる方法	因子分析が行われた時には，共通因子の得点（因子得点）を真値とし，測定値と因子得点との相関係数を信頼性係数の推定値とする

出所：岩淵（1997）を参考に筆者作成

信頼性係数である**α係数**は，測定が繰り返し行われた時の得点間の相関係数の推定値であり，0～1の値をとり，1に近いほど信頼性が高くなる。一般に，0.7を超えていると信頼性があるといわれているが0.8を超えていればさらに信頼性が高まる。

α係数の計算式は，次のとおりである。

図表10-7　妥当性

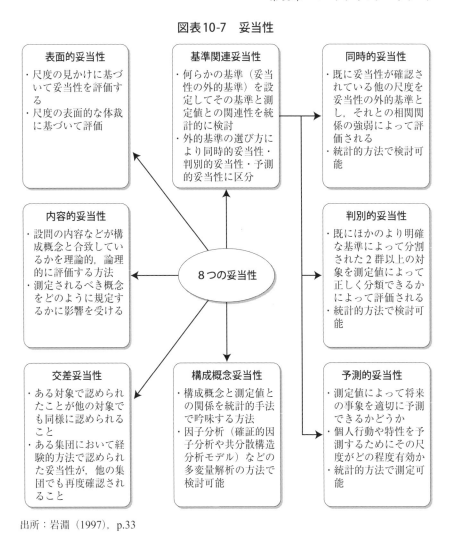

出所：岩淵（1997），p.33

α係数＝(項目数÷項目数−1)×1−(各項目の得点における分散の合計÷合計得点の分散)

　係数を高める方法は，①相互相関の低い項目を尺度から排除する，②尺度を構成する項目の数を増やす（総得点と相関の高い別項目を新たに付け加えてみ

る）といった方法がある（たとえば，末永 1987)。それ故，尺度を作成する際には，排除する項目が出たとしても，尺度を構成する項目が極端に少なくならないように項目数に余裕を持たせておく必要がある。

　調査における安定性は，同一の被験者が同じ質問紙票に時期を開けて繰り返して回答した場合，その結果に誤差がないかどうかを表している。

　また，妥当性とは，測定しようとしているものをどれほど的確に測定しているのか，にかかわる概念である（岩淵 1997)。

　たとえば，新しく尺度を作成した場合，既に先行研究で使用されている尺度との関係を調べる必要があるとともに，先行研究で使用されていた尺度であっても，リサーチ対象が異なれば，本当にこの尺度で良いのだろうかと思うはずである。これは，関連基準妥当性の問題である。さらに，前述の信頼係数を高めようと尺度の選択を行った結果，尺度に偏りが生ずることがあれば，それは内容的妥当性や構成概念妥当性の問題となる。

　このような場合は，G-P分析（good-poor analysis）や相関分析を行う。G-P分析は，回答を上位群と下位群にわけ，その平均値を出し，平均値の差の検定（たとえばt検定，z検定）を行うもので，差があると判断される尺度だけを残したり，他の尺度との差によって判断したりする。

　データを集めて妥当性を測定するとしてもどれも一長一短で，しかも測定法には誤差が付きまとい，一つだけの測定法を試すことは別の方法から別の解釈可能性を残してしまう。末永は，妥当性の高いデータを集めるには，複数の測定方法を併用することで測定法それぞれの欠点を補うようにしたほうが良いとつぎのように説明している。

　複数の方法を併用するには二つの方法があり，一つは異なった方法で追実験や追調査を行うこと，第二に，一つの研究の中に同一概念を測定するための測度を複数組み込むことである（末永 1987，pp.56-58)。

　これまでに述べてきた事柄と質問紙表を用いた一般的なマーケティング・リサーチの手順は図表10-8のとおりである。

　ここまでの段階を経てプリテストを行う段階になるとサンプリングの問題に

図表10-8　質問紙調査の一般的な手順

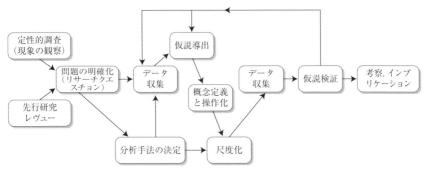

出所：筆者作成

ぶつかる。つまり，対象とする製品について消費者の意見を知りたいと思っても，いったい何人に，どんなことを聞けば良いのか，肯定的な回答が数多く集まればそれでいいのか，といった疑問が生じる。

　一般に，**サンプルサイズ**が大きいほど精度は高くなるが，調査結果が一定の誤差範囲に収まるようにするためには，①，②のようにサンプルサイズを算出する必要がある。

①平均値の調査（標本誤差からサンプルサイズを算出する方法）

$$1.96\sqrt{\frac{p(1-p)}{n}}$$

　　1.96＝信頼区間95％の係数（正規分布表でz値が1.96時の確率は0.475であることを確認）

　　p＝質問に対して想定される回答比率（想定される誤差は50％の時に最大）

　　n＝サンプルサイズ（標本の大きさ）

　たとえば，p=0.5，標本誤差を0.1（±10％にしたい場合），つまり，0.1=1.96$\sqrt{}$‥‥にした場合，n=96となる（必要なサンプルサイズは96）。

②比率の調査（おおよその母集団がわかっている場合のサンプルサイズの算出
　方法（これに回収率を加味する））

$$\frac{N}{\left(\dfrac{E}{1.96}\right)^2 \times \dfrac{N-1}{P(100-P)} +1}$$

　　P＝標本誤差（予測値）

　　N＝母集団

　　E＝許容可能な誤差の範囲

　　1.96＝信頼区間95％の係数

3. 定量的なリサーチ手法

　データが収集できたならば，統計解析をすることになる。代表的な分析方法
は多変量解析である。分析は変数（測定対象のことで，一定の範囲内で変化す
る値を示すもの）を用いて表現される。一般的に原因を示す変数を独立変数，
予測変数，原因変数といい，結果を示す変数を従属変数，基準変数，目的変数
という。

　図表10-9は，多変量解析の一覧である。本章の冒頭でも述べたように，マー
ケティング・リサーチには，データを集めるタイプに応じて「何が知りたいの
か」，「それはどのような分析手法で分かるか」ということを考えてから質問を
作り，データを収集する。もちろん，こちらからデータを収集しなくても集め
ることが可能なデータを使って分析する方法（たとえば，官公庁のデータや自
治体のデータ，WebやSNSなど）もあるので，実際にはこれらを複数使いな
がら分析結果を導き出すということになる。

　概念間の関係を定量的に記述するのが多変量解析の手法であるが，関係と
は，人やモノ，コトのつながりやかかわりを意味するので，いろいろな関係が
存在することになる。

図表10-9　主な多変量解析

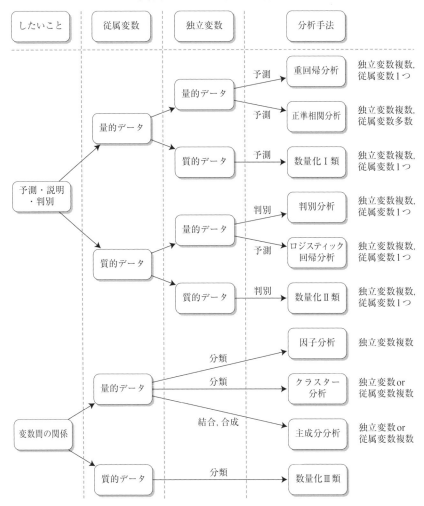

出所：岩淵（1997），p.47およびpp.170-171
　　　服部・海保（1996），p.127を参考に作成

社会科学のリサーチをするときに広く行われるのが**因果関係**（原因（X）─結果（Y））の解明である。しかし，因果関係があるかどうかを見極める方法を使う前に，前提条件があり，その一つに「2つの変数，XとYに相関関係があること」があることを忘れてはならない。

相関関係とは，2つの変数間の関連度であり，つまり関連性があるかどうかを表したもの。**因果関係の条件**は，つぎの3つである。

①XとYに相関がある（相関関係，共変関係）

②XがYよりも時間的に先にある（原因の時間的先行）

③他の条件の同一性（原因以外に重要と思われる他の要因が影響していない）

たとえば，「ゼミでの関与度が高い人ほど，ゼミが好き（関与度が高いこと（Y）はゼミが好き（X）だから）」と考えたとき，ゼミのことを好きになってもらえれば，学生の関与度が上がるかというと，疑問が残るだろう。それは関与度が上がればゼミのことを好きになるという因果が逆の場合でも考えられるからであり，ゼミのことを好きになれば関与度が上がるという根拠がなければ難しい。したがって，ゼミ好きとゼミでの関与度の間には相関関係がありそうというだけなのである。

相関を視覚的にグラフで表現する方法は，名義尺度のレベル以上でクロス集計表（2つ以上の変数を組み合わせて従属変数を表現），間隔，比率尺度で散布図の二つがあり，これらを用いることで，正か，負かのおおよその関係パターンと外れ値の有無がわかる。

相関係数にはいくつかの種類がある。たとえば，間隔，比率尺度であれば，**ピアソンの積率相関係数**を算出する（相関係数の説明力→相関係数を二乗（関与率・決定係数））。また，順位尺度であれば，スピアマンの順位相関係数，ケンドールの順位相関係数を算出する。

相関関係を読み取るためには，相関係数（r）を算出しなければならない。係数は，-1から1までの範囲の値（$-1 \leqq r \leqq 1$）をとる。相関係数（r）が0に近い場合は無相関という。

　係数の算出は手計算でできることが理想だが，ExcelやSPSSなどのソフトを使えば，算出できるので，本書では，相関係数の読み取り方を説明するまでにとどめる。

　相関係数は，−1に近いほど負の相関の程度が強く，1に近いほど正の相関の程度が強い。−1から1までのどの値が，どのような相関の強さを表現するのかについては論者によって様々なので，ここではおおよその傾向を示す。

　マイナスかプラスかを取り外した絶対値の大きさが，0.7以上で「強い相関関係」，0.4-0.7は「やや強い相関関係」，0.2-0.4は「やや弱い相関関係」，0-0.2は「弱い相関関係」であり，表現方法として，これにマイナスか，プラスかを付加し，マイナスの場合は「負の強い相関関係」，プラスの場合は「強い正の相関関係」と解釈する。さらに，この係数に，統計的検定（5％など有意水準において帰無仮説が棄却されるか否か）を行わなければならない。

　つまり，相関係数だけで相関の強さを判断してはいけないということである。係数が小さすぎる，大きすぎる，統計的検定を行ったけれど思うような値が出ないという場合には，疑似相関や無相関を疑う必要がある。

　疑似相関とは，他の変数zが，xとyの双方に影響することによってrが見かけ上大きくなることをいう。つまり，xとyとの間には，本当は相関がないにもかかわらず，zという変数が現れると，見かけ上は相関があるように見えてしまうことをいう。

　この場合の見極める手順において，他の変数zの影響を除去したxとyの関係を調べるためには，主に偏相関係数を算出する。手順を書くと，①zの値ごとに相関係数を算出する，②偏相関係数を算出するということになる。影響を除去するとは変数の値を一定に保つことであり，このことをコントロールという。また，コントロールされた変数を統制変数という。

　一方，**無相関検定**とは，あるサンプルの相関係数を求めた際に，その相関係数に意味があるのかどうかを見極めること（相関係数の有意性検定）である。これはデータ上の相関関係だけなのか，普遍的に母集団でも認められるのかについての有意性検定であり，*t*検定（ピアソンの相関係数，偏相関係数，スピ

アマン，ケンドールなど）か，F検定（重相関係数）を行う。

　●検定（統計的検定）

　検定とは，実験や調査で集められたデータ（観測データ）をもとに，「サンプルから得られた結論（仮説）が母集団でも成立するのか」ということを判定することである。

　また，そこから主張したいことが本当に正しいのかどうか，偶然によるものではないかを判定することでもある。

　よく使う検定について分類すると，変数間における平均値の差の検定では，t検定（2グループ間）および分散分析（3グループ以上）を行う。また，変数間における独立性を検定する場合はχ二乗検定を，変数間の関連性を検定する場合は，相関分析や回帰分析を行う。

　ここでは，t検定と，t検定を行うプロセスで使用するF検定について説明をする。

　t検定には，状況に応じた3つの方法があり，対応がない場合（同じ回答者からデータが取れていない，たとえば，同じ被験者でも，別の商品を試してもらって，使用前と使用後の状況を測る）の等分散を仮定した2標本による検定と，分散が等しくないと仮定した2標本による検定，対応がある場合（同じ回答者からデータが取れている，たとえば，同じ被験者に商品を試してもらって，使用前と使用後の状況を測る場合）の検定がある。

　対応がない場合のt検定では，**F検定**を行う必要がある。F検定とは，等分散，不等分散を明らかにするものである。等分散とは，サンプルが属する母集団の分散が等しいことを指す。一方，不等分散とは，サンプルが属する母集団の分数が等しくないことを指す。F検定はt検定を行う前にも実施しなければならないものである。つまり，対応がない場合のt検定は分散が等分散か，不等分散かで行う検定の種類が違う。

　等分散を仮定した2標本によるt検定を「スチューデントのt検定」，分散が等しくない（不等分散）と仮定した2標本によるt検定を「ウェルチのt検定」

図表10-10　t検定

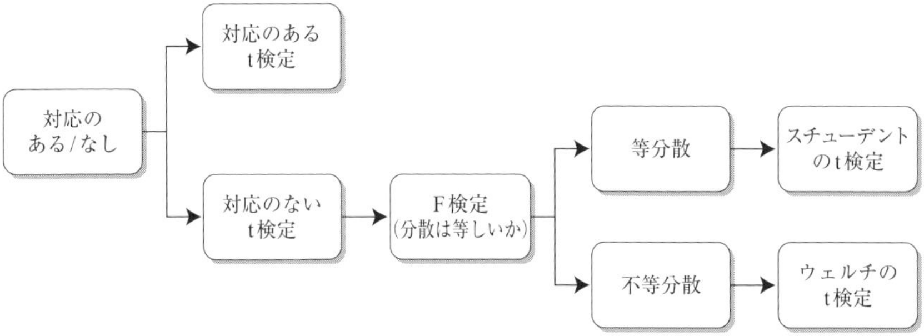

出所：筆者作成

という。

　検定の手順は，つぎのようになる。

①AとBの平均値に差がある（**帰無仮説**）←棄却を期待

　AとBの平均値に差がない（**対立仮説**）

②統計量を算出する（差，関連性，尺度に応じて検定法が異なる）

③「差が偶然なのか，意味があるのか」を判定するために棄却域と採択域を決め，有意水準（α）を設定する

④「帰無仮説が成立する確率（有意確率p値）を計算する」

　検定の種類によって公式（計算方法）が違うので注意

⑤帰無仮説であるか否かを判定

　①における帰無仮説は，理解しにくいので少し説明を加える。検定などの統計処理をする上で，「（差や関連性が）ある」か「ない」かの判断をするとき，あるなしの間に明確な境界線を設定する必要がある。

　統計学では，境界線の設定に「仮説設定」という考えを用いる。「データの分布でつくった範囲に入ったら○○だ。」という仮説とその範囲を設定し，実際に得られた値がその範囲のどこにあるかを判定し，（境界線の内と外で）「このデータは○○だ。」「このデータは○○ではない。」という結果を導く。

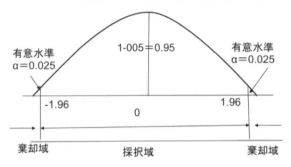

図表10-11 採択域，棄却域，有意水準

有意水準
α=0.025

1-005＝0.95

有意水準
α=0.025

-1.96

0

1.96

棄却域

採択域

棄却域

例えば，検定統計量
＝2.25で，1.96以上
あるいは-1.96以下
ならば棄却域に入り
帰無仮説を棄却でき
る

（有意水準5％（α=0.05））
出所：筆者作成

「○○と○○には差がない，関連性がない」ということを帰無仮説（否定，棄却されることを期待した仮説）といい，「○○と○○には差がある，関連性がある」という仮説を対立仮説という。最初に対立仮説（差がある）を立て，つぎに帰無仮説（差がない，‥‥ないという文章）を立てるとわかりやすいかもしれない。

帰無仮説を先に立てる理由は，「あることを証明する方が，ないことを証明するより簡単だから」である。つまり，差がないことを1回否定することのほうが，あることを何回も示すよりもわかりやすいのである。

②では，t値を算出する。ここでは，算出しなければならない値によって計算方法が異なる。

③では採択域と棄却域を設定する。**有意水準**とは，仮説が正しい時に，**検定統計量**が棄却域内に入る確率である（偶然ではなく，何か意味があることを示す指標となる）。この確率αはめったに起こらないことを示す意味で，通常，5％（α=0.05）または，1％（α=0.01）を使用する（社会科学では，一般的に5％を用いる）。

統計量が採択域に入れば，帰無仮説は正しいとして，帰無仮説を採択する。統計量が棄却域に入れば，帰無仮説は正しくないとして帰無仮説を棄却し，対

立仮説を採用する。この際，有意水準に加え，**両側検定**（分布の両方の裾部分を棄却域とする検定で，対立仮説は差のみに関心がある）か**片方検定**（右あるいは左の片方の裾部分だけを棄却域とする検定で，対立仮説に方向性（例えば，A>B）がある）か，**自由度**（*df*：分布の形状を決めるものでサンプルサイズによって決まる）などから棄却域（＝棄却限界値）を決める必要がある。

　⑤の判定では，5％の有意水準の場合，$p \leq 0.05$ならば，帰無仮説を棄却して対立仮説を採択する。これは「差に違いがある」ことを意味する。$p>0.05$ならば，帰無仮説は棄却できず，「差に違いがあるとは言えない」ということを意味する。

　レポートや論文の表記では，分野によって違いはあるが，記述統計（平均値，標準偏差，ケース数など）に加え，統計量，自由度，有意確率（p），**効果量**，信頼区間などを記載する。とくに，すでに欧米の統計に関する学会から発表されているように，有意確率だけでなく，検定に合わせた効果量を記載することは，マーケティングにおけるリサーチでも当たり前になってきている。

　マーケティング・リサーチにおいて大事なのは，リサーチ・クエスチョンの設定と仮説導出である。リサーチ・クエスチョンと仮説導出は，機械任せにはできない部分であり，調査者の姿勢が問われる部分でもある。マーケティングに携わる者は，定量的研究と定性的研究を組み合わせてできることが望ましいし，一つの研究や調査の中で，両方実施しなければいけない場合もある。

演習問題

①「好き」という概念はどのような内容を持つ概念だろうか，考えてみよう。

②定量的調査と定性的調査の違いや利点について考えてみよう。

③新製品開発プロセスにおけるコンセプトを開発してみよう。プロセスのどこで，どの分析手法を使ったらいいのかについて考えてみよう。

【参考文献】

Malhotra, N.K. (2004) *Marketing Research* (4th.ed), Prentice-Hall.（日本マーケティングリサーチ協会監修，小林和夫監訳『マーケティング・リサーチの理論と実践―理論編』同友館，2006年）

Singleton, R. and Straits, B.C. (1999) *Approaches to Social Research (3rd,ed.)*, Oxford University Press.

安藤清志・村田光二・沼崎誠（2017）『社会心理学研究入門（補訂新版)』東京大学出版会

岩淵千明編（1997）『あなたもできるデータ処理と解析』福村出版

石川淳志・佐藤健二・山田一成（1998）『見えないものをみる力』八千代出版

佐藤郁哉（2002）『実践フィールドワーク入門』有斐閣

佐藤郁哉（2015）『社会調査の考え方（上)』東京大学出版会

末永俊郎編（1987）『社会心理学研究入門』東京大学出版会

髙田博和・上田隆穂・奥瀬喜之・内田学（2008）『マーケティング・リサーチ入門』PHP研究所

田中敏（1996）『実践心理データ解析』新曜社

田村正紀（2006）『リサーチ・デザイン』白桃書房

服部環・海保博之（1996）『Q&A心理データ解析』福村出版

林洋一郎（2018）「実証研究における仮説モデルの構築」『経営行動科学』第30巻第3号，pp.170-172.

藤本隆宏・高橋伸夫・新宅純二郎・阿部誠・粕谷誠（2005）『リサーチマインド 経営学研究法』有斐閣

山田剛史・村井潤一郎（2004）『よくわかる心理統計』ミネルヴァ書房

佐藤敏久

第**11**章

グローバル・マーケティング

はじめに

現在では，わが国だけでなく，世界中の国は他国との様々な関係なくしては成立しない。マーケティング主体である企業も，海外市場を視野に入れなければ，ある限度を超えての成長を望むことはできない。通常，企業が海外市場との関係を持ちはじめるのは，輸出や輸入からであり，その後，進出先における法人設立・工場建設・店舗設置や現地市場の開拓などへと海外事業が展開していくことが一般的である。他方，わが国では約150年前の開国以降，企業がどのように海外市場に対応するべきかという課題がしばしば議論されてきた。これまでマーケティング活動の主体となるのは，製造業が中心であったため，やはり製造業を中心としたグローバル・マーケティングを考える傾向がある。本章では，実際には製造業以外の業種も多く海外進出しているため，小売業といわゆるサービス業におけるグローバル・マーケティングの相違点についても学ぶ。

1. 国内マーケティングとグローバル・マーケティング

　現在の社会では，国際化やグローバル化が消費生活の場面にも浸透している。わが国における食糧自給率（カロリーベース）は40％に満たず，60％以上の食糧は海外から輸入している。身につけている衣料品もほぼmade in Japanではなく，日本以外の国名が記されている。そのため，われわれの日常生活は，輸入された商品でほぼ成立しているといってよい。

(1) グローバル化の必要性

　わが国から海外へは何が輸出されているだろうか。すぐ思いつくのが自動車やカメラなどである。かつては，これらの製造拠点は国内にあり，わが国から輸出していることが実感できた。しかし，いつの間にか製造拠点が海外に移転し，産業の空洞化が指摘されるようになった。背景には，貿易摩擦だけではなく，安価な人件費や原材料調達の利便性など海外での生産優位性が強調され，多くの企業は海外進出を果たした。ただ，海外に製造拠点を移すと，国内では経験しなかったような様々な課題にも直面する。**グローバル・マーケティング**は，このような国内で経験しない課題に向き合わなければならない。

　わが国の製造業者は，製造（生産）だけでなく，輸出していた時期にも海外顧客との接点があった。しかし，製造拠点が海外に拡大すると，現地で雇用する人材や市場拡大などの課題に直面するようになった。雇用する人材は，直接企業のマーケティングとは関係がないように思われるが，従業者との関係づくりはマーケティングの課題である（インターナル・マーケティング）。ただ大きな課題は，わが国の消費者とは異なる市場である。わが国の気候は，北海道と沖縄を比較すると差があるが，消費生活はグローバル的な視点からはそれほど大きな違いはないかもしれない。しかし，世界を見渡すとわが国とは全く異なる気候，人種，宗教，収入，職業，嗜好，気質など比較水準は異なっているが，多くの違いある。したがって，グローバル・マーケティングが対応する市場は，国内とは大きく異なる。

　国や地域による市場の相違は，わが国の企業だけでなく，グローバル企業と呼ばれる海外の企業も直面する課題である。現在，世界を市場とする企業の活動は，グローバル・マーケティングに取り組んできた歴史と重なる。それでは，**国内マーケティング**とグローバル・マーケティングとの決定的な相違は何だろうか。マーケティング主体によってその認識は異なるが，マーケティングが製造業を中心に展開してきた経緯を考えると，まず製造業のマーケティングを考えなければならない。そこで国内から海外市場を標的とする理由を考えるとき，企業が成長するためには市場拡大が避けて通れないことがわかる。

(2) 環境分析の重要性

　現在，本国以外に工場（製造拠点）を持ち，外国市場を対象にマーケティング活動を行っている企業は多い。中にはグローバル市場を対象とするコカ・コーラ，ネスレなどの食品メーカー，トヨタやフォルクスワーゲンなど自動車メーカーもある。製造拠点は本国中心だが，市場は全世界へと広がるメーカーもある。これらの企業はどのようにグローバル市場を捉えているだろうか。

　輸出量が増加すると，一般的に輸入国との間で貿易摩擦が次第に起こる。それが大きくなると，経済問題を超え，国と国との対立になることもある。そのため，貿易交渉が国家や地域間で行われ，貿易の枠組みが検討されるようになる。したがって，輸出マーケティングでは，国内マーケティングでは起こらなかった課題に直面する。多くの企業は，貿易摩擦の回避のため，輸出先国での生産を検討する。現地生産は，当該国・地域の人材雇用が期待され，原材料や部品などの現地調達が行われると，進出国の経済にも貢献する。ただこのような期待や貢献には，犠牲を伴い，課題も発生する。製造では，本国で生産する製品品質を達成する必要がある。その品質を達成できる人材を訓練するには時間がかかる。多くの部品が必要な製造業の場合，当初は必要な部品のほとんどを本国から輸出し，現地で組み立てる。次第に現地での部品調達に切り替えていく。これらの部品は本国と品質面で劣らないことが必要であり，部品を製造するサプライヤーも海外進出する場合もある。自動車のように裾野産業が広い

図表11-1　グローバル化への段階

＜現地市場参入＞	＜経営の現地化＞	＜経営地域化＞	＜経営グローバル化＞
海外事務所 現地文化理解	海外事業部 現地文化適応	海外子会社群 本社文化移転・共有	マトリックス組織 グローバル文化・ 価値観共有

出所：筆者作成

産業の場合，海外進出は1企業だけではなく，大がかりなものとなる。

　他方，製品を海外で製造する場合，現地顧客の嗜好を取り込む必要もある。また，国によって製品規格を規定する場合は，それに従う必要がある。さらに本国では，顧客の嗜好に適合している製品でも，進出国では適合せず，微調整あるいは大きな変更を強いられることもある。これらの情報取得には，マーケティング・リサーチを行う必要がある。海外進出を検討する場合，進出予定国のマーケティング環境について，十分に**環境分析**を行わなければならない。その際には外部環境分析だけでなく，製造をはじめ事業活動の可能性について，自社の経営資源の内部分析も進める必要がある。したがって，進出予定国の外部環境分析・自社の内部環境分析を十分に行い，進出を判断すべきである。

　競争企業が海外進出する際には，バスに乗り遅れないようにしようという意識から「バンドワゴン」現象が起こる。しかし，このように進出を判断した企業のうち，順調に海外で業績を伸張させている企業は少ない。つまり，海外進出は自社で明確に判断して行うべきであり，乗り遅れてしまうという判断では，海外事業を拡大し，継続することはできない。

2. グローバル市場への進出

　企業にとって海外との取引は，貿易という形態をとる。売り手と買い手の間に国境があり，中間業者が介在しない場合を直接貿易といい，介在する場合を間接貿易という。売り手が相手国市場に不案内な場合は，**貿易商社**を介在し，取引するのが一般的である。その後，直接貿易のメリットが大きくない場合

は，直接投資（現地生産）に切り換えることがある（林田 2004）。

(1) 輸出

　輸出には，間接輸出，協同輸出，直接輸出の形態がある。①間接輸出は，企業が自社製品を本国の中間業者を通して海外市場に販売する場合をいう。中間業者には，輸出管理会社（EMC），商社あるいはブローカーが多い。②協同輸出は，一般的な形態がピギーバック方式の輸出である。これは企業が海外市場で自社製品を販売するため，現地や海外の他企業の流通ネットワークを利用する。③直接輸出は，企業が自前の輸出部門を創設し，自社製品を海外市場の中間業者を介して販売する形態である（Kotabe and Helsen 2001）。

(2) ライセンシング

　ライセンシングは，ライセンサーである企業がロイヤルティと交換にライセンシーである海外企業に所有資産の一部を提供する契約を行う取引である。ライセンス契約では，製造技術，特許，商標，デザインなど使用に関する権利を提供する。ライセンシングは，製造業だけでなく，サービス業でも行われる。これは海外市場に浸透する方法であり，経営資源を多く必要とせず，海外市場の不安定性に晒されるリスクも少ない。ただライセンシングから得られる収入は，一般的に輸出が生み出す潜在的収入より少なく，ライセンシーがライセンサーの製品や技術に完全に責任を持たない面もある（Kotabe and Helsen 2001）。

(3) 直接投資

　直接投資には，ジョイント・ベンチャー，買収，完全所有子会社の設立などがある。
　①**ジョイント・ベンチャー**は，海外市場，とくに新興市場への参入方法でしばしば採用される。参入しようとする国で新会社を設立するため，現地のパートナー企業と株式やその他の経営資源などを共有するために合意する必要があ

る。通常，パートナーとなる企業は，現地企業であるが，現地の政府当局や他の海外企業，現地企業と海外企業との組合せ（合弁）もある。また製品やサービスの開発に際してジョイント・ベンチャーを形成することもある。ジョイント・ベンチャーは，出資比率によって過半数所有，半数所有，少数所有に分類される。このメリットは，現地企業には当該市場でのノウハウがあるため，海外市場への進出が容易となることである。デメリットは，パートナー企業が競争相手となる可能性があり，利益配分や経営管理上，問題が起こる可能性があることである。

②**買収**は，海外進出にあたり，資金的余裕がある場合，既存の現地企業の買収が可能となる。買収のメリットは，既存会社が既に現地で経営を行っているため，取引先など現地市場へのアクセスが他の場合に比べて容易なことである。デメリットは，買収会社と被買収会社で企業文化の相違がある場合，乗り越えるのが難しいことである。

③**完全所有子会社**は，100％出資し，海外市場に進出する場合である。海外市場での所有戦略では，②の買収と新会社を設立し，事業を行う2つの方法がある。完全所有子会社のメリットは，企業が事業を完全にコントロールでき，共同事業の場合に発生するリスクや不安を排除できることがある。デメリットは，親会社は子会社の損失のすべてを負担しなければならないことである。したがって，そのような事態になると本国の親会社の経済的負担は大きくなる。

3. 標準化戦略と適応化戦略

1960年代，アメリカの大企業は，市場拡大のため，海外で多くの商品を販売しようとした。そこで「**標準化－適応化問題**」が議論となった。海外進出では，本国アメリカと同じ商品やマーケティング方法を採用すべきか，それとも進出しようとする市場特性に適合させて商品やマーケティング手法を変更すべきかという課題に直面した。通常，前者は標準化戦略（グローバル化戦略）と呼ばれる。そのメリットは，本国市場と同じ商品や手法で進出するため，効率

的でコストが削減できることである。後者は適応化戦略（ローカル化戦略）と呼ばれ，進出先市場の特性に適合させるために受容されやすいが，デメリットは適応化のためのコストや時間が必要となることである（川端 2017）。

(1) グローバルマーケティングにおける標準化戦略と適応化戦略

標準化戦略と**適応化戦略**は，マーケティングの延長戦略，適用戦略，標準化戦略ともいわれ，適応化戦略は調整戦略ともいわれてきた。こうした標準化か，適応化あるいはそれらのバランスをとる調整問題は，その限界が露呈してきたとされる。また標準化/適応化だけに目を奪われてしまうと，企業の経営戦略全体が見えにくくなる。その上で，「**グローバル調整**」という企業によるグローバル視点での競争優位の維持や強化戦略，組織の何らかの有機的な連結化による調整や統合化の必要もある（諸上 2004）。

したがって1980年代までは，標準化戦略と適応化戦略では，どちらがメリットが大きいのか，あるいはデメリットが少なくなるかという議論が中心であった。しかし，1990年代以降は，二者択一ではなく，両者を組み合わせた戦略が論じられるようになった。それはどの部分を標準化し，どの部分を適応化させるかという議論である。

現在，多くの企業は，標準化と適応化の組合せの最適化を探求するようになった。企業も研究者も現地適応化に軸足を移しつつあるが，行き過ぎた適応化をやめ，標準化する部分を増やそうとする動きもある。そこではグローバル・ブランドの確立が主張される。それは世界的に有名なグローバル・ブランドは，商標やトレードマークだけでなく，商品名やデザイン，仕様を厳しく統一していることが背景にある。つまり，世界標準の商品を統一したマーケティング手法で訴求することにより自社ブランドを確立している。そこではブランド自体を訴求することで多くの市場に進出でき，顧客が商品価値に適合している面もある（川端 2017）。

(2) 進出国における調整

　グローバル・マーケティングでは，標準化と適応化をマーケティングの両極とすれば，企業のマーケティング活動の最適解は，この間に存在する。ただ最適解は，時間の経過で変化する可能性もある。それは進出国における顧客の変化に他ならない。したがって，国内マーケティングと同様，グローバル・マーケティングでも考慮しなければならないのは，ある時点で「最適解である」と信じる状況の確定である。国内マーケティングでの顧客反応は，グローバル・マーケティングでも通用するものではない。その逆もしかりである。ただ顧客（市場）は常に変化しているため，同じマーケティング手法で顧客対応を行っていると，顧客に対応しきれなくなる。標準化－適応化の議論は，これまで進出国の顧客に対応するかという視点から，本国と同じあるいは進出市場に適合させようという議論であった。しかし，進出する企業は本国市場が標準であるといい続けられるのだろうか。

　顧客が最終消費者である場合，標準的な顧客などは存在しない。しばしば**マーケティング・リサーチ**は，同じ都市で調査がなされるが，それは平均的な顧客が当該都市に多く存在することを想定している。したがって標準化を平均化と読み間違えている部分もあろう。そこには旧来のマーケティング・ミックスと新しいマーケティング・ミックスがあるだけである。さらに複数国に進出

図表11-2　標準化と適応化のメリット

世界標準化のメリット	現地適応化のメリット
コスト節約	顧客満足の向上
世界的イメージの形成	特定市場での売上増
組織の簡素化/統制の改善	変化への迅速な対応
優れたアイディアの活用	全ての市場で対応可能
迅速な投資回収	現地法人の自社開発品への誇り
規格統一化	現地法人の自主性尊重
需要創造	現地法人人材の確保・育成

出所：大石（2017），p.11（一部改）

する場合，そのバージョンは増えるだけである。世界的に使用するブランド（グローバルブランド）は同様のものを使用しても，提示する価格，提供場所，提供方法はすべて画一ではない。当然，進出国の状況によってこれらを調整しなければならない。

4. 製造業のグローバル・マーケティング

(1) 製品政策

　製造企業は，本国で製造した製品をそのまま輸出国で販売する段階から海外市場との関わりが始まった。この段階は，**輸出マーケティング**の段階であるが，現地の販売代理店等を開拓し，これらを通した販売から開始する。ただ製品によって，当該国の規格に適合しない場合，若干の調整を加えることもある。自動車は，国によって多様な規制があり，当初から輸出先国の事情で製品に変更を加えていた。また輸出量が増加すると，「○○国向け仕様」の製品ラインが構築されてきた。輸出先国の規制以外にも，輸出先国の主要な宗教で摂取が禁じられている成分が入っている場合，それらを除くなどの対応が必要となる。こうした輸出マーケティング段階でも，輸出先国の事情を考慮したマーケティングが行われていた。これらは国内マーケティングとは異なる製品次元での対応である。

　さらに進出先国の人口統計学的要素（年齢・性別・所得・職業・宗教・教育・人種など）や心理的要素（社会階層・ライフスタイル・パーソナリティ），地理的要素や行動要素（知識・態度など）により，製品を現地市場に対応させる必要がある。わが国の企業は，これまで国内市場ではこれらの要素を理解し，それにより製品開発をしてきたため，様々なノウハウが蓄積されている。一方，海外市場についてはそのようなノウハウがないため，試行錯誤を繰り返す。ソニーは，創業から10年しか経っていない1950年代半ばにニューヨークに出店し，トランジスタラジオの販売に着手したが，同時に現地の市場情報も入手しようとした。それにより，Walkmanという世界的に受容された製品開

発につながった。

　近年の製品戦略では，ブランドが重視されるが，本国と同じブランドを使用する，しないという判断など，グローバル・マーケティングの製品戦略にも多くの意思決定が求められる。本国と同様のブランドを使用しようとしても，既に現地で他社が商標を登録していたり，ブランドが本国とは異なる理解をされたりするため，使用できない場合もある。そのため，ブランド調査を実施する必要もある。さらに食品などの場合，本国とは異なる消費がなされる商品もあり，消費シーンにも目を向けなければならない。したがって，グローバル・マーケティングでの製品は，本国で行ってきたマーケティングのノウハウだけでは対応できず，新たなノウハウを取得した上で，その開発から開始しなければならない。

(2) 価格政策

　グローバル・マーケティングの目的は，新市場の開拓・拡大である。進出先市場が本国と似た経済状況であれば，価格政策は国内マーケティングとほぼ同様の手順により，価格設定をすればよい。しかし，経済水準が異なる場合，価格設定には腐心することになる。多くの場合，進出先市場は本国市場とは経済水準が異なっており，価格設定には細心の注意を払う必要がある。

　本国市場よりも経済水準が低い国や地域の場合，同様の製品を同様の価格で販売することは不可能である。その場合，品質を落としてコストを削減し，販売価格を下げる方法もある。家電製品では，機能を削減したり，材料を安価なものに変更したりして，販売価格を低下させることができる。さらに製品の量目を変更することで価格を低下させることにつながるかもしれない。本国で販売している量の半分にしたり，洗濯洗剤などの場合には，1回分のみを小袋で販売したりすることで，見かけ上の販売価格を低下させられる。

　他方，輸出の場合，進出国へ販売するためには，通常，関税がかかる。近年は，貿易協定等により関税がかからない場合もあるが，たいていの場合は関税がかかる。そのため，製造拠点を海外市場やそこに近いところに移転すること

も顧客に商品を提供する際の価格を引き下げる1つの方策である。また ASEANのように一経済圏と考えられる場合は，近隣国で生産し，隣国で販売することで販売価格を抑えることができる。

　したがって，グローバル・マーケティングにおける価格政策も，国境が大きく影響し，これによって関税や経済的格差が発生するため，顧客が価格から受容するメッセージも異なる。価格も企業の1つのメッセージとすると，価格設定をする側（売り手）としても，進出国の状況を十分に考慮した上で価格設定を行う必要がある。

(3) マーケティング・チャネル政策

　製造業者が，自社製品を直接顧客に販売することはほとんどないかもしれない。買い手が海外に存在している場合，その可能性はより低くなる。つまり，本国の製造業者と海外の買い手（顧客）間には，何段階かの流通段階（流通業者）が存在する。その際，いかに適切な流通業者を選択するかが課題となる。これは国内でも同様であるが，自社で販売（流通）も手がけた方がよいのか，それとも他社に委ねた方がよいのかは，企業の境界の問題である。さらに海外での流通を他社に委ねる場合，1社に限定するのか，それとも複数企業とするかなど，多くの意思決定事項がある。輸出マーケティングの時代は，輸入総代理店にその販売を委ねたこともあった。その後，営業所や海外支店の形で現地法人を設立した場合もある。どのような形でマーケティング・チャネルを構築するかは，すぐに変更ができないため，長期的な意思決定となる。

　さらに国や地域では，流通業が規制され，製造業の完全子会社が設立できない場合がある。こうした規制も製品規格上の規制と同様に考慮する必要がある。消費財の場合，消費者の購買習慣がマーケティング・チャネルの構築に影響することもある。わが国では，これまで消費者は食料品を多頻度小口の形態で購買してきた。そのため，消費者の身近な場所に小売店が多く存在した。

　他方，小頻度大口購買の形態を購買習慣とする国もある。この場合，近隣の小規模零細小売店に配荷する必要がなく，大規模大型店へのチャネル構築をす

ることを考慮した方がよい。このような状況により，流通政策でも進出国や販売先国の流通状況を考慮して対応する必要がある。わが国は道路網が整備され，トラック輸送が一般的である。しかし，道路網の整備が遅れ，温度管理ができるトラックが普及していない国では，物流の問題も生じるため物流環境も配慮しなければならない。

(4) 広告・プロモーション政策

　広告・プロモーション（マーケティング・コミュニケーション）政策は，消費財の場合，受け手が消費者であるため，その反応は国や地域で異なる。テレビなどで消費財のCMを流す場合，本国では問題がない表現でも，海外では表現規制がなされることもある。比較広告のように，わが国ではそれ程盛んではないが，製品機能の優位性強調のため，競合製品の具体的なブランドをあげながら，積極的に行った方がよいこともある。マーケティングコミュニケーションの相手が消費者の場合，当該消費者の生活環境がその反応に影響を与える。

　とくに広告は，文化的要素が強く，それが形成されてきた背景にも配慮する必要がある。さらに宗教的表現や人種差別など，本国では考慮する必要がなかった要素にも配慮しなければならない。またプロモーション手段で通常使われるものが，海外では規制されていることもある。懸賞の場合，提供できるプレゼントの上限金額は，国によって異なる場合が多い。また本国とは異なる進出国の通信環境により，実施可能なプロモーションも異なる。さらに顧客が反応するプロモーション手段も，国や地域では異なっている。

　これまで4Pを中心に国内マーケティングとグローバル・マーケティングの相違点を取り上げた。国内と海外，その距離に関わらず，その間に国境が存在することで，法律や制度，民族や人種，所得や職業，国の経済体制など様々な面で異なることが多い。これらの相違を十分に認識し，世界の市場を求める覚悟が必要となる。そこでは，国内マーケティングではほとんど考慮しなかった要素に注意を払わなければならない。それでもわが国における市場の状況を踏まえるとグローバル・マーケティングを行うことを問わなければならない。

5. 流通業・サービス業のグローバル・マーケティング

　前節では，製造業のグローバル・マーケティングを取り上げた。現在，製造業だけでなく，多くの**小売業**やいわゆるサービス業も海外市場に進出し，事業活動を行っている。製造業の場合，製造拠点を国内から海外へ移転するという課題があり，それらを解決するためには，様々な対応が行われる。そこでは直接マーケティングと関わらないことも多い。それでは小売業やサービス業の場合はどうだろうか。ここでは，製造業とは異なる小売業やサービス業のグローバル・マーケティングの課題を取り上げる。

(1) 小売業のグローバル・マーケティングの課題

　マーケティング主体が製造業と捉えられていた時代は過ぎ，わが国の小売業の海外進出だけでなく，反対に海外の小売業も国内において目立ち始めた。小売業のマーケティングは，これまで**小売マーケティング**として扱われることが多かった。製造業のマーケティング・ミックスと同様に，小売ミックスは，商品の品揃え，店舗立地・面積，販売価格，営業時間，顧客サービスなどをうまく組み立てながら，行うものとされる。有店舗小売業の場合，国内市場と海外市場では異なる対応をしなければならない。

　わが国では，商品の品揃えは卸売業者がきめ細かく支援するため，小売業者はそれらに依存している場合が多い。しかし，海外の場合，卸売業が発達していなければメーカーとの交渉など，煩雑な業務が発生する。これを乗り越えなければ，顧客に魅力的な品揃えを提供できない。また店舗立地や面積も，進出する国や地域で制限を受ける。本国とは異なる売場面積の場合，品揃えや店舗内のオペレーションにも支障を来す。販売価格は，仕入原価に粗利益を加えた価格であるが，本国と経済状況が異なる国では，販売価格の提示方法も配慮しなければならない。営業時間は，国によって規制されている場合が多く，営業時間だけではなく，休日日数もかつてのわが国の大店法時代よりも厳しい国が存在する。さらに対顧客サービスは，わが国の場合は非常に丁寧とされるが，

海外では袋に詰めたり，包装したりする習慣がない国や，配送サービスは有料が当然の国もある。そのため，進出国の対顧客サービスは，細かく調査しなければならない。

　小売マーケティングの視点から，小売ミックスに関する国内と海外市場での主な相違点を上げたが，とくに海外市場の消費者に直接接する点では大きな相違がある。これらは業種による相違でもある。他方，消費者の相違という面からは，わが国では商品陳列は丁寧に行われ，営業時間内にも度々修正しているが，海外では陳列には無頓着な消費者も多い。また国内では野菜や果物は，パッケージに入れて陳列することが多いが，海外ではそのままむき出しのまま山のように積まれていることもある。店内のプロモーションでは，「2 buy 1 free（get）」など，最近わが国でも浸透してきた面もあるが，受容されるプロモーションにも相違がある。このような相違点を理解し，現地店舗に適合させるか，それとも本国と同様に標準化を貫くかは企業の経営戦術や経営戦略による。

(2) サービス業のグローバル・マーケティングの課題

　いわゆる**サービス業**でも，日本国内には海外のサービス業者が，近隣の東アジアや東南アジアには，わが国の外食チェーンが多く進出している。サービス業でも製造業とは異なるマーケティング対応がなされる。サービス業には，対消費者だけではなく，対事業者や，さらに対人間だけではなく，対物財サービスがあり，小売業よりもその対応は複雑である。ここでは対消費者のサービスを中心に取り上げる。

　2013年に東京オリンピック誘致が決定した際のプレゼンテーションでは，「おもてなし」という言葉がよく使用された。わが国の対消費者サービスは，この言葉に集約される。サービス業が提供する商品は，無形性，消滅性，不可分性，変動性という有形財とは異なる特徴がある。これらの特徴は，サービスという商品品質のバラツキとなる（犬飼 2017）。サービス業のマーケティングは，これにいかに対応するかが製造業とは異なる。これは国内，海外を問わず

サービスが持つ特徴であり，グローバル・マーケティング特有の問題ではない。ただ，先にあげたように「おもてなし」をする人材教育は，やはり国内マーケティングとグローバル・マーケティングでは異なる点が多い。

　サービス業では，昨今，企業が従業員に対する**インターナル・マーケティング**が行われている。当然，海外進出企業は，管理者は本国から派遣される場合が多いが，現場で顧客にサービスを提供するのは現地の人である。これら現地の人は，国民気質や民族気質，人種などでインターナル・マーケティングによる対応が異なる。とくにサービス業は労働集約的な作業が多く，人材により顧客に提供するサービスは均質ではない。そこで起こる品質のバラツキをいかに調整するかが，消費者向けのサービス業と製造業では異なるため課題となる。

おわりに

　現在は，国内，海外ということを特別に意識しなくても，現代を生きる人間も企業もグローバルであることは既にどこか定着した感がある。しかし，いざ海外市場においてマーケティングを行おうとすると，立ちはだかる壁の高さや分厚さに圧倒される。それは国内のマーケティングでは考慮しなくてもよかった要素について，グローバル・マーケティングでは強く意識をしなければならないかもしれない。本章では，とくにグローバル・マーケティングを行う段階になって，強く意識しなければならない要素を様々な視点から取り上げた。

　これまで製造業のマーケティングが中心であったため，他の業種におけるマーケティングがあまり取り上げられてこなかったことから，小売業といわゆるサービス業のグローバル・マーケティングも取り上げた。これらの業種においては，いかに現地の人たちをマーケターとして教育するかが大きな鍵となっており，これに投資をする必要性が今後より強くなっていくだろう。

演習課題

①国内だけのマーケティング活動と国境を越えたマーケティング活動を行う
際，市場の相違する要素のうち，特定の国において重要な要素を取り上げ
その背景を考えてみよう。

②海外市場への直接投資の中で，3つの形態のメリットとデメリットをそれ
ぞれ取り上げてみよう。

③製造業と小売業やサービス業のグローバル・マーケティングの大きな相違
はなぜ発生するかについて考えてみよう。

【参考文献】

犬飼知徳（2017）「第9章 サービス業のグローバル・マーケティング戦略」三浦・
丸谷・犬飼『グローバル・マーケティング戦略』有斐閣，pp.206-226.

大石芳裕編著（2017）『グローバル・マーケティング零』白桃書房

川端基夫（2017）『消費大陸アジア：巨大市場を読みとく』筑摩書房

林田博光（2004）「第12章 国際マーケティング」奥本・林田編著『マーケティング
概論』中央大学出版部，pp.205-220.

諸上茂登（2004）「第12章 グローバル・マーケティングの調整と統制」諸上・藤沢
『グローバル・マーケティング（第2版)』中央経済社，pp.177-189.

Masaaki Kotabe and Kristiaan Helsen (2001), Global Marketing Management 2nd ed.
John Wily & Sons.（横井義則監訳『グローバルビジネス戦略』同文舘出版，
2001年）

石川和男

第12章

関係性マーケティング

はじめに

本章では，従来のマーケティング・チャネルから，企業間ならびに企業と消費者間における長期的な関係に基づく関係性マーケティングについて学習する。また，地域との関係性も視野に入れた地域マーケティングについても説明する。

1. 関係性マーケティングとは

(1) 関係性マーケティングの特徴

　マーケティングは，企業と対象となる市場とを結びつける**マーケティング・チャネル**を通じて実践されるプロセスとして捉えられてきた（徳永 a 1989）。これは，消費者の購買力を特定の製品もしくはサービスに対する有効需要に変換させるとともに，製品もしくはサービスを最終消費者もしくは使用者に移転させ，さらにその結果として，一連の企業利益ないしは他の目標の達成をもたらすための企業活動全体を組織化し，管理するという主要な経営機能であることを意味している。

　一方，マーケティングを消費者との長期的な関係から捉える**関係性マーケティング**は，「マーケティングの目的は，関連集団の目的が満たされるように，消費者との関係（頻繁に，しかし必ずしもいつもというわけではなく，長期的な関係性）を構築し，持続させ，強化し，商業化することである。これは相互の交換と約束の実行によってなされる」と説明されている（Gronroos 1990）。つまり，関係性マーケティングは，マーケティング・チャネルの考え方を進めて，企業間だけでなく，消費者との間でも長期的な関係に立つことを目的としているのである。この定義によって，従来のマーケティングの考え方が全面的に否定されるものではなく，少なくとも，消費者との反復的・継続的な取引を考慮に入れたマーケティングが求められていると言えよう。

　この消費者満足の考え方は，相互依存と**互恵関係**に基づいた対話型の価値創造プロセスの中に消費者を包括的に統合することによって補完される。

　マーケティング・ミックスについても，「販売が成り立ってから」始まる活動を重視する新しい計画の立て方が必要になる。つまり，製品やサービスの提供がなされた後に，引き続き同一消費者との間で，当該製品の利用に関しての何らかのやりとりが行われ，それが継続化することで，企業と消費者との間に一定の関係が形成されるようになる。この関係の持続に意味を持たせることが，関係性マーケティングの特徴と言えるであろう。

　長期的に消費者と対話を続けるためには，企業と消費者との間で一定の価値
観が共有される必要がある。それにより，相手との対話に意味が感じられるの
であり，ともに考え，意見を交換するという**協働関係**も形成されるはずであ
る。さらに，こうした関係が相互の**信頼関係**に発展すれば，関係の絆が強化さ
れるものと期待される。言い換えれば，消費者が初回の購入以降，企業との対
話の中で，問題解決者として当該企業を認め（価値の共有），ロイヤルティ
（忠誠心）を高めながら，やがて企業とともに問題解決を思考するようになっ
て（協働），はじめて真の信頼関係が構築できるのである。

　つぎに，価値の共有，協働関係の形成，信頼関係の構築について検討しよ
う。

(2) 価値の共有

　関係性マーケティングは，不特定多数の消費者を対象とするのではなく，比
較的固定され，継続的に維持されている消費者を対象として行われるものであ
る。すなわち，特定少数を対象とすることを明示してビジネス活動を行えば，
自ずと消費者は選別される。対象以外の消費者を無視する必要はないが，誰を
ターゲットにするのかを明確にしないという考え方では，結局，企業側が考え
た枠の中でしかサービスが提供できない。

　では，こうした関係の中でマーケティングを実行した場合に，どのような成
果が期待できるのであろうか。見田によれば，社会諸科学でいうところの価値
とは，「主体の欲求を満たす客体の性能」と説明されている。価値は，人の欲
求に最終的な基礎をおく主体の欲求の相関概念であって，対象自体に内在して
いるものではない。価値は，主体の属性ではなく「客体の側の」属性であり，
価値とは「のぞましきもの」ではなく，「のぞましさ」（その程度）である，と
いった特徴がある。さらに，個々の主体における多くの客体に対する価値判断
の総体が，その主体の「価値意識」であるとする（見田 1994）。経済学では，
「商品の価値がその商品の見えている力能や属性に基づくと考えるとき，その
力能や属性を経済学的に価値と見なす」とされている（見田 1994）。マーケ

ティングでは価値について，「価値判断とは，あるものごとがすぐれているか
どうかについての判断で，……目に見えない品質も含まれる」と捉えられてい
る（徳永b 1989）。

　つぎに，価値の主体と客体のそれぞれの立場から，価値概念を考えてみるこ
とにしよう。本章では，企業と顧客の関係を考察しているので，主体は顧客，
客体は企業である。主体である顧客からみた価値とは，顧客が認めるかどうか
を問題とする。牛窪によれば，**顧客価値**とは，「顧客が認定し，顧客がその一
部を創造するという新しい時代における価値」であるとしている（牛窪
1995）。一方，客体の側である企業もしくは製品の価値とは，生産，流通，販
売という製品が顧客の手に入るまでのプロセス的な価値と，顧客が使用する際
の価値（企業が顧客の使用場面を想定して提供する価値）から構成されてい
る。

　こうした点から総合するならば，主体側の価値である顧客価値とは，使用価
値にプラスα，つまり，顧客自身の知識とニーズを加えた価値を指していると
考えることができるであろう。

(3) 顧客価値と企業価値の接点

　見田によれば，価値主体たる顧客は，社会・文化というマクロ的な要因を背
景として，個人的要因を直接的契機に，客体から提供される価値物の判断を下
していると説明されている（見田1996）。こうしたことから，商品価値そのも
のでは納得のできない顧客も，図表12-1に示される7つの市場（部品や原材
料のサプライヤー，紹介者，委託者，影響者，求人，企業内部，顧客）のいず
れかを信頼源として，当該商品や企業に対する主体的判断を正当化できるので
はないだろうか。

　すなわち，これらの顧客もサプライヤーも含めた7つの構成メンバーを市場
と見立てるならば，それぞれの市場をオルガナイズ（組織化）する企業は，十
分に顧客価値を満たす企業としての価値を形成することができるはずである。

　その上で，アプローチしてくる顧客，つまり，当該企業が提供する製品や

図表12-1　7つの市場

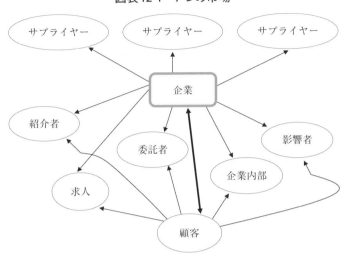

出所：佐々木（2003）

サービスを認めてくれる顧客に対して，企業は対話をスタートすることができる。

2. 顧客を維持するという考え方

　関係性マーケティングは，新たな顧客を求める努力に対してコストをかけるよりも，本質的に，既存の顧客を維持する方が適切で費用対効果もよいとされている。レビット（Levitt, T.）は，マーケターは単一の取引ではなく，顧客の生涯価値を重視する必要があると指摘している（Levitt 1983）。

　継続して顧客を維持することが，長期的な企業成長に必要であると認識されるようになってきた。グプタ（Gupta）らの研究によると，**顧客維持**を1％改善すると，企業の価値を5％改善することができるという（Gupta, Lehmann and Ames 2004）。限界費用もしくは顧客獲得費用の1％の改善は，それぞれ企業の価値を1％高めるまでに過ぎない。つまり，顧客の維持は費用削減の5倍

の効果があるということになる。

　米国企業においてかつて5年間で50％の顧客が失われ，4年間で50％の従業員が離職し，1年間で50％の投資家を失った時期があったという（Reichheld and Teal 1996）。こうしたことから，企業は忠誠心の高い顧客が誰であるかを認識し，その顧客に特典を提供し，自社製品の顧客として継続的に利用してもらえるようにしたいと考えるようになった。

　伝統的なマーケティングは，組織と顧客との間で行われる製品の交換を重視しているため，顧客のニーズをすぐに充足させることに注力する傾向がある。その結果，単一の取引が重んじられ，同じ市場セグメントもしくは新しいセグメントから新規に顧客を獲得しようとする。一度購入した顧客は，何らかの理由で不満を感じない限り，当然もう一度購入するであろうというのは，本来あるはずの仮定である。しかし，小売業者は，どの顧客がどの製品を購入しているのかを通常は把握できない（Blythe 2014）。

　図表12-2は，取引マーケティングと関係性マーケティングの比較を示している。

図表12-2　取引マーケティング対関係性マーケティング

取引マーケティング	関係性マーケティング
一回ごとの売り上げを重視	顧客維持を重視
製品の特徴志向	製品のベネフィット志向
短期的な物差し	長期的な物差し
顧客サービスは重視しない	顧客サービスの重視
顧客のコミットメントは限定的	強い顧客のコミットメント
適度な顧客との接触	高い頻度で顧客と接触
品質が生産部門の関心事	品質は全部門の関心事

出所：Blythe (2014)

3. カスタマー・インティマシー

　関係性マーケティングの「関係性」とは，**カスタマー・インティマシー**

（customer intimacy）の考え方を指している。これは，顧客のニーズを理解するために，顧客にできる限り接近することを意味している（Blythe 2014）。より顧客の立場で考えられるようになることが，顧客との関係性を構築し，維持するための主要なスキルとなり，マーケティング志向とカスタマー・インティマシーの間には強力な正の関係が存在することになる（Tuominen, Rajala and Möller 2004）。

　関係性マーケティングのプロセスは，B（business）to C（consumer）の市場よりもB to Bの市場の方が，より適切に作用することは明らかである。これは，企業に対するニーズは，個人のニーズよりもゆっくりと変化するからである。毎年，同一で基本的な業務を繰り返し，同じ原材料を使い，同じシステムを運用し，年月を経ても変わらずに操業を続ける企業もある。100年を超えても依然として同じ製品を生産している企業もあり，200年以上も公正に競争を続けている企業もある。人間は，およそ70から80年生きるが，その間の多くの時間は，若かったりお金がなかったりすることから，必ずしも経済だけに関心を持っているわけではない。したがって，関係性マーケティングを消費者に直接的に適用するのは，それほど簡単なことではない（Blythe 2014）。

　B to Bの市場で関係性マーケティングが成功するもう一つの要因は，専門のバイヤーが他者の資金を使い，失敗の責任を負う立場にあるため，相対的に高いリスクの中で仕事をしていることにある。したがって，彼らはリスクを取ってまで新しいサプライヤーと取引をするのではなく，既に取引のある信頼できるサプライヤーから購入を続けるのである（Blythe 2014）。

　サプライヤーの視点からすると，企業公認のサプライヤー・リストに入れてもらうことで優位性が高まり，その結果，顧客を固定化するための難しい仕事もやり遂げる価値があるのである。他方，B to Cの市場では，サプライヤーは顧客がいとも簡単にブランドを変更できてしまうため，関係づくりにはかなり慎重に取り組む必要がある（Blythe 2014）。

　企業と消費者が良好な関係性を構築することは，法廷や結婚における関係性と比較される（Levitt 1983）。結婚は，一般的に対等の関係性と考えられてい

る。しかし，大半の企業の関係性は，必ずしも対等とは言えない。ほとんどの場合，規模や購買力の大きさ故に，あるいは競合するサプライヤーが多数のために，パートナー同士のいずれかが優位な立場に立っている。このため，サプライヤーが購買者よりもビジネス・アプローチに適応する傾向がある。その理由は，以下の通りである（Blythe 2014）。

・相対的購買力：とくに，B to Bの購買者は，自らの資金を行使できるため，通常，パワーのある立場にある
・購買者の支援：購買する企業は，実務の中で必要な変化ができるようにサプライヤーを支援する。たとえば，モーターの製造業者は，製品が正確な仕様に基づいて生産されるのを確実にするために，サプライヤーである部品製造業者に対してデザイン・サービスを提供する
・少しでも関係のある企業を経営者に優先させる：サプライヤーは，注文を継続できるように顧客との関係性を密にしておきたいと考えるが，顧客は必ずしも密接な関係になりたいとは思わないことを考慮に入れておく必要がある
・B to Cでは，大半の企業には多くのサプライヤーがおり，それよりもさらに多くの顧客がいる。そのため，配偶者と一緒にいるような密接な関係性を作るのは不可能である。結婚では，一人がもう一人のニーズに適したことをするように対応するが，消費者市場には何千何百万という消費者がおり，こうしたニーズへの適応は不可能である。マーケターは，必ずしも完璧とは言えない標準的な対応をせざるを得ない（Blythe 2014）
・関係性マーケティングのもう一つの視点は，'離婚'の費用である。サプライヤーを変更するコストは，新しい顧客を見つけるコストほど高くつくわけではない。したがって，その関係性は，対等の関係とは言えないのである。つまり，この状況は，サプライヤーよりも**スイッチング・コスト**がはるかに低い購買者に有利である（Blythe 2014）

4. 顧客との価値の共創

　ペインとフローは，企業が顧客と価値を共同で創り上げる考え方を以下のように説明する（Payene and Frow 2016）。

　顧客は，製品のデザインや提供の各段階で，サプライヤーとの対話にかかわっている。サプライヤーは，個別の顧客のニーズに合わせて製品のカスタマイズを行い，顧客と共同で企画することによって，より大きな価値を創り出す機会を提供する。価値の共創は，企業が顧客の視点を重視することを支援し，顧客のニーズと欲求を確認するプロセスが改善される好ましい目標である。

　顧客価値が生まれるプロセスには，顧客が特定の目標を達成するために行われる様々な活動が含まれている。顧客の一連の行為を認識することによって顧客の活動全体の中で，サプライヤーの提供するものが適合しているかどうかを十分に理解することができるようになる。たとえば，国際線の基幹航空会社が，ファースト・クラスの乗客の消費スタイル全般に航空機における旅の体験をどのように適合させるかについてある「企画」を用意すると仮定する。航空会社は，顧客に事前に許可を得た上で，つぎのような「シャドーイング」によって，顧客が必要としているコトへの気づき（**インサイト**）を得ようとする。すなわち，航空会社の社員が，顧客の自宅から空港まで付き添い，目的地まで共に旅をし，終日顧客と過ごし，共に空路を戻り，顧客を自宅まで送り届ける行動である。ここで得られたインサイトは，今後のサービスの展開に活用される。価値を共創するためには，「製作し，販売し，サービスを行う」ことから，「話を聞き，カスタマイズし，競争する」ことへと計画プロセスを変更する必要がある。

5. 関係性連鎖という考え方

　B to Bマーケティングの分野で重視されてきた企業間関係に焦点を当てた関係性マーケティングというフレームワークには，個別企業内部の従業員と顧客

図表12-3　関係性連鎖

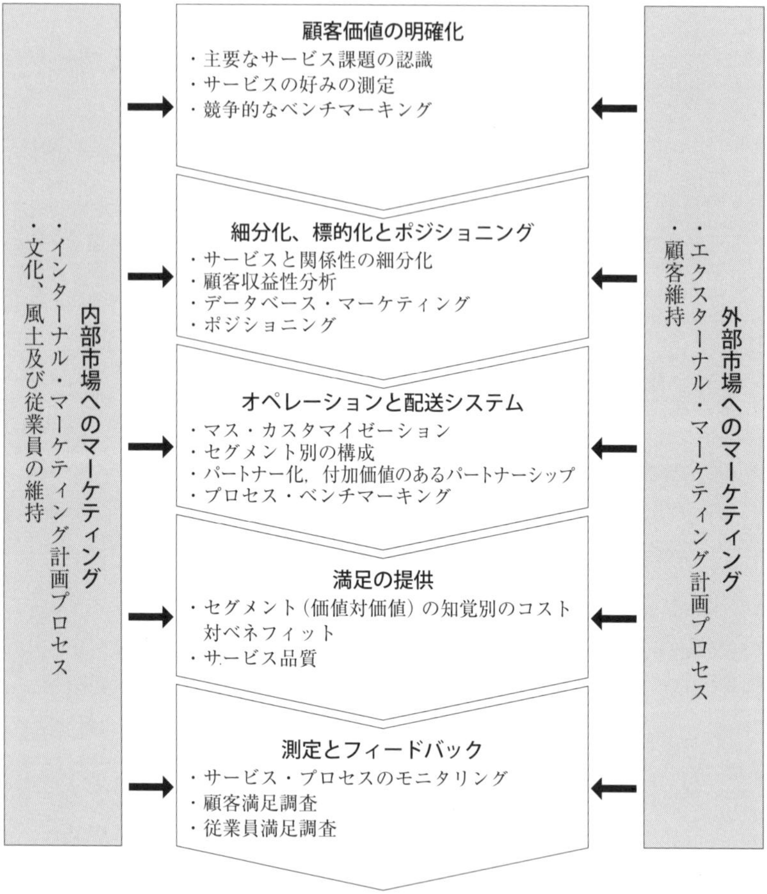

顧客価値の明確化
・主要なサービス課題の認識
・サービスの好みの測定
・競争的なベンチマーキング

細分化、標的化とポジショニング
・サービスと関係性の細分化
・顧客収益性分析
・データベース・マーケティング
・ポジショニング

オペレーションと配送システム
・マス・カスタマイゼーション
・セグメント別の構成
・パートナー化，付加価値のあるパートナーシップ
・プロセス・ベンチマーキング

満足の提供
・セグメント（価値対価値）の知覚別のコスト
　対ベネフィット
・サービス品質

測定とフィードバック
・サービス・プロセスのモニタリング
・顧客満足調査
・従業員満足調査

・インターナル・マーケティング計画プロセス
・文化、風土及び従業員の維持

内部市場へのマーケティング

・エクスターナル・マーケティング計画プロセス
・顧客維持

外部市場へのマーケティング

出所：Clark, Peck, Payne and Christopher (1995)

との相互のやりとり（**インタラクション**）を出発点として，流通全体にかかわるプロセスにおけるインタラクションの連鎖関係が見られる。(1)〜(6) は，関係性連鎖をはかるための考え方である。

(1) 関係性連鎖

　関係性のコンセプトを使って，社内で機能横断的かつ一貫した消費者志向の
考え方を取ることにより，「関係性管理の連鎖」を考えることができる。図表
12-3の関係性連鎖は，マーケティングの新しい機能横断的なパラダイムが機
能志向ではなくプロセス志向であることを示している。関係性連鎖の考えは，
ポーター（Porter, M.E.）が示した価値連鎖（Porter 1985）のように，事業プ
ロセスのステップをモデルとしている。関係性連鎖がこの価値連鎖と異なるの
は，事業に価値を加える一連のステップを示すことではなく，改善された関係
性を通して，どのように価値が創られるかに焦点を当てている点である。

(2) 外部市場に対するマーケティング

　外部市場に対して，とくに重要なのは，顧客の維持である。既存の顧客を長
期間にわたって維持し続けることで，新規顧客獲得に要するコストを節約でき
るとともに，顧客の維持は，**延期－投機概念**（Bucklin 1979）でいうところの
「延期」，つまり，生産と流通の意思決定を顧客が購買を決定する直前まで延期
させることを具体化することにも有効である。たとえば，自動車の流通は，最
終消費者による購買の意思決定が起点となって，チャネルの上流まで生産の指
示が行われるため，延期型が徹底された結果，無駄な生産が削減された。一
方，コンビニエンス・ストア業界で生じている食品の大量ロスと廃棄という問
題は，依然として投機的な取引が行われていることの弊害であると言えよう。

(3) 内部市場に対するマーケティング

　個別の企業で働く従業員は，直接的・間接的を問わず消費者と接触する存在
である。内部市場に対するマーケティングは，彼らの職務満足度を向上させる
ために，組織の内部に向けてマーケティングを行うとともに，消費者とのイン
タラクションの中から市場の変化を知覚しやすい組織の形成を試みる考え方で
ある。

(4) 消費者の価値の明確化

顧客に対するサービス内容の調査の中で，顧客にとって当該サービスがどの程度の意味を持つのかについて見極めるとともに，自社と他社のサービス内容を比較してもらい，その結果をもとに自社のサービス・メニューの改善をはかるためのベンチマークとする。

(5) 細分化，ターゲティングとポジショニング

クラーク（Clark, F.E.）らは，関係性マーケティングのSTPについて，以下のように説明する（Clark, Peck, Payne and Christopher 1995）。

たとえば，ある消費者グループが，他のグループとは異なるサービスに優先順位をつけたとすると，サービスの内容に対して異なる知覚を持つ市場セグメントが明らかに存在しているということになる。企業は，どのセグメントをターゲットとし，競争上，どこに**ポジショニング**しているかを見極めておく必要がある。具体的な手法としては，クラスター分析によって，サービスの内容と顧客との関係性のレベルを細分化できる。さらに，消費者が購入する数量に差があるだけではなく，これらの消費者に提供するサービスに要する費用にも差が出る。したがって，消費者の収益性分析を通じて，売上高が最も多い消費者が必ずしも高収益ではないという点の確認も必要となる。

また，消費者のデータベースの活用やダイレクト・マーケティングを通じて，消費者との密接な接触を続け，長期的な関係性を構築することが求められている。ペイン（Payne, A.）によれば，ポジショニングは，組織，製品，サービスの差別化を行い市場を細分化するものである。イメージやコミュニケーションという主観的な基準だけではなく，製品，プロセス，人間，消費者サービスといった要素などの客観的基準を基礎とする差別化も重要である。

(6) オペレーションと配送システム

変化の激しい需要に対応するためには，サービスの高質化が求められており，さらにそれを実現するためには，オペレーションと配送システムにかつて

なかったほどの柔軟性を創出することが求められている。つまり，可変なシステムを構築することが必要なのである。そのためには，いわゆる**マス・カスタマイゼーション**といったよりパーソナルかつ多様な需要への対応を図り，セグメントごとの取組み方も考慮することが求められる。

　クラークは「最も需要の多い取引当事者に要するコストや時間を計算して対応すると，それ以外の消費者にとっては過剰負担が起こるかもしれない。そのかわり，反応時間，注文の頻度，包装の形状とサイズ，購入される製品数量とその組合せなどの多様な基準で消費者の配送ニーズを細分化することができる。つぎに，図表12-3の供給業者との緊密な関係性の構築によるパートナー化を通じて，どのレベルの企業が配送を担当するのが消費者の価値最大化につながるかを検討することが可能となる」と述べている（Clark, Peck, Payne and Christopher 1995）。

6. 関係性を構築するプロセス

　つぎに，関係性を構築する方法について段階を追って検討していく。

(1) 認識段階

　企業同士が提携関係を結ぼうとする場合は，自社で顧客市場の開拓や関係の継続を図れるのか，それとも他の企業との提携によって，自社の弱みを補おうとするのかという，いわば**make or buy**の意思決定が必要な場面がある。つまり，この場面は提携や関係性構築のニーズを認識する段階である。

　この段階では，適切な提携先の存在，顧客の視点での効率を考えた場合における提携先の選択基準の設定，情報へのアクセスの便宜性などが考慮されることになる（Dwyer, Schurr and Oh 1987）。提携先の選定には，製品＋サービスという視点が求められ，同時に顧客への接近のしやすさも検討が必要である。たとえば，アイリスオーヤマでは，顧客情報へのアクセス向上を目指して，メーカーでありながら卸売業務も兼務することで，的確かつタイムリーな製品

とサービスの開発に努めている。

(2) 探索段階

　提携先の探索は，以下のステップを経て行われる（Clark, Peck, Payne and Christopher 1995）。

　①提携先の魅力度の検討：提携を超えて顧客にまでメリットがもたらされる
　　かどうか

　②対話と交渉の開始

　③2社間のパワー・バランスの検討

　④両社の規範の比較

　⑤期待度の分析：顧客の課題を協働で解決できるかどうか

(3) 拡張段階

　提携だけで双方の協働体制が推進されると考えるべきではない（Moore 1991）。探索段階を経て，両社の間で信頼性が確認され，相互のベネフィットが高まる。

(4) コミットメント（提携先との相互の関与度）段階

　企業間の関係が緊密になるにつれて，両社はコミットメントを強くしていく。コミットメントが強まる前段階として，「関係終結にあたって想定される損失」「関係の前進によって得られる利益」「共有の可能性のある価値観」「コミュニケーションの程度」が考慮される。さらに，こうした企業間では，**コミットメント**が強化されることによって，相互に要求を受け入れ協調関係のもとでコンフリクト（企業間の衝突）に対して友好的に解決を図ろうとする（Morgan and Hunt 1994）。

　また，こうしたパートナーシップは，以下のステップを経て形成される（Anderson and Naurus 1991）。

　・製品の適用や消費者の能力によって市場をセグメント化（セグメンテー

ション）する
・それぞれのセグメントで消費者に提供された製品の価値を評価する
・様々な関係性からターゲット・セグメント内の消費者を分析する
・関係性に固有の製品を開発し，提供する
・関係性の成果と再取引を評価する
・関係性からの製品やサービスの価値を定期的に更新する

（5）維持段階

　いったん形成された関係が，コミットメントの強化を通じて，安定的なものとなったとしても，消滅段階に至ることも十分に考えられる。しかしながら，外部企業とのチームワークは，短時間で形成しうるものではなく，対顧客への商品やサービスの提供には継続性が要求されることも少なくない。こうした点を考慮するならば，パイロット・テストに時間をかけ，できるだけコミットメントを維持することが必要になるであろう（Wheeler and Hirsh 1999）。

（6）消滅段階

　関係性の消滅には，トータル・コストの上昇，関係性の枠組みを超えるような要求，提携内容に対する裏切り行為などの契機が想定される。こうした事態によって，かつてのようなパワー・コントロールの関係に戻ってしまうと，提携などの長期的な関係性は消滅せざるを得ない場合が出てくる。

7. 関係性マーケティングの課題

　ここまで関係性マーケティングについてみてきたが，関係性マーケティングに対しては，顧客の**生涯価値**の長さを重視する点が批判されることがある。これは，その企業との取引期間が比較的短い顧客を無視し，低い評価につながることを危惧しているからである（Blythe 2014）。たとえば，高齢者は生涯購入期間が相対的に短くなるために，対象に入れられないかもしれない。これは，

大規模で裕福な顧客グループを全体的に無視する可能性もあり得ることを意味している。

　近年では，長期的な関係性の構築は，ほとんどの企業にとって好ましい考え方として受け止められるようになってきた。しかし実際には，多くの企業が期待するほどには理解しやすいものではないようである。

8. 地域マーケティング

　マーケティングの地域との関係性についてもみておくことにしよう（佐々木・石川・石原 2016）。

　マーケティング概念を拡大解釈すると，マーケティングの対象は，市場（ターゲットとする人々）から，市場にとっての価値物である社会的客体（製品・サービス・組織・人・場所・アイディア）へと変化した。

　その中で，地域をマーケティングの客体として捉えようとする考え方も提示されてきた。地域マーケティングとは，「ある特定の地域に対して，ターゲットとする人々から，好ましい反応を獲得するための活動」，あるいは「ターゲットとする人々の特定の地域に対する態度や行動を，創造・維持・変更しようとする活動」と定義されている（Kotler 1972）。したがって，地域マーケティングにおいては，「誰」あるいは「何」から「どのような反応」を獲得しようとしているのかということを明確にする必要がある。そもそも，地域は，買い物や観光，居住の場として人々の選択の対象となるものであり，また，企業にとっては，オフィスや工場を含め生産活動を行う場として，選択の対象になる。つまり，何らかの目的のために地域を選択する人々や組織に対して，他の地域ではなく，自身の地域を選択してもらうための活動，あるいはターゲットとする相手の望む地域価値を創造し伝えていく活動が地域マーケティングの目的ということになる。

　たとえば，昨今，わが国の観光市場では，各地に**DMO**（destination marketing/management organization）という地域の観光を促進する団体が立ち上

げられている。これは文字通り，目的地である地域に観光客を誘客するための
マーケティングと運営を行う組織であり，地域マーケティングの実施主体であ
ると言えよう。

　コトラー（Kotler, P.）らは，地域マーケティングにおけるターゲットとし
て，ビジター，企業・産業，住民・勤労者，移出（輸出）市場の4つをあげて
いる（Kotler, Haider and Rein 1993）。東は，ビジター，企業・産業，住民・
勤労者の誘致は，市場サイドの地域からマーケター・サイドの地域に顧客の移
動を引き起こすという意味で「集客型地域マーケティング」，逆に，移出（輸
出）は，マーケター・サイドの地域から市場サイドの地域に商品の移動を生じ
させる「移出型地域マーケティング」と性格付けることができるとしている
（東 2001）。

おわりに

　新製品を企画する際に，マーケティングには常に新たな消費者の開拓が求め
られてきた。その後，消費者ニーズの多様化，情報システムの進化，無駄の排
除といったマーケティング・チャネルに求められる効率性への要請から，B to
Bの企業間の関係性に見られる長期的な取引関係がB to Cの市場取引にも導入
されるようになってきている。本章では，その全体像についてみてきた。7章
で考察したオムニ・チャネルと共に，企業と消費者の新しい関係性に注目して
欲しい。

演習問題

企業と顧客が共に価値を共創する取組みについて，実際の市場における企業
の取組み事例をあげて考えてみよう。

【参考文献】

Adrian Payene and Pennie Frow (2016) *Customer relationship management*, Michael J. Baker, Susan Hart, *The marketing book*, Routledge.

Anderson, J.C. and Naurus, J.A. (1991) "Partnering as a Focused Market Strategy," *California Management Review*, Spr.

Blythe, J. (2014) *Key Concepts in Marketing*, Sage.

Bucklin, L.P.A. (1977) *Theory of Distribution Channel Structure*, IBER special publications. (田村正紀訳『流通経路構造論』)

Clark M., Peck H., Payne, A. and Christopher, M. (1995) "Relationship Marketing: Towards A New Paradigm" edt. Adrian Payne, *Advances in Relationship Marketing*.

Dwyer F.R., Schurr, P.H. and Oh, S. (1987) "Developing Buyer-Seller Relationships," *Journal of Marketing*, Apr, vol.51.

Gronroos, C. (1990) "Relationship Approach to Marketing in Service Contexts: The Marketing and Organizational Behavior Interface," *Journal of Business Research*, vol.20.

Gupta Sunil, Lehmann Donald R. and Stuart Kennifer Ames (2004) "Valuing customers", *Journal of Marketing Research*.

Kotler, P. (1972) "Generic Concept of Marketing", *Journal of Marketing*, Vol.36, Apr.

Kotler, p., Haider, D.H. and Rein, I. (1993) *Marketing Places Attracting Investment, Industry, and Tourism to Cities, States and Nations*, Free Press. (井関利明監訳, 前田正子・千野博・井関俊幸訳『地域のマーケティング』東洋経済新報社, 1996年)

Levitt, T. (1983) "After the sale is over", *Harvard Business Review*, Sept-Oct.

Matti Tuominen, Arto Rajala, Kristian Möller (2004) "Market-driving versus market-driven: Divergent roles of market orientation in business relationships," *Industrial Marketing Management*, Volume 33, Issue 3, April.

Moore, G.A. (1991) *Crossing the Chasm*. (川又政治訳『キャズム』翔泳社)

Morgan, R.M. and Shelby, D.H. (1994) "The Commitment-Trust Theory of Relationship Marketing," *Journal of Marketing*, 58.

Porter, M.E. (1985) *Competitive Advantage*, The Free Press. (M.E.ポーター『競争優位の戦略』1985年)

Reichheld, F.F. and Teal, T. (1996) *The Loyalty Effect: The Hidden Force Behind Growth, Profits, and Lasting Value*, Harvard Business School Pr.

Wheeler, S. and Hirsh, E. (1999) *Channel Champions*, Booz Allen & Hamilton.（日本ブーズ・アレン・アンド・ハミルトン訳『チャネル競争戦略』東洋経済新報社, 2000年）

東徹（2001）「地域マーケティングの意義と課題」廣瀬牧人他編『地域発展戦略へのアプローチ』泉文堂

牛窪一省（1995）「価値協創時代の企業戦略」ダイヤモンド・ハーバード・ビジネス編集部『顧客価値創造のマーケティング戦略』ダイヤモンド社

佐々木茂（2003）『流通システム論の新視点』ぎょうせい

佐々木茂・石川和男・石原慎士（2016）『地域マーケティングの核心』同友館

徳永豊他（1990）『例解マーケティングの管理と診断』同友館

徳永豊他（1989）『詳解マーケティング辞典』同文舘

見田宗介（1994）『社会学事典』弘文堂

見田宗介（1996）『価値意識の理論』弘文堂

佐々木　茂

第13章

サービス・マーケティング

はじめに

欧米諸国および日本といった先進国ではサービス経済化が
進展している。製品とは異なり，無形性が強調されるサービ
スへの関心は高く，サービス業だけでなく，製造業でもサー
ビス化が進められている。形がないことによって繰り返しの
取引が可能となることで顧客とのリレーションシップが促進
されるが，一方で無形であることにより，何を対価と位置づ
けることが難しいという側面もある。

サービスは，企業の取引レベル，産業レベル，政策レベルの
いずれにおいても影響が高くなってきている。本章ではまず
サービスの重要性について取り上げる。そして，サービスの
特性である無形性，異質性，不可分性，非貯蔵性について
説明する。さらにサービス・マーケティングの7Pを取り上げ，
最後にサービス研究における新しい視点であるサービス・ド
ミナント・ロジックについて簡単に解説する。本章の学習を
通じて，サービスを中心としたマーケティングの展開につい
ての理解が今後のビジネス展開について必要とされているこ
とを把握することができるであろう。

1. サービスの重要性

　経済全体におけるサービス部門の重要性が高まっている。とくに経済発展や都市化が進むにつれて，その傾向が強くなっていることが指摘されている（経済産業省 2015）。欧米諸国や日本などの先進国では1970年代後半からサービスへの関心が高くなってきた（野村 1983）。このような背景の下，サービスに対して，研究，実務，政策の点から注目されてきている。

　マーケティングの伝統的なプロセスでは，有形である製品をどのように顧客に到達させるのかということを前提としてきた。しかし，サービスにおいては，異なるアプローチが必要となっており，サービスの重要性が高まることで，**サービス・マーケティング**という領域が注目されるようになってきた。

　「**サービス**」という用語については一般的な用い方や理論的な視点から多様に定義されていることに注意しておく必要がある。一般的には無料の奉仕として用いられることが多く見られる。たとえば，家電品を購入した際についてくるアフターサービスとしての保証は一定期間無料で提供され，また，新規オープンしたレストランがサービスとして無料の飲み物などを提供することがある。このようにサービスと無料はセットで使われていることが多く見られるため，「サービスする」「サービス残業」などのように対価をもらわないという意味を持つことがある。

　しかし，サービス・マーケティングやサービス・マネジメントの視点では，サービスは無料である必要はない。マーケティングの代表的論者であるコトラー（Kotler, P.）は「サービスをある当事者が他の当事者に対して提供する行為や成果のことを意味し，本質的に無形で何の所有権も提供しない」と説明している（Kotler et al. 2016）。つまり，サービスは取引の対象であり，無形の要素があり，そこには所有権がない何かを提供するということになる。

　サービス研究者のラブロック（Lovelock, C.）は，図表13-1のように，サービスを人に対して向けられるものと物に対して向けられるもの，有形な行為か無形な行為かによって4つに分類している（Lovelock and Wirtz 2007）。この

ように，サービスは多様性を有し，それぞれの特性に応じてマーケティングが
実施されることになる。

図表13-1　サービスの分類

	人	物財
有形行為	①人の身体に向けられるサービス ・理髪 ・レストラン ・交通機関 ・エスササイズ	②財や他の有形資産に向けられる サービス ・荷の輸送 ・造園と庭の手入れ ・修理サービス ・獣医
無形行為	③人の精神に向けられるサービス ・教育 ・放送 ・映画 ・美術館	④無形資産に向けられるサービス ・銀行 ・法律相談 ・会計処理 ・保険

出所：Lovelock and Wirtz (2007)，邦訳書p.42を元に一部修正

　サービスは完全に無形であるというものは少ない。むしろ取引の場面におい
ては所有権が移転しないという観点を持つことが重要であろう。有形というよ
りは何かを利用できるという権利が移転しているのである。
　さらに，サービスについては，近年，取引の場面だけではなく，企業者や消
費者による行為として広義に捉えられるようになっている。第4節で取り上げ
るサービス・ドミナント・ロジックでは，サービスを無形の取引対象ではなく
ナレッジやスキルの適用として定義する。これによって，口コミや製品使用な
ど様々なマーケティングにかかわる現象を説明することが可能となる。
　このように重要性が増しているサービスは取引レベル，産業レベル，政策レ
ベルから検討することができる。まず，取引レベルでは，サービスの比率が高
くなってきていることがあげられる。これは取引の対象となる企業から顧客へ
の提供物が，別の取引形態をとるようになっているということができる。その
代表的なビジネスが**サブスクリプション**である（Tzuo and Weisert 2018）。
　サブスクリプションは，定期購買を意味する用語であるが，企業と顧客との

関係を有形財の販売ではなく，サービスの継続的提供へとシフトする動きを指している。たとえば保守点検などがその代表的な事例となるであろう。メーカーが製品を販売し，その保守点検として一定の期間（多くは年間契約）のメンテナンスを提供するものである。複雑な機械や設備を提供するような場合に商品を提供して，無形性の高いサービスを継続的に提供し，収益性を高めている。

　同様のビジネスは，ソフトウェア企業も導入している。Microsoft Office 365はマイクロソフト社が手がけているサブスクリプションによるサービスであり，アプリケーションソフトであるMicrosoft Officeの製品群を提供している。同サービスは，月単位もしくは年単位で使用期間が定められており，契約によってOffice関連の製品を利用できるというものである。AcrobatやPhotoshopなどを提供しているAdobe社によるサブスクリプションは，サービスを提供し続けている期間にアップデートを可能とすることで，イノベーションを加速することを目的にしている。

　同様のサービスとして，音楽のサブスクリプションがある。従来までのこの業種では，CDを中心に販売する物販型が主であり，無形である音楽をCDという形にして販売していた。しかしながら，音楽配信やサブスクリプションでは，特定のアーティストの曲を聴くことができるパッケージ化されたサービスを提供するのではなく，様々なアーティストの音楽をどのようなデバイスにおいてもいつでも聞くことができるというモデルに移行している。

　このような変化は，多くの業界においてみることができる。つまり，サービス化は，取引の対象がサービスへと変化するのではなく，サービスそのものの提供のあり方も変化している。この点においてマーケティングの理論では，サービス化の流れに伴う企業と顧客との関係やそれ以外の大きなエコシステムを踏まえた理論化および概念化が進められている。

　産業のレベルでいえば，サービス化は産業構造の転換として考えることができる。第一次産業は，農業や林業及び漁業，第二次産業はいわゆる建設業や製造業，そして，第三次産業には，情報通信や運輸，卸売，小売，不動産のほ

か，生活関連サービスや飲食業を含めた業種が含まれる（羽田 1993）。

　同様の観点を持つのが，ベル（Bell, D.）による脱工業化社会である（Bell 1973）。これは，1962年に社会学者であるベル（Bell, D.）によって主張された考え方であり，経済の比重がサービスへとシフトするとともに，知識が重視される社会が到来すると説明した。サービス化が知識や情報と関連している議論は，他にもトフラー（Toffler, A. 1980）による「第三の波」で述べられている。さらにはこれと都市化が関係していると述べているのが，フロリダ（Florida, R.L. 2014）による「クリエイティブ・クラス」である。フロリダは知的階層が集積することによって都市経済が発展すると述べつつ，サービス化がもたらす影響について議論している。

　わが国においては，産業の観点から**サービス業の生産性**の低さが議論されている。サービス生産性とは，サービスの生産におけるインプットに対するアウトプットとの比率であり，労働生産性の観点から用いられることが多く，どの程度の価値を生み出しているのかを測定している指標となっている。

　従来の工業製品における生産性と比べると，サービス業における生産性は高くない状況にある。日本の高度経済成長期は，自動車や家電製品など優れた製品を作り出し，国際的に評価を受けて競争力を高めてきた。一方，製造業と比べるとサービスの国際化は進んでいないといわれることもあり，優れたサービス品質や価値創造をどのように高めていくのが議論される。

　政策レベルでサービス化への対応が進められている事例もある。たとえば，農産物の**六次産業化**があげられる。六次産業化とは，第一次産業である農林水産物を第二次産業である製造業と販売を意識した第三次産業を掛け合わせること（1×2×3=6）で価値を高めようとする政策である。また，人口減少が進むわが国においては，定住人口の減少を背景に観光客などの交流人口を増やしながら経済の活性化を果たそうとする動きも見られる。2007年に施行された観光立国推進基本法のもとでは，国際競争力の高い観光地ブランドの構築や人材育成，環境整備などが進められている。

　このようにサービス化の進展は単なる製品や取引レベルの話ではなく，産業

や政策など多くの分野にかかわってきている。とくにサービスを中核としたビジネスの展開は，多くの企業にかかわることであり，すべてのビジネスがサービス中心の事業となる可能性を秘めていることになる。

製造業のサービス化を意味する**サービタイゼーション**は，欧米の製造業を中心として発展し，近年ではわが国の製造業においても検討され，取り組まれている。このような中では，商品の販売よりもソリューションの販売という動きが見られる（Kowalkowski, C. et al. 2020）。

加えて，また，UberやAirbnbに見られるような**シェアリング・エコノミー**もサービス化に大きくかかわる（宮崎 2015）。サービスの経済化に伴って消費者のサービス支出の割合が増加している。このような傾向は日本やアメリカのような先進国において等しく見られるものであり，かつ近年では先進国以外においても見られる現象である。

サービス化においてもう一つ見逃せないのは，消費者側の視点である。シェアリング・エコノミーのように商品を共有するニーズが高まっている状況は，有形財が数多く増えており，これ以上の「もの」を持つことが難しくなっているからでもある。洋服ダンスや靴箱などに洋服や靴がまったくないということはほとんどない。そのため，所有物を動かすサービスが注目されるようになる。シェアリング・エコノミーはモノがサービスによって動く仕組みであると言える。

2. サービスにおけるマーケティングの特性

ここで市場提供物としてのサービスの特徴とそのマーケティング上の留意点について触れておく。一般的に，サービスは形のある製品と比較すると，無形性，不可分性，変動性，消滅性という特性を有している（Kotler et al. 2016）。その他にも多くのサービスの特徴が指摘されているが，この代表的な4つの性質は頭文字をとってIHIP（特性）と呼ばれている。

（1）無形性（Intangibility）

　サービスはそれ自体で物理的な形がない。このことを無形性といい，サービスの基本的な特性となる。無形性という理由のため，サービスは品質確認が非常に難しい。事前に触ったり，味わったりすることで品質を確かめることができなくなるのである。

　消費者はサービスの品質を判断するために，サービスを提供するために用いられる何らかの有形のものを手がかりに品質を判断することになる。サービス・スケープとは，サービスを提供する物理的な環境によってサービスの品質が影響を受けることを意味している。サービス・スケープには，内装や外装，気温や匂いなどが含まれるとされる。美容室であれば，入り口の雰囲気や店舗内の温度など，サービスを提供する空間によって顧客の満足度に影響を与えることがある。これらサービスによって顧客が感じる満足度に影響を与える外的環境要素としてサービス・スケープの重要性をサービス・マーケティングでは考慮しなければならなくなる。

　これは**サービス品質**の手がかりをこれら外部の要因に求める顧客の動きがあることを反映している。製品とは異なり，サービスは提供される何かの品質を推定できないので，このようなサービス・スケープやサービス・ブランドによって推定することになる。

　また，サービス品質を確認するために，顧客満足度を重視することになる。コンサルティングや保険などの業界において顧客満足度の高さを強調し，品質の良さを訴求することが多く行われている。事前に品質が判断できないサービス業においては，満足度という顧客からの評価を活用することになる。

（2）変動性（Heterogeneity）

　サービスは，製品と比べると品質を維持することが非常に難しい。これにはサービスの提供側と消費側それぞれに要因がある。まずは提供側の方から考える。製品の場合，生産プロセスによってある程度の範囲で標準化された製品が生産可能である。一方，サービスの場合，製品よりも品質の変動が大きくな

る。これは，サービス提供者やそれ以外の要因が大きく関係することにある。そのため，サービス企業は，組織全体におけるサービス業務のプロセスを標準化する。マニュアルを整備し，業務プロセスを標準化することによって一定水準の品質を維持することで品質の変動に対応する。

　また，逆さまのピラミッドは，サービス業における顧客志向を徹底する概念であり，サービスの提供プロセスにおける権限をどのようにするべきなのかについて指し示す（Albrecht 1988）。通常の組織においては，組織が上位に来て，そこで決定されたことを中間管理職や担当者が実施するという構造になっている。しかし，サービス業では，顧客との接点であるサービス・エンカウンターでの顧客との相互作用性は高くなる。そのため，サービスの提供者に権限を大きく持たせる構造にすることが必要となる。顧客を上位に位置づけ，その下に従業員を置く組織構造にしたのが**逆さまのピラミッド**である。

(3) 不可分性（Inseparability）

　サービスの場合，生産と消費が同時に行われる。サービスの売買が先に行われ，その後にサービスが提供される。このプロセスは製品とはまったく異なることになる。製品の場合は，注文生産を除き，生産が先に行われ，取引によって消費者に渡される。そのため，生産される場所は，消費者の近くである必要はない。製品は輸送可能となるが，サービスは移動することが難しい。

　そのため，サービスは相互作用性が高くなる。つまり，提供者と消費者が必然的に相互作用していることを意味する。サービスの提供者と顧客の双方がサービスの品質に影響を与えるのである。サービスの提供者に対する印象によってサービスの評価が異なってくることがよくある。

(4) 消滅性（Perishability）

　サービスの特性として保存や在庫を持つことが難しいということがあげられる。ホテルの宿泊サービスや航空便では，とくにこの傾向が強くなる。これらのサービスでは有形的要素を元にしたサービス（宿泊や移動）が提供されてい

図表13-2　サービス組織の特徴：逆さまのピラミッド概念

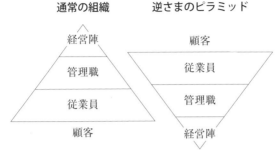

出所：Albrecht (1988), 邦訳書pp.165-166をもとに筆者作成

　る。仮に，ある一日の宿泊または搭乗数を100としたとして実際に利用したの
が80であったとしよう。残りの20が在庫となるが，サービスの場合，この在
庫を翌日に利用してもらうことができない。

　また，その逆に，サービスの需要が供給よりも多い場面を想像してみよう。
たとえば行列のできるラーメン屋は，需要が供給を大幅に超える状況にある。
需要が供給を超えている場合，製品であればあらかじめ多く生産しておくこと
によって対応可能である。しかし，サービスはそうならない。これは不可分性
（同時性）が特徴であるためであり，その背後にはサービスを在庫のように
持っておくことができないという消滅性が問題として存在するからである。

　この場合，サービスは需要に対応する供給体制をどのような水準にするのか
考えておく必要がある。変動性があまりないサービスの場合は，それにあわせ
た設備や従業員を用意すればよいのでとくに問題はないが，変動率が大きい場
合，需要量を意図的に減らすか供給量を増やすことを考える必要がある。たと
えば，東京メトロでは，通勤が混雑する時間帯を避けて利用する人へポイント
を贈呈するなど，需要量のシフトを促進している。

　また，混雑するレストランや施設では予約サービスを導入することによっ
て，需要の平準化が行われる。インターネットやスマートフォンでの予約を可
能とするサービスを行うことによって，一時的な混雑を回避することが可能と

なり，消滅性への対応を行うことが可能になる。

　サービスによって供給量を増やすこともある。需要の増加があらかじめ予測されるようなときには，臨時に人員や設備を利用することもある。たとえば，先述した旅行の場合，飛行機や鉄道で需要量が多い時期は，便数を増やすことで対応している。また，パートやアルバイトを雇うことで，需要が多い時期において顧客への対応を行っている。

　さらに，価格で需給を調整する動きも多く見られている。その一つがダイナミック・プライシングと呼ばれる手法である。ダイナミック・プライシングは需給の状況を見ながら，柔軟に価格設定を行う手法である。経済学的観点から価格は需要と供給によって決定されると指摘されてきたが，企業が設定する価格は実際には固定化される傾向が強い。しかしながら，需要が変動する場合は価格を引き下げて需要を喚起することも可能である。ホテルや飛行機，スポーツなどではこのような需要変動に基づいた価格設定がなされている。

　プロ野球球団である横浜DeNAでは，2018年度よりチケット料金を5つのパターンで設定するフレックスチケット制を導入している。それまでは席によって価格が異なっていたが，この制度では同じ席でも試合カードや曜日によって価格が変わったり，座席のカテゴリー（内野や外野）も変わったりする。提供される座席数を一時的に増やすような対応をするよりも，状況に応じて価格を変更することによって収益性を高めることが意図されている。

　ホテルではより詳細な価格設定がなされる。予約されるタイミングによって価格が変わったり，需要が多そうな時期には高価格を設定したりするなど，多様な価格設定がなされている。アパホテルでは稼働率を高くするために柔軟に価格を変更できる権限が各ホテルの支配人に与えられており，競合ホテルの状況を考慮しながら，価格が設定されている。

3. サービス・マーケティングのプロセスと課題

　サービスのマーケティングと製品のマーケティングの相違点について考える

ためには，基本的な枠組みとなるミックスからアプローチすることができる。サービス・マーケティングでは，基本的なマーケティングの枠組みである4Pに3つの要素（人員，プロセス，物的設備）を加えた7Pによって検討する必要があると指摘されている（Fisk et al. 2000）。

　まず1つ目の「人員」はサービスを提供する従業員が中心となる。とくにサービスにおける顧客満足は，サービスの提供プロセス全体というよりもある一瞬の状況によって決まるといわれている。このことは「真実の瞬間」と呼ばれているが，顧客と接する人員にとってはサービスの提供において中核となる重要な要因となる。

　そのため，サービスを担当するスタッフへの研修や権限委譲などが検討課題となる。商品やサービスの知識や顧客への対応などは，サービス担当者として身につけなければならないものが多い。さらに，最近では複数の業務を担当することができる多様な知識を身につけることも求められている。

　2つ目の「プロセス」とは，顧客にサービスを提供する方法を示す。顧客にサービスを提供するにあたって，どのような手段や手順で行われているのかを分析することになる。とくに顧客がサービスの提供プロセスにかかわる場合は，顧客の動きを分析することが必要となる。

　サービス・ブループリント（サービスの青写真）は，サービス設計において提供されるプロセスを明確にするものである。青写真は，ある物事を行うときの手順を示しているものである。サービスの場合は，無形の要素が強いので手順をあらかじめ明確にすることでサービスの提供プロセスを管理することが可能になる。

　3つ目の「物的設備」とは，サービスを提供する外部環境を示すもので保証を提供することなどが行われる。トレーニングジムを展開するRIZAPは，「結果にコミットする」を広告コピーとして，サービス提供の品質を保証している。また，補習塾の中では成績保証を提示して生徒募集しているところもある。サービスの品質理解が非常に難しいので，このような保証をつけることがサービス購入者にとって安心につながる。

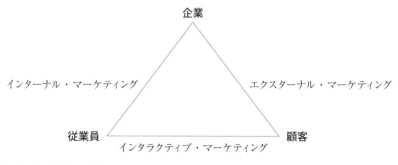

図表13-3　サービス・トライアングル

企業

インターナル・マーケティング　　　　　　エクスターナル・マーケティング

従業員　　　　　　　　　　　　　　　　顧客
インタラクティブ・マーケティング

出所：Kotler (1994), p.470

　このように，サービス・マーケティングでは製品のマーケティングとは異な
る観点で実施されることになる。サービス組織におけるマーケティングの多様
性を示す考え方としてサービス・トライアングルがある。図表13-3に示した
ように，企業と顧客という従来型のマーケティング（外部向けマーケティン
グ，エクスターナルマーケティング），従業員と顧客とのやりとりを示すイン
タラクティブマーケティング，そして企業の従業員に対するインターナルマー
ケティングから構成されることになる。

4. サービス・ドミナント・ロジック（SDL）とサービス・エコシステム

　ここでは，サービス研究に大きく影響を与えている**サービス・ドミナント・
ロジック**（Service Dominant Logic，以下SDL）について説明する。SDLは，
サービス概念を取引レベルでの無形性から，サービスの内容と目的へと転換さ
せることによって，従来のマーケティングの発展を説明しようとしたものであ
る。SDLでは，従来の取引の対象となるサービスを複数形のサービス（サー
ビシィーズ）とし，サービスをあるアクターが他のアクターのために提供する
ナレッジやスキルの適用であると定義されている（Lusch and Vargo 2014，井
上・村松 2010）。

　このように位置づけるのは，サービスの特性がともすればサービスが取引の対象として劣っているものとして捉えられてしまうからである。サービスの特性としてのIHIP（本章第2節参照）は取引の対象として考えると，いくつかの点で問題があると考えておく必要がある。サービシィーズの生産性を高める場合は，IHIPのいずれかもしくは複数を解決することで実現される。たとえばスタディサプリは，インターネットで授業を展開することによって不可分性と消滅性に対応している。従来の授業は，教師と同じ空間に存在しないと受けることができなかったが，スタディサプリではPCやスマホでも見られるようにすることでいつでもどこでも学習ができるようになっている。このサービスは，多くの高校でも導入され，会員数が増えている。このようにサービスの特性を踏まえたマーケティングが展開されていることになるが，これらはその前提としてサービシィーズの限界も同時に示していることになる。

　SDLでは，従来のサービス・マーケティングで議論の対象となっていた取引の対象ではなく，取引に至るプロセスを分析する必要性を説いている。むしろ，企業や消費者をアクターとして位置づけ，これらがサービスを資源として利用することで価値共創の構造を明らかにしているのである。

　SDLの提唱者であるバーゴ（Vargo, S.L.）とラッシュ（Lusch, R.F.）は，SDLに基づいた考え方の前提としての基本的前提を提示している。これは当初（2004年段階）は8つの前提であったが，その後にアップデートされ，現在では11の前提が示されている。

　SDLでは，前述の基本的な前提や公理を元にして，価値共創の構造を明らかにしている。このための基礎概念が資源統合，サービス交換，制度と制度配列，そしてサービス・エコシステムとなる。

　ここでの価値は，他者のサービス（ナレッジやスキルの適用）を通じた適応能力，生存能力，システム福祉の増加によって測定され，受益システムの適応能力，生存能力の創出が目的となる。ここでの受益者となるのが，多くの場合で消費者となるが，消費者はただ単に商品を購入するだけの存在ではない。むしろ，それを利用して（資源統合して），自らの適応能力，生存能力を高めよ

図表13-4　SDLの公理と基本的前提

公理	前提	言明
公理1	FP1	サービスが交換の基本的基盤である。
	FP2	間接的な交換は交換の基本的基盤を見えなくする。
	FP3	グッズはサービス供給のための流通手段である。
	FP4	オペラント資源は戦略的ベネフィットの基本的な源泉である。
	FP5	すべての経済はサービス経済である。
公理2	FP6	価値は受益者を含む複数のアクターによって共創される。
	FP7	アクターは価値を運ぶことができず，価値提言の創造と提供に参加することができる。
	FP8	サービス中心の考え方は元来受益者志向的であり関係的である。
公理3	FP9	すべての社会的行為者と経済的行為者は資源統合者である。
公理4	FP10	価値は受益者によって常に独自に現象学的に判断される。
公理5	FP11	価値共創は，アクターが生み出す制度と制度的配列によって調整される。

出所：Vargo and Lusch (2016), p.8を元に筆者作成

うとする。先に述べたようにシェアリング・エコノミーのもとでは商品でさえ，共有される資源として用いられる。

　さらにSNSの発展によってみられるいわゆる「インスタ映え」は，SDLの観点から説明できる。消費者は，商品を購入するだけでなく，その商品の良さをSNS（インスタグラム）に登録することによって周囲に発信する。このとき，当該消費者は単なる消費を行っているだけでなく，商品とスマホの写真を統合し，それを発信することで適応能力を高めていることになる。SNSでの発信は企業にとって事業に役立つことになるので，消費者が利用しやすいように様々な工夫を行う。近年，小売業で「撮影OK」などと表示されているのもその一つである。

　このように，近年では単なる商品やサービスに限定されず，幅広い範囲の中で価値が共創されている。SDLでは，そのためサービス・エコシステム概念によって価値共創の構造が明らかにされている。**サービス・エコシステム**とは，「共通の制度的ロジックとサービス交換を通じた相互的な価値創造によって結びつけられた資源統合アクターによる相対的に自己完結的で自己調整的な

システム」（Lusch and Vargo 2014, p.161；邦訳p.191）と定義される。多くの関係者が相互の価値創造を行うことによって，サービスが流通されるための手段としてグッズのマーケティングが展開されると考えられるであろう。

おわりに

　本章では，サービス・マーケティングの基本的な視点について取り上げた。経済が成熟化する中で，先進国のほとんどはサービス部門への依存度が高くなっている。サービスは製品とは異なり，無形性が高く，それに関連した特性である不可分性，異質性，非貯蔵性を有すという特徴がある。サービスのマーケティングはこれら4つの特徴を踏まえて展開する必要がある。また，サービスでは，製品，価格，チャネル，プロモーションという伝統的な4つの要素（いわゆる4P）に加えて，人員，プロセス，物的証拠という3つの要素を加えた7Pを踏まえて検討していくことが求められる。本章ではさらにSDLについて取り上げた。SDLはサービス概念を拡張し，サービスをベースとした価値共創を明らかにするための枠組みを提示している。SNSなど消費者による行動が無視できなくなっている現在，SDLによるサービス概念はマーケティングにおける新しい方向性を示唆しているといえる。

演習問題

①サービス経済の進展によって，マーケティングはどのように変化しているのかについて考えてみよう。

②サービスの特徴について述べ，それぞれの対応策について考えてみよう。

③サービス・ドミナント・ロジックにおけるサービス概念について考えてみよう。

【参考文献】

Albrecht, K. (1988) *At America's Service*, Dow Jones-Irwin. (鳥居直隆監訳『逆さま
のピラミッド』日本能率協会マネジメントセンター, 1990年)

Bell, D. (1973) *The coming of post-industrial society: a venture in social forecasting*:
Basic Books. (内田忠夫訳『脱工業社会の到来─社会予測の一つの試み』ダイヤ
モンド社, 1975年)

Fisk, R., S. Grove and J. John (2000) *Interactive Services Marketing*, Houghton Mifflin
Company.

Florida, R.L. (2014) The rise of the creative class, revisited (Rev. ed ed.): Basic
Books. (井口典夫訳『新クリエイティブ資本論─才能（タレント）が経済と都
市の主役となる』ダイヤモンド社, 2014年)

Kotler, P. (1994) *Marketing Management* 8th eds., Prentice-Hall.

Kotler, P., Keller, K. and Armstrong, A. (2016) *Marketing Management*, 15th global
edition, England: Pearson Education Limited.

Kowalkowski, C. and Ulaga, W. (2017) Service Strategy in Action: A Practical Guide
for Growing Your B2B Service and Solution Business, Service Strategy Press.
(戸谷圭子・持丸正明訳『B2Bのサービス化戦略』東洋経済新報社, 2020年)

Lovelock, C.H. and Wirtz, J. (2007) *Services marketing: people, technology, strategy*:
Pearson/Prentice Hall. (武田玲子訳『ラブロック＆ウィルツのサービス・マー
ケティング』ピアソン・エデュケーション, 2008年9月)

Lusch, R.F. and Vargo, S.L. (2014) *Service-Dominant Logic: Premises, Perspectives,
Possibilities*: Cambridge University Press. (井上崇通監訳, 庄司真人・田口尚史
訳『サービス・ドミナント・ロジックの発想と応用』同文舘出版, 2016年)

Toffler, A. (1980) *The third wave* (1st ed ed.): Morrow. (鈴木健次訳『第三の波』日本
放送出版協会, 1980年)

Tzuo, T. and Weisert, G. (2018) *Subscribed: why the subscription model will be your
company's future-and what to do about it*: Portfolio/Penguin. (桑野順一郎・御立
英史訳『サブスクリプション』ダイヤモンド社, 2018年)

Vargo, S.L. and Lusch, R.F. (2016) "Institutions and axioms: an extension and update
of service-dominant logic," Journal of the Academy of Marketing Science, 44(1),
pp.5-23.

井上崇通・村松潤一（2010）『サービスドミナントロジック─マーケティング研究へ
の新たな視座』同文舘出版

経済産業省（2015）『通商白書（平成27年度版）』勝美印刷

野村清（1983）『サービス産業の発想と戦略—モノからサービス経済へ』電通

羽田昇史（1993）『サービス経済論入門』（改訂版）同文舘出版

宮崎康二（2015）『シェアリング・エコノミー—Uber, Airbnbが変えた世界』日本経済新聞出版社

庄司真人

第14章

ソーシャル・マーケティング

はじめに

ソーシャル・マーケティングは，人々や組織の行動にイノベーションをもたらすための戦略であり，高齢化や過疎化，人手不足など人口や労働問題，貧困やいじめ，暴力など地域の課題，人権侵害などの社会問題の解決に向けて取り組むために，行政機関と非営利組織，さらには企業が実行する。この概念は，1971年にコトラーとザルトマンが使用して以来一般的に適用されるようになったマーケティングの考え方の1つである (Kotler & Zaltman, 1971)。ソーシャル・マーケティングは，社会と個人にとっての生活の質を改善するための仲介とキャンペーンが効果的に機能することによって，社会の変革に貢献する。本章では，ソーシャル・マーケティングの歴史的展開に加え，社会的問題に対してマーケティングの考え方を応用するための主要な課題と挑戦について概観し，人々に行動を起こさせるためのマーケティング活動の有効性について示すことにする。

1. ソーシャル・マーケティングとは

（1）概観

　ソーシャル・マーケティングは，本章の冒頭部（はじめに）で述べたように社会的な課題に対してビジネス・マーケティングの原理を適用した考え方である。この概念は，1970年代初期に，コトラーとザルトマン（Kotler, P. and Zaltman, G.）がJournal of Marketingに論文を寄稿した際に使用したことを契機に認知されるようになった。彼らは，「ソーシャル・マーケティングは，ビジネス・マーケティングの拡張であり，社会的に有益な行動をマーケティングすることを狙っている」と主張した（Kotler and Zaltman 1971）。

図表14-1　ビジネス対ソーシャル・マーケティングの違い

	ビジネス・マーケティング	ソーシャル・マーケティング
目標	利益	社会的利益
組織	営利と非営利	行政と非営利
成功の評価基準の例	満足，ロイヤルティ，収入，売上，マーケット・シェア	命の救済，水源確保，ゴミの削減
便益の時間枠	即座に	ゆっくりと
予算	大企業の大規模な予算が一般的	小規模が一般的
反応の速さ	環境変化に対して適応力があり，反応が速いのが一般的	環境変化に対して適応力が低く，反応が遅いのが一般的
ステークホルダー	パートナーをあまり受け入れない	パートナーを積極的に受け入れる（アクセスが容易で予算を最大化）

出所：Russell-Bennett (2016)

　ソーシャル・マーケティングには，戦略計画プロセス，顧客調査，セグメンテーションとマーケティング・ミックスの構築というビジネス・マーケティングと同様のプロセスが含まれている。図表14-1に示されているように，ビジネスとソーシャル・マーケティングの違いは，提供する製品の特長（特定の企業にとっての直接的な利益を期待するか，社会全体に効果があるか）と便益の受け手（製品から直接恩恵を受ける人を対象にするのか，間接的に生活が改善

される人も含んだメリットがあるか）にあるとされている（Russell-Bennett 2016）。

(2) ソーシャル・マーケティングの2つの視点

　ここでは，ソーシャル・マーケティングを巡って論争になった2つの視点をみておくことにする。

　1つは，コトラー（Kotler, P.）らに代表される**非営利組織のマーケティング**であり，ソーシャル・マーケティングの概念は，「ソーシャル・アイデアが受け入れてもらえるように考えられた計画の設計，実行，管理であり，製品計画，価格設定，コミュニケーション，チャネルおよびマーケティング調査の検討を行うものである」と述べられている。ソーシャル・マーケティングが対象とするのは，教会，慈善団体，美術館や交響楽団，病院や大学，そして公共機関などである（Kotler and Zaltman 1971）。

　もう1つは，レーザー（Lazer, W. 1976）による指摘である。この見解では，企業にも非営利組織にも，**マネジリアル・マーケティング**とソーシャル・マーケティングのいずれをも適用しようとする必要性が述べられている。企業がソーシャル・マーケティングの視点で行動する場合には，市民のニーズや環境に配慮することが求められる。その機能としては，社会的機会の検討，社会的な貢献活動の企画，社会的責任への対応を行う専門部署の設置，社会的影響について監査し管理することなどがあげられる。マーケティング・ミックスは，経済的な利潤ではなく，その社会と環境に対するインパクトの大きさから内容を判断している（Lazer and La Barbera 1976）。

　レーザーとケリー（Kelley, E.J.）は，コトラーとフォックス（Fox, K.F.A.）らとの捉え方の違いを指摘しており（Fox and Kotler 1980），「ソーシャル・マーケティング」は非営利組織のマーケティングだけでなく，企業のマーケティングの**社会的責任**と社会的影響をも含むという視点を提起している（Lazer and Kelley 1973）。一方で，コトラーらは，レーザーらの視点を「社会志向性マーケティング」（societal marketing）と捉え，「非営利組織マーケティン

グ」とは区分して考える必要があるとしている（Fox and Kotler 1980）。

　以上から，社会的なマーケティングの位置づけとしては，①非営利組織の
マーケティング，②非営利組織も営利組織も貢献できる社会的課題に対する
マーケティングというソーシャル・マーケティング，③企業の社会的責任を
ベースとした**ソサエタル・マーケティング**の3つに分類することができる。

2. ソーシャル・マーケティング・ミックスとは

　製品のマーケティング・ミックスに，サービスのマーケティング・ミックス
の要素を加えることによって，ソーシャル・マーケティング・ミックスが形成
されるようになった（第13章参照）。つまり，ソーシャル・マーケティング・
ミックスとは，従来の製品，価格，プロモーション，チャネルの4つの要素に，
人々，プロセス，物的証拠の3つの要素を付け加えたものである（Russell-
Bennet 2013）。具体的な内容は，次の各節でみていくことにする。

(1) ソーシャル・プロダクト

　ソーシャル・プロダクトの要素としては，アイディア，行動，商品とサービ
スがあげられる。たとえば，アルコール消費の削減に関連したソーシャル・
マーケティング計画の場合で考えてみよう。ここでのソーシャル・プロダクト
のアイディアは，「適度に飲むことが望ましく，健康にもよい」といった，態
度，信念もしくは価値に関連した内容となる。この適度に飲むというアイディ
アには，「一晩に4杯以下に抑えた飲み方」や「つぎの一杯を飲むときには必
ず水を飲む」といった行動が伴うと身体に良いとされている。アイディアと行
動に結びついた商品は，ボトル入りの水やノンアルコール・ドリンクであり，
サービスには，消費されるドリンクの量を測定するスマホのアプリなどのe
サービスがある。

　ソーシャル・マーケティングの目的がアクションを起こすこと（行動の変化
もしくは維持）であるとするならば，ソーシャル・プロダクトには，少なくと

もアイディアか行動に影響を与える構成要素を含むことが必要になる。

（2）ソーシャル・プライス

　ソーシャル・プライスは，標的市場に特定の行動を起こしてもらうためのコストを指している。一般的なマーケティングでは，コストといえば金銭的な問題になるが，ソーシャル・マーケティングでは，金銭も金銭以外も扱うことになる。図表14-2には，金銭以外のコストとしては，時間，努力，心理的，物的，情緒的といった内容が含まれている（Russell-Bennett 2016）。

　ソーシャル・プロダクトを積極的に採用しようとする顧客にとって，交換の行為は肯定的なものとなる。そこでは，交換価値には通常のプロダクトよりも高い価値が求められている。もし交換が否定的なものだとすると，価値はコスト以下となり，プロダクトの提供は代替案に比べて顧客への提供価値が低くなるため，顧客はソーシャル・プライスを支払わなくなる（Russell-Bennett 2016）。

図表14-2　ソーシャル・プロダクトに対するコストの例

ソーシャル・プロダクト	金銭的なコスト	金銭以外のコスト
適度な飲酒	水の購入もしくはノンアルコール・ドリンク	飲酒する場合には，親しい仲間から取り残された感じ 格好悪いと認識される
リサイクル	新しいゴミ箱を購入してゴミを分別 リサイクルセンターまでのガソリン代	ゴミを分別するもしくはゴミ箱まで歩いて行く努力 仲間の前で恥ずかしくなる
献血	献血センターへの交通費	注射針への恐怖心 勤務中に行う場合の勤務時間と生産性の喪失

出所：Russell-Bennett (2016)

　ソーシャル・プライス戦略は，つぎの6つにまとめることができる（Kotler and Lee 2008）。

　①必要とされる行動に対して金銭的な価値を増加させる

②必要とされる行動に対して金銭的なコストを減らす

③必要とされる行動に対して金銭以外の価値を増加させる

④必要とされる行動に対して金銭以外のコストを減らす

⑤競争的な行動に対して金銭的なコストを増加させる

⑥競争的な行動に対して金銭以外のコストを増加させる

（3）ソーシャル・チャネル

ソーシャル・チャネルは，標的市場がソーシャル・プロダクトを受け入れ，簡単便利にアクセスできる場所と時間を指している。マーケターとしては，行動を起こすコストを削減したいが，これは，マーケティング・ミックスのチャネルの要素と連動して達成できる。

パートナーシップは，ソーシャル・マーケティングの仲介に必要とされる役割である。パートナーシップは，社会変化を起こすために必要な複数のステークホルダーを集めるといったチャネルの役割を果たしてくれる。パートナーの例としては，地方自治体，地域団体，メディア，学校，地元企業などがあげられる（Russell-Bennett 2016）。

チャネルの選択には，優先順位をつける必要がある。たとえば，図表14-3は，バスの定期券の発行を巡る優先順位の例示である（Kotler and Lee 2007）。

（4）ソーシャル・プロモーション（コミュニケーション）

これは，企業のプロモーションと同様に，標的顧客を啓蒙しメッセージを伝えることである。その方法には，多様なメディア・チャネルとアプローチがあり，マーケティングの交換がポジティブなものである（ソーシャル・プライス）と考えてもらえるように顧客を説得するのと同様に，標的顧客の行動の価値をプロモーションする必要がある。コミュニケーションは，顧客に行動（知識を創造し，信念を修正する）を促すことに加え，立地，商品，サービスへのアクセス方法を伝えることや行動を起こさせること（ソーシャル・チャネル）が可能である。

図表14-3　バスの定期券の発行を巡り，チャネル選択の優先順位と
　　　　　アイディアの改善

<table>
<tr><td rowspan="4">公共機関に対する経済的価値</td><td>優先度「中」</td><td>優先度「高」</td></tr>
<tr><td>・コストの削減か，正味収入の増加，またはその両方
・期待する顧客の行動や満足度を低下させるか，影響を与えない
（例）バス定期券代金の口座自動引き落とし</td><td>顧客の利便性を高めるだけでなく，公共機関の経済的利益を最大限に増やす可能性のある，最も魅力的なアイディア
・コストの削減か，正味収入の増加，またはその両方
・期待する顧客の行動や満足度を高める
（例）オンラインによるバス定期券販売</td></tr>
<tr><td>優先度「低」</td><td>優先度「中」</td></tr>
<tr><td>経済的利益と利便性の価値が最低と予想されるために，検討の対象とすべき
・コストの増加か，正味収入の現状維持，またはその両方。コストが無駄になる
・期待する顧客の行動や満足度を低下させるか，影響を与えない
（例）バス定期券売場の改装</td><td>・コストの増加か，正味収入の現状維持，またはその両方
・期待する顧客の行動や満足度を高める
（例）スタッフ配置による24時間/365日のバス定期券販売</td></tr>
</table>

市民に対する利便性の価値

出所：Kotler and Lee (2007a)

　顧客の行動についての知識（価値を高め，行動をどうすれば起こせるか）が不足している場合，情報を伝え啓蒙するためのコミュニケーションをより強く強調することになる。顧客が適切に情報を伝えられているが，実際の行動につながっていないような状況では，彼らが行動を起こせるような手段を提供することが必要になる（Russell-Bennett 2016）。

　図表14-3の上段右側は，顧客の利便性を高めるだけでなく，公共機関の経済性も改善する可能性があることを示している。逆に，下段左側は利便性と経済性のいずれも最低となってしまう可能性があるため検討の対象外とすべきことを示している。将来対象とする可能性のある上段左側と下段右側については，いずれも現状で最優先とは考えられないため保留にしておくのが良いとされている（Kotler and Lee 2007）。

(5) 人々

　サービス・マーケティング・ミックスの要素には，ソーシャル・マーケティング・サービスの提供にかかわる人々の管理が含まれている。これは，標的市場のニーズに見合うように，サービスを提供するスタッフの採用，訓練，育成を行うことである。ソーシャル・マーケティング・ミックスにおける人々の役割は，サービスのタイプによって大きく異なる。もしサービスが人に施術するサービスであれば，製品を加工するサービス以上に人々の役割は重大なものとなる。ソーシャル・マーケティングでは，サービスを提供するために雇われた人々は，顧客サービスの役割に気づいていないことが多く，顧客が振り返ってくれるような対応では行動しないかも知れない。

(6) プロセス

　サービス・マーケティング・ミックスのプロセスの要素としては，標的市場に対してコスト効率のよい，貴重なサービスを企画することが求められる。ソーシャル・マーケティングのプロセスでは，必要とされる行動（変化もしくは維持）に影響を与える。しかしながら，ソーシャル・マーケティング・サービスが行政機関によって提供される場合には，標的市場のニーズに基づいたサービスを企画するという考え方が，必ずしも根本的な原則とはならない。顧客のニーズを重視するには，マーケティング志向の適用が求められるが，行政機関ではこうした考え方が十分に徹底されていないところもある。

　行政機関においてソーシャル・マーケティング・サービス・ミックスの効率的な実行を難しくしている原因の1つは，行政組織内の構造的な障害である。行政は，マーケティング機能と他の行政サービスの機能を分離することがよくある。たとえば，ソーシャル・マーケティングを担当するマーケティング・コミュニケーション部門では，サービスの提供に加え，価格設定やチャネルの要素は管轄していない。機能の分離は，サービス・プロセスが効率的でないことを意味している。このような弊害を防ぐためには，部門間で調整を図りながら顧客志向のアプローチを重視する必要がある。

(7) 物的証拠

　サービスの提供においては，そのサービスを用いることに伴うリスクを増やすような無形の要素が発生する。リスクを減らし，品質を保持するための手がかりとなる1つの要素が**物的証拠**である。物的証拠は，サードパーティによる裏書き，制服，証明書，賞，資格あるいはサービス環境の物理的特徴（建物のレイアウト，匂い，色彩，照明）の形態を取る。物的証拠は，顧客にサービスの品質についての情報を提供し，それによって顧客がそのサービスを反復利用するかどうかに影響を与える。これらの例としては，献血車両や公共交通機関の車内に設置されている優先席などがあげられる。

3. ソーシャル・マーケティングの担い手

　ソーシャル・マーケティングは，長い間，行政やNPOが実施するマーケティングで適用されてきたが，**コーズ・リレーテッド・マーケティング**（CRM：Cause Related Marketing）と社会的責任を考えたマーケティングの登場によって，企業でも実行を検討されるようになった。これが，第1章3節で取り上げた社会志向のマーケティングである。

　CRMは，企業の製品の売上から得られた利益を社会的活動に従事する組織に寄付することである。具体的には，特定製品や慈善活動に対して一定期間に時間を設けて寄付活動などが行われる。企業における特徴は，製品の売上や取引に応じて寄付を実施するところにある。CRMには，企業の社会的活動（CSRなど）とは異なる点がいくつかある。

　まず，企業の貢献度合いが顧客の取る行動によって左右される点である。たとえば，クレジット・カードを利用した顧客の利用金額に応じて，寄付が行われる取組みがこれにあたる。

　また，慈善団体との同意や調整に基づいて実施されるものもある。この場合には，この団体と共同広告を展開する。

　さらに，CRMは売上の増進に貢献するので，プロモーションとのかかわり

も大きい。そのため，マーケティング部門がCRMを担当するのが一般的である。具体的な取組みは，図表14-4を参照されたい（Kotler and Lee 2007）。

図表14-4　コーズ・リレーテッド・マーケティングの事例

企業	コーズ	標的オーディエンス	提案	主なパートナー
エイボン・エイボン財団（化粧品メーカー）	乳癌	化粧品を購入する女性，乳癌へ注意を払う女性	「ピンク・リボン」のついた製品の売上の一定割合をエイボン財団へ寄付	エイボンの営業部隊，乳癌研究と患者へのサービス
QVC（テレビ通販）	禁煙	たばこを吸う女性の家族と友人	「友だちの輪」(スターリングシルバー製のピン)が売れるたびに5ドル寄付	アメリカン・レガシー財団
ターゲット（ディスカウント・ストア）	学校設備と教育プログラム	K-12学校（幼稚園から高校までの義務教育）にいる児童と保護者	顧客の選択したK-12学校に，購入額の1％を寄付。ターゲットが販売するピザ購入額の内，0.5％の寄付	公立学校
アメリカン・エキスプレス（クレジット・カード）	飢餓者	同社のクレジット・カードを保有する顧客	申し込み手数料と取引額に基づいた寄付	飢餓救済の慈善団体

出所：Kotler and Lee (2007b)を一部筆者が修正

　現代では，企業も社会的課題の解決の一端を担うと考えられるようになり，人々がソーシャル・マーケティングの目標を達成することに必要で最適な商品やサービスを企業が実際に提供している。その一方で，企業にとっての最終的な目的は，利益を出すことである（Donovan 2011）。したがって，利益を追求することが中心の企業には，ソーシャル・マーケティングの仲介役を担うことはできない。ソーシャル・マーケティングの目標は，社会的利益であって企業の利益そのものではない。これら2つの目標は，相反する関係にある。

　しかしながら，目標に対する明確な対立があるにもかかわらず，社会を変えようとするソーシャル・マーケティングの期待と，このアプローチに対する期

待ゆえに利用できる基金は，多くの企業にとって試してみたくなる手法である。

4. 社会変化を創り出すための戦略とは

(1) ソーシャル・マーケティングの7つの要素

　社会変化を戦略的に考えるということは，社会問題に対して理解を深めることと問題への解決策を提供する行動との間でバランスを取ることを意味する。これらの目標を達成するために，ラガルド（Lagarde, F.）は，ソーシャル・マーケターは以下の点をバランス良く組み合わせることができれば，人々が社会を変えるような行動を起こす機会が生まれるとしている（Lagarde 2011）。

①人々には標的市場のライフスタイル，考え方，感情についての詳細な知識がある（顧客志向）

②すべての人が変化への準備ができているわけではないことを知っておく（セグメンテーション）

③他者の行動と既存の好みが社会変化の命題とどのように競合するかについて検討する（競争）

④人々にとって好ましいものであり，簡単に取り組める内容にする（価値の変換，マーケティング・ミックス，上部の戦略）

⑤影響力のある人とパートナーになる（チャネル）

⑥効果的にコミュニケーションする（プロモーション）

⑦長い目でみる（持続可能性）

　これら7つの要素は，マーケターが社会変化に影響を与えるために依拠する構成要素である。しかし，より広い社会に影響を及ぼすような大型の企画を立案し，前向きな社会的目標を創り達成するためには，ソーシャル・マーケティングが複数の段階で有効となるとされている。複数の段階とは，下部の個人レベル，中程の企業レベル，そして，上部の政策/規制レベルである（Russell-Bennett 2016）。

(2) 下部の個人レベル

　下部に位置づけられる一般の個人をターゲットにするアプローチは，その
ターゲットとなる人々がリスキーな行動を諦め，より社会的に望ましい解決策
への行動に向かわせるという考え方に基づいて，価値の交換を生み出すマーケ
ティングに類似した戦術を用いるものである。

(3) 中程の企業レベル

　このレベルのソーシャル・マーケティング戦略は，社会変化プログラムに影
響を与え，その変化を持続させるために使うことのできる組織と地域の資源に
対してマーケターに関心を持たせるものである。サービス・マーケティングの
考え方は，ソーシャル・マーケターがサービス要素（サービス・プロセス，従
業員と意思決定者）に取り組むように方向づけている。これらの要素は，企業
に行動変化を起こさせ，それが維持する標的市場の可能性に影響を与えられる
ように調整できる。同時に，社会変化を促すために活用できるコミュニティに
おいて利用可能な資源となる。したがって，中程のレベル戦略では，ソーシャ
ル・マーケティング・キャンペーンをコミュニティが幅広く展開できるように
企業が持つ資源（たとえば，熟練の専門家や技術）を提供するなど，既存の組
織と今までに設置されなかった新しい組織との間で関係を構築するためのパー
トナーシップの創出を試みることも必要である。

(4) 上部の政策レベル

　上部のソーシャル・マーケティングは，政策と規制を用いる取組みである。
これは，個人または集団が社会変化に対応したプログラムに参加し，常に前向
きにソーシャル・マーケティングに取り組めるように支援を行う。また，活動
を奨励するために社会の構造を作り替えることを意識したマーケティングに類
似した活動を展開する。

図表14-5　ソーシャル・マーケティング思考の戦略的レベル

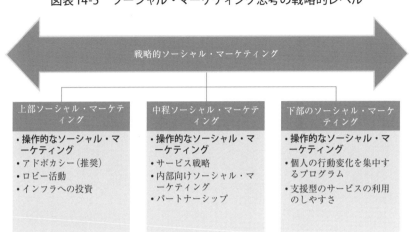

出所：Russell-Bennett (2016)

(5) 戦略的ソーシャル・マーケティングと複数レベル・アプローチ

　図表14-5は，社会変化の連続を踏まえた上で，ソーシャル・マーケティング思考の流れと社会に貢献し，改善するための変化を生み出すために求められる操作的活動の関係性について考え方を示したものである。

　また，図表14-6は，エネルギー利用という社会的な課題が連続的に生じる状況に対して，社会変化の仲介に向けて採用されたソーシャル・マーケティング戦略の一例である。社会問題は複雑で，単一レベルの仲介ではなかなか解決できない。下部レベルを重視すると，事態を是正することに責任のある個人に頼りすぎてしまうことになる。この場合，問題解決の唯一の方法は，関係するすべての団体（行政，産業，顧客）が調整努力を行うことである。同様に，上部レベルを重視すると，規制と政策に過度に依存してしまい，産業と顧客を管理することが目標となることから，イノベーションを抑制し，個人の選択の自由を奪ってしまう。複数レベルのアプローチは，責任を共有する共通の目標に貢献する全ステークホルダーを包摂する総合的な解決策を提供してくれる。

図表14-6　エネルギー利用にあたり社会変革を連続させるソーシャル・マーケティング戦略

	戦略		
マーケティング機能	上部レベルの政策立案者	中程レベルのエネルギー供給者の意志	下部レベルの顧客の意志
製品	アイディア：導電環境/インフラは，イノベーションを奨励し，効率的なエネルギー利用を応援するために必要	アイディア：エネルギーを大切に使い，再生可能エネルギー源を利用することは，収益性の高いビジネス・モデル	アイディア：エネルギーは保存され，再生可能エネルギーを優先すべきである
	行動：産業と協働し，余裕のある効率的なエネルギー問題の解決策を協議する	行動：顧客に余裕を持って効率的なサービスが提供できるようにエネルギーに余裕を持たせる設計	行動：不必要な家電製品のスイッチを切り，冷水で洗濯する
	商品：行政がインフラを所有する場合，効率的なインフラを開発し維持する必要がある	商品：信頼できるエネルギー効率のよい製品を提供する	商品：家電製品のモニター
	サービス：産業と顧客がエネルギー使用を削減できるようにするためのサポート・サービス	サービス：エネルギーを大切に使いたい顧客ニーズに対応する柔軟性のあるサービス	サービス：家電製品のチェック/モニターとしてスマホを利用する
価格	必要な行動を取れるように利益を増やす（エネルギー供給者にエネルギー効率のよい商品とサービスを提供するように奨励する）	必要とされる行動を達成するための資金負担を減らす（再生可能エネルギーを創り出すコストを削減する）	必要とされる行動を達成するための資金負担を減らす（顧客向けのエネルギー・コスト削減する）
	競争行動に対して金銭的負担を増やす（再生できないエネルギー源を提供する）		
チャネル	スマート・メーターに類似したインフラ技術を使って，エネルギー使用のデータに簡単かつ便利にアクセスできるようにする	エネルギー使用を診断し，モニターし，改良する便利なサービスを提供する（人が直接もしくは自動的に行われる）	エネルギー使用を削減するために消費をモニターし，減らせるタイミングを見つけるサービスを使うアクセスしやすい解決策

プロモーション	顧客がエネルギーを大切に使い，再生可能エネルギーを利用できるようにサポートする他のサービス解決策を提案し推奨する	エネルギー供給者と顧客を取り込むコミュニティ・イベントを実施する	エネルギーを利用する顧客に説得もするが楽しんでもらいえるワクワクするようなプロモーション戦術
人々	サービス志向の主要なステークホルダーと顧客の評価の必要性を理解する	最前線のサービス・スタッフが市場志向で顧客ニーズに敏感に対応できるようにする	十分に訓練した効率的なスタッフが顧客をサポートできるようにする
プロセス	官僚的形式主義を削減する	価格設定に透明性を持たせる	エネルギーを大切に使い，再生可能エネルギー源を利用するプロセスが，顧客に優しく簡単に理解でき実施できるものとする
物的証拠	認証評価，証明書，緑化計画を提供する	緑化基準に適合させることによって，第三者による裏書きと認証評価を行う	認証評価を受けたサプライヤーの商品やサービスを利用する。エネルギー・リテラシーを高める

出所：Russell-Bennett (2016)

5. ソーシャル・マーケティングの計画プロセス

　ソーシャル・マーケティングでは，前述のように下部，中程，上部の多段階の仲介を通じて，社会的課題の効果的な解決が図られている。したがって，健全な戦略を計画するポイントは，実行すべき仲介のバランスや組み合わせと，それらをどのように評価するかについて合理的に判断することである。

　イギリスでは，NSMC（National Social Marketing Centre）の全体プロセスを計画するフレームワークを使って，マーケターがソーシャル・マーケティング計画とキャンペーンを設計し，実行し，評価している。この計画におけるフレームワークのポイントは，プロセスを重視し，人々の期待，事業の背景，利用可能な資源を組み合わせる計画業務とマーケティング活動を調整する点にある。これらの業務は，計画を実行している期間に何回か評価する必要があると

されている。

　問題の範囲を特定することは，プロセスの最初の重要なステップであり，そこには，事業の背景とそれらに対する事前調査，そして組織がソーシャル・マーケティング・アプローチを取る必要があると判断する多数の情報が含まれている。この段階では，標的市場や従業員，コミュニティ・メンバーなどの行動と，ソーシャル・マーケティング計画に向けて組織がその計画の達成目標に基づいて伝えるべき資源は何かということを理解することが求められる。

　仲介には一連のテクニックがあり，それらは，問題の範囲を特定する間に確認できる社会的課題に対する挑戦と問題点に反応して適用される。開発段階では，ソーシャル・マーケターは，テクニックの組み合わせと多様な影響要因に対処し，計画目標を達成することに集中できるよう，マーケティングに類似した活動を選択する。

　戦略の実行によって，マーケティング活動がスタートする。この段階で，範囲の特定と開発の間に操作されてきた仲介の組み合わせとテクニックをソーシャル・マーケターが活用し始める。ここでは，機会（メディアへの発表がさらに関心を生み，SNSでの情報発信によってさらに情報が拡散する）もしくはリスク（例えば，キャンペーンのメッセージが不適切な顧客に乗っ取られ，仲介を弱体化させてしまう潜在的な脅威）を見極めるために，リアルタイムな追跡が必要になる。

　仲介の評価とマーケティング活動では，ソーシャル・マーケターと他の組織のメンバーが，当初の目標と目的を再検討し，最適な測定基準に基づいて評価を行う。評価の基準としては，影響力やコスト効果などの尺度がある。

　追跡調査を通じて，ソーシャル・マーケターが他の組織メンバーと共に報告書の作成と他の調査研究の実施を検討する。この段階でステークホルダーの役割と，ソーシャル・マーケティング計画におけるマーケティングへの投資から得られる収益について考察することになる。

6. CSRとCSV

　本章では，ソーシャル・マーケティングに関連する様々なアプローチをみて
きたが，コトラーは，多様な社会的アプローチを評価した上で，企業の取組み
方としては社会的責任（**CSR**：corporate social responsibility）の考え方が相
応しいと説明している（Kotler and Lee 2007）。

（1）CSRについて

　環境も含めて，企業が社会的課題に対応しなければいけないという議論は，
20世紀から続く大きな課題である。高度経済成長期以降になると，公害や資
源の枯渇に対する問題意識が強く認識されるようになった。環境問題に対する
社会的関心の増大から，倫理的な視点からのアプローチが取られるようにな
り，有識者が様々な問題を指摘するようになった。これに後押しをされるよう
に，規制も強化されるようになり，遅まきながら企業による対応も始まった。
しかし，当時からつい最近までの社会的課題に対する企業の姿勢には，常にコ
ストのトレード・オフという意識が強く表れてきた。メセナや企業市民といっ
た心地よい響きの考え方がもてはやされたのは，バブル経済華やかなりし時代
で，それが崩壊すると瞬く間に企業の社会的意識は影を潜めていった。その
後，企業の社会的責任という視点で社会問題に対して取り組むことが意識され
はじめ，企業のイメージの向上につながるといった考え方が普遍化したことも
関係し，多くの企業がCSRについての報告書を発表し，注目されるようになっ
た。しかしこれもまた，企業の直接的な成長への因果関係が曖昧なまま現在に
至っている。
　こうしたなかで，CSRからCSVという考え方への転換が起きつつある。
CSV（customer shared value）は，経済的価値と社会的価値を同時に創出し
ようとする取組みである（Porter and Kramer 2011）。

(2) 共通価値 (CSV) という視点

　従来の企業と社会との関係性の議論では，企業側からの責任範囲の明示とその範囲への対応が中心的な活動であった。これに対して，ポーターとクラマー (Porter, M.E. and Kramer, M.R.) は，経済的価値と社会的価値を同時に実現させるフレームワークを提示している（Porter and Kramer 2011）。その背景には，企業の社会的責任は，企業が不祥事を起こすたびに話題になってはきたが，一向に不祥事が消えて無くなることはないという実態が関係している。それどころか，市場のグローバル化に伴って，生産が日本から離れた地域で行われているような場合，日本の規制が及ばないことによる弊害も生じている。

図表14-7　CSVとCSRの違い

CSR	CSV
価値は「善行」	価値はコストと比較した経済的便益と社会的便益
シチズンシップ，フィランソロピー，持続可能性	企業と地域社会が共同で価値を創出
任意あるいは外圧によって	競争に不可欠
利益の最大化とは別物	利益の最大化に不可欠
テーマは外部の報告書や個人の嗜好により決まる	テーマは企業ごとに異なり，内発的
企業の業績やCSR予算の制限を受ける	企業の予算全体を再編成する
たとえば，フェア・トレードで購入する	調達方法を変えることで品質と収穫量を向上させる

出所：Porter and Kramer (2011)

　では，どのような考え方が，企業と社会の接点を確かなものとすることにつながっていくのであろうか。

　CSVは，顧客価値の共有化もしくは**共通価値**の創出と呼ばれる視点である。このアプローチでは，顧客との共通価値の創造（共創）において付加価値の向上や顧客価値の向上を目指すとともに，サプライヤーとの共創においては，生産性の改善を目指す。さらに，**社会との共創**では，資源の消費量の削減や環境負荷の低減を目指すものである。こうした取組みのすべてが，コスト・パ

フォーマンスの改善につながり，それによって競争力も回復することが期待されている。図表14-7は，CSRとCSVの特徴を対比したものである（Porter and Kramer 2011）。

調達面では，自社のみならず，サプライヤーに対する技術指導などを通じて，生産性の改善共同で取り組むトヨタに代表される日本の自動車メーカーや3Dプリンターの簡易キットを顧客に提供し，顧客がアイディアを形にして協働で製品に仕上げるメーカーの取組みがあげられる（DHBR編 2006）。

流通では，買い物難民や医療難民対策に，コンビニと病院が連携した取組みや，業績の低迷していた地方の共同ショッピング・センターが地元の自動車修理会社やサービス会社に加え，自治体などと連携しながらITを活用し，高齢者のニーズに適したサービスを提供している事例があげられる（佐々木 2015）。

7. おわりに

最初の定義が提唱されて40年がたち，ソーシャル・マーケティングの原理と実践は，無数の社会的課題に取組み，好ましい変化をもたらすために多くの国々で行われるようになった。現在の考え方を利用して，ビール（Beall, T.）らは，ソーシャル・マーケティングの未来を示す3つの領域を提示している（Beall, Wayman, D'Agostino, Liang and Perellis 2012）。

①ソーシャル・マーケティングのブランディング

　社会変化のために，ソーシャル・マーケティングの範囲と貢献領域をより明確に公表する必要性

②根拠に基づく

　・ソーシャル・マーケティングの成功と失敗の両方から学ぶ必要性。これは，組織が自らの失敗を公にしようとする挑戦である。とくに，行政機関に対して政治的に有効である

　・ソーシャル・マーケターは，強力な実務基準を守り続け，ソーシャル・

マーケティング計画に対する評価が正確で関連性のあることを保証する必
要がある

③共同作業

・戦略的レベルでソーシャル・マーケティングは，社会的目標を達成するた
めに多様なアプローチを用いる他の組織や個人と連携して働く必要がある
・顧客に行動上の変化を起こさせることのできるサービスや商品のサプライ
ヤーに働きかけようとする業界の競争的な視点（我々対彼ら）ではなく，
協調的な視点（共に働く）にオープンであること

　以上のように，ソーシャル・マーケティングの視点は，多様な領域で適用さ
れることが可能である。わが国では，依然として普及が遅れている事業分野も
見受けられるが，投資に見合う成果が求められる時代に，より多くのステーク
ホルダーを巻き込んで，自立した社会形成を実現するためには，益々注目すべ
きアプローチであると言えよう。

演習問題

日本の非営利組織のマーケティング活動について，企業のマーケティングと
の異同を比較して考察してみよう。

【参考文献】

Beall, T., Wayman, J., D'Agostino, H., Liang, A. and Perellis, C. (2012) "Social Mar-
keting at a critical turning point," *Journal of Social Marketing*, Vol.2, No.2.

Donovan, R. (2011) "Social marketing's mythunderstandings," *Journal of Social Mar-
keting*, Vol.1, No.1.

Fox, K.F.A. and Kotler, P. (1980) "The Marketing of Social Causes: The First 10
Years", *Journal of Marketing*, Vol.44, Fall.

Kotler, P. and Zaltman, G. (1971) "Social Marketing: An Approach to Planned Social
Change," *Journal of Marketing*, Vol.35, Jul.

Kotler, P. and Lee, N.R. (2004) "Corporate Social Responsibility: Doing the Most

Good for Your Company and Your Cause", Willy.（恩藏直人監訳，早稲田大学大学院恩藏研究室翻訳『社会的責任のマーケティング―「事業の成功」と「CSR」を両立する』東洋経済新報社，2007年）

Kotler, P. and Lee, N.R. (2006) "Marketing in the Pubic Sector: A Roadmap for Improved Performance", FT Press.（スカイライトコンサルティング訳『社会が変わるマーケティング―民間企業の知恵を公共サービスに活かす』英治出版，2007年）

Kotler, P. and Lee, N.R. (2008) *Social Marketing: Influencing Behaviors for Good*, Sage Publications.

LaBarbera, Priscilla A. and Lazer, William (1976) "Social Marketing in Theory and Practice," in A Model for Social Marketing, Shoji Murata, Editor, Japan.（村田昭治編『ソーシャル・マーケティングの構図―企業と社会の交渉』税務経理協会 所収）

Lagarde, F. (2011) "Insightful Social Marketing Leadership", *Social Marketing Quarterly*, col.18(1).

Lazer, W. and Kelley, E.J. (1973), *Social Marketing: Perspectives and Viewpoints, Homewood, Illinois*: Richard D. Irwin, Inc.

National Social Marketing Centre.
https://www.thensmc.com/sites/default/files/benchmark-criteria-090910.pdf

Russell-Bennett, R. (2016) "Social Marketing," *The Marketing Book 7th Edition*, Michael Baker, Routledge; 7 edition.

Porter, M.E. and Kramer, M.R. "Strategy and Society: The Link between Competitive Advantage and Corporate Social Responsibility", Harvard Business Review, December 2006.（DIAMONDハーバード・ビジネス・レビュー編集部訳『共通価値の戦略』DHBR, June, ダイヤモンド社，2011年）

DHBR編（2006）『製品開発力と事業構想力』DHBR, May, ダイヤモンド社。

佐々木茂（2015）「第7章 環境問題をマーケティングの視点で捉える：CSV（共通価値）の形成」高崎経済大学地域政策研究センター編『環境政策の新展開』勁草書房

佐々木 茂

第15章

マーケティングの未来

はじめに

売り手（生産者）と買い手（消費者）が，直接対面した時代から，生産者と消費者の間に流通業者が介在し，さらにその間に国境を挟む時代となり，かなりの時間が経過した。さらに売り手と買い手間の情報伝達が，印刷媒体や有線電話に依存していた時代から，大きく飛躍し，1990年代にはわが国でもインターネットが商用化された。これにより，情報伝達や送受信が容易となり，それ以前よりもかなり安いコストで行うことが可能となった。

またインターネットへの接続手段がパーソナル・コンピュータ（PC）からスマートフォン（スマホ）が主流の時代となり，消費生活も大きく変化した。これらの中でやりとりされる情報はビッグデータとして，様々な機関が蓄積し，それをマーケティングに生かす時代となった。他方で，これまでのマーケティング・プロセスに疑問が呈される時代ともなった。そこで本章では，現在のマーケティングを直視し，マーケティングの未来を考えていきたい。

1. インターネット・マーケティング

（1）インターネットの生活への浸透

　わが国では，1992年にインターネット・サービス・プロバイダ（ISP）が創業し，インターネットが商用化された（https://www.nic.ad.jp/timeline/）。その後，1995年にWindow95が発売され，一気に情報社会が現実のものとなった。ダイヤルアップ回線（ナローバンド）の地域が拡大し，それが個人にも普及した。さらに高速・大容量の通信回線（ブロードバンド）が登場し，2003年にはナローバンドとブロードバンドの比率が逆転し，多くの人がインターネットを手軽に利用できる時代になった。さらにスマートフォン（**スマホ**）が普及し，多くの人がどこでもインターネットに接続できるデジタル社会となった（西川 2019）。

　この背景には，インターネット端末として利用していたPCがデスクトップ型からラップトップ型への形態変化とダウンサイジングし，持ち運びが可能なモビリティ性が加わったことが影響している。さらに1999年からは携帯電話端末からインターネットへの接続を可能としたNTTドコモのi-modeサービスは，電子メールの送受信やウェブページの閲覧などができる世界初の携帯電話IP接続サービスとなった。

　スマホが発売されると，モビリティ性能がさらに向上し，それまでPCではインターネットに接続しなかった利用者層を開拓することとなった。20世紀の携帯電話の時代は，どこの場所でも話せることが中心であった。それが携帯電話にカメラ機能が付き，インターネットに接続できるようになると，どこでも話せる聴覚からの情報を取得するだけのツールではなく，視覚に訴求する情報をやりとりするツールへと変化した。さらにスマホの登場は，携帯性と接続可能性，それ以前の情報取得可能性を飛躍的に高め，消費者の日常の情報取得だけでなく，多様なコミュニケーション・ツールとなっていた。

　また，スマホのアプリを利用したサービス提供や，SNS（social network service）の普及により，インターネットの商用化を超えた社会は，リアルな

世界ではなく，バーチャルな世界で誕生した。そこではこれまで顔を知り，実際に言葉を交わすリアルな関係から，実際に会わず，言葉を交わさない多くの人や企業とのバーチャルな関係が形成されるようになった。現在，GAFA（Google, Amazon, Facebook, Apple）と一括りにされる企業群は，各々手がける事業は異なるが，バーチャルな関係構築に貢献していることは共通している。GAFAだけではなく，現在は中国をはじめ，世界中のいわゆる「ネット関連企業」が，バーチャルな関係を促進するために活動する時代となった。そして，われわれの日常生活がその世界と密接な関係を持つようになった。

(2) デジタル・マーケティングの展開

　インターネットが，マーケティングに与えた影響は計り知れない。インターネットは，リアルな世界とバーチャルな世界を結びつける役割を果たしてきた。インターネット以前の時代も，遠隔地の売り手と買い手が出会うことはあった。それは電話や郵便という通信手段によってであり，実際の取引成立までには時間を要した。売り手と買い手の間に流通業者が介入すると，やや時間は節約されたが，現在では想像できないほどの時間を要した。

　インターネットにより，市場概念も変化した。インターネット以前にも，卸売市場などのリアルな市場以外にも，現物が取引されていない市場は存在した。しかし，インターネットの登場により，地球上の至るところで市場が無数に形成されるようになった。リアルな市場だけではなく，バーチャルな市場が形成され，取引が盛んに行われるようになった。消費者は，リアルな店舗へ買い物に出向かなくても，自宅や移動中の電車の中でも，商品の選択や購入が可能となった。少し前には考えられなかったことが，当然のこととなったのはごく最近である。さらにリアルな小売店舗では，品揃えが可能な商品数や消費者が比較購買できる商品の数には限度がある。他方，インターネットの世界では，無限ではないがリアルな店舗よりも多くの商品を比較購買できるようになった。

　インターネット以前の時代は，消費者が購入を検討する商品情報を取得しよ

うとすると，実際に店舗に出向いたり，カタログを取り寄せたりするなどのアナログな行動をしていた。しかし，インターネットやスマホの普及により，商品情報の収集はweb検索や電子メール経由での問合せなどのデジタルへと変化している。これまで有店舗小売業のスーパーやドラッグストアでは，新聞に折込広告を毎週入れていたが，その回数を減らしたり，廃止したりする企業も増えた。そして自社のウェブサイトに電子チラシを貼付し，それを消費者がみて，店舗に出向いたり，そのままネット購入したりすることも増えている。

　これらの場面だけをみると，情報は売り手が提供する側面が相変わらず強そうである。また企業（売り手）のWebサイトをみると，情報提供手段がアナログよりコストがかからないデジタル手段に変更しただけという見方も一部にはあろう。これまでのTVCMや新聞の折込広告は，一方的に売り手が買い手と思われる層に情報提供をしてきた。しかし，インターネット専業企業といわれる老舗のバーチャル・モールでは，情報提供は一方向ではない。実際の購買者からの情報を掲載する「レビュー」が掲載され，これまでの売り手の情報提供から，同じ買い物をしようとする（した）消費者同士の情報の取得も可能となった。

　商品購入によって満足した顧客からの情報だけであれば，「やらせ」感がある。しかし，時には不満を抱く顧客からの情報も掲載されるため，「リアル」な情報提供となっている。こうした売り手と買い手間における双方向の情報のやりとりが**デジタル・マーケティング**により可能となっているだけではない。取引について顧客の「評価」が付けられ，これから当該商品を購買しようとする顕在的顧客や，単に眺めているだけで購買意欲が十分湧いていない潜在的顧客の購買行動にも影響を与える可能性がある。

（3）インターネット時代の消費者行動

　デジタル・マーケティングの時代となり，消費者行動も変化してきたといわれる。かつての消費者反応では，AIDA，AIDMAモデルなどが提唱されてきた。近年は，**AISAS**モデルが提示されている（第2章参照）。AISASは，イン

ターネット普及後の消費者の購買行動を表す代表的なモデルとなっている。

　さらにSNSがより伸長・拡大した場合，コミュニケーション方法も大きく変化していくことが予想される。そこで2011年には電通モダン・コミュニケーション・ラボは，SNSが主流となる時代の消費者行動として**SIPSモデル**を提唱している。それは，Sympathize（共感）→Identify（確認）→Participate（参加）→Share & Spread（共有・拡散）というものである（電通コーポレートコミュニケーション局 2011）。1920年にAIDAが提唱されて以降，様々な消費者行動モデルが提唱されてきたが，現在の消費者行動を説明するには，やはりデジタル抜きでは考えられない。それはデジタル技術が，消費者に与えてきた影響と言い換えられるかもしれない。アナログ主流の時代には，消費者はどちらかと言えば受動的な消費者像が想定されていた。しかし，デジタル時代になると自ら情報取得に動き，その情報に共感し，リアルな場面に積極的にかかわり，その情報を拡散していく能動的な消費者像が想定される。

　他方，デジタル化の時代について行けない，ついて行こうとしない消費者の行動はどのようになるだろうか。デジタル化時代の消費者行動は，情報取得に積極的であり，さらにつながりを増やし，それを強固にしていこうとする消費者が想定されている。しかし，そのようなことには関心がない，できればつながりたくない消費者も一定数存在している。そのような消費者をデジタル・マーケティングはいかに対応するかが課題となる。

2. ビッグデータとマーケティング

(1) ビッグデータ

　総務省『平成24年版情報通信白書』では，**ビッグデータ**を「事業に役立つ知見を導出するためのデータ」としている。またビッグデータ・ビジネスを「ビッグデータを用いて社会・経済の問題解決や，業務の付加価値向上を行う，あるいは支援する事業」としている。ビッグデータは，そのデータ規模の量的側面だけでなく，どのようなデータから構成され，当該データを利用するとい

う方法の質的側面でも，従来のシステムとは異なっている。量的側面のビッグデータは「典型的なデータベースソフトウェアが把握し，蓄積し，運用し，分析できる能力を超えたサイズのデータ」である。

　ビッグデータを構成するデータの出所は多様である。ウェブサービス分野では，オンラインショッピング・サイトやブログサイトで蓄積される購入履歴やエントリー履歴，ウェブ上の配信サイトで提供される音楽や動画等のマルチメディア・データ，ソーシャル・メディアに参加者が書き込むプロフィールやコメント等のSNSデータがある。これらはインターネットの時代になり，膨大になったデータである。今後はGPS，ICカードやRFIDで検知される位置，乗車履歴，温度等のセンサーデータ，CRM（Customer Relationship Management）システムで管理されるダイレクトメールのデータや会員カードデータ等カスタマーデータなどのデータの活用が想定され，これら個別データだけでなく，データを連係させた付加価値の創出も期待される（総務省 2012）。

　またビッグデータは，その利用目的で対象が画定できる。ただ利用目的から特徴に着目する場合，データ利用者とそれを支援するベンダー等の観点は異なっている。データ利用者の観点でビッグデータを捉えると，事業に役立つ有用な知見は「個別に，即時に，多面的な検討を踏まえた付加価値提供を行いたいというユーザー企業等のニーズを満たす知見」である。それを導出する観点での特徴は「高解像（事象を構成する個々の要素に分解し，把握・対応することを可能とするデータ）」，「高頻度（リアルタイムデータ等，取得・生成頻度の時間的な解像度が高いデータ）」，「多様性（各種センサーからのデータ等，非構造なものも含む多種多様なデータ）」である。一方，データ利用者を支援するサービス提供者の観点は「多量性」である。それに加え，同サービスが対応可能なデータの特徴として，「多源性（複数のデータソースにも対応可能）」，「高速度（ストリーミング処理が低いレイテンシーで対応可能）」，「多種別（構造化データに加え，非構造化データにも対応可能）」も求められる（総務省2012）。

　したがってビッグデータは，データ利用者やそれを支援する者の観点によ

図表15-1　様々なビッグデータ

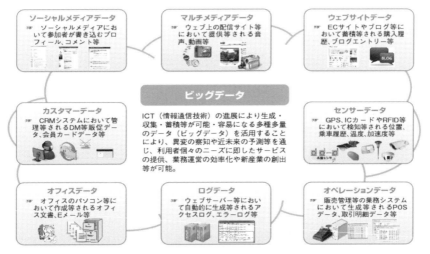

出所：情報通信審議会ICT基本戦略ボード「ビッグデータの活用に関するアドホックグループ」資料

り，その特徴は異なるが，多量性，多種性，リアルタイム性において共通点がある。ICTの進展により，データが生成・収集・蓄積等が可能・容易になり，異変の察知や近未来の予測等により，利用者個々のニーズに即したサービスの提供，業務運営の効率化や新産業の創出等が可能とされる。図表15-1は，各々のビッグデータを連係させる重要性を示している。

(2) ビッグデータのマーケティングへの活用

　ビッグデータは，蓄積したデータを利用し，マーケティング活動の効率化への貢献が期待される。ビッグデータはマーケティングだけに活用できるのではなく，企業経営の他にも多様な局面で利用できる。ただそれを効率的・適切に活用できるかが課題である。ビッグデータは消費者行動を捉える手法であり，態度とは分けて考えるべきとされる。そのため，マーケティングの優れた企業は，消費者行動と態度の両方を把握している企業であり，それらを組み合わせ

て重層的なマーケティングを展開する（Kotler 2013））。またビッグデータは，消費者の購買や商品選択に係わる行動が把握できるが，その背後の消費者意識・態度を把握するには別調査を実施しなければならない。ビッグデータの活用は，その分析結果と店頭調査等で得られた顧客意識・態度を組み合わせ，態度と行動両面から顧客に接近する必要がある（折笠 2015）。つまり，大量のデータがあっても組み合わさなければその効力は発揮されない。

　マーケティング活動でビッグデータを利用する企業には，Webサービス事業者がある。Googleは，検索と無料アプリで蓄積したデータによるプロモーション活動を行っている。Facebookなども，会員データをプロモーションやゲームなどソフトウェア販売に活用している。さらにAmazonは，会員データ，購買履歴，クリックストリーム（サイト内での顧客の動き）などのデータにより，購買履歴やリコメンデーションを提示し，会員個々に関連購買を促進している。このような企業が持つデータを連係すると，消費者本人さえ認識できないより精緻な個人がどこかにできあがるかもしれない。

　またビッグデータの活用は，Web事業者だけでなく，通信事業者がスマホなどの通信ログを分析し，顧客がアクセスしたWebサイトの特定，その頻度や時間から顧客行動を分析しようとする。顧客が頻繁にアクセスする商品は，購買意欲の高さがわかるため，当該ユーザーがインターネットにアクセスする際，画面にバナー広告を出し，当該商品から類推し，今後購買可能性が高い商品を画面上に出すことも可能となる。さらによく利用する機器（ガジェット）が連携していると，PCの閲覧履歴を解析し，他のPCやスマホとも連携でき，頻繁にアクセスするSNSにも「広告」として挿入も可能となる。ただ掲出し過ぎると，反対に顧客離反を招きかねない。そのため，最適な掲出回数を個別に提示することも可能となる。

（3）ビッグデータ活用の有効性

　これらをweb事業者の特権と受け止めるのではなく，マーケティングに取り組む企業全体としてビッグデータの有効な活用を考える必要がある。クレ

ジットカード会社には，顧客の購買履歴として，購買商品，店舗などの情報が蓄積されている。顧客がクレジットカードをなくし，不正利用されると，その位置情報や購買履歴から，本来の顧客が利用するはずがない場所や商品の購買が判明し，不正利用が検知される。それがアラートとなり，クレジットカード会社から顧客に連絡した場合，自らのクレジットカード利用がビッグデータで守られていることが実感できる。

　さらにSNSとGPSの情報を連携させ，渋滞予測や混雑予測などに利用できる可能性もある。SNSにアップされた画像情報では，それまで何でもなかった場所が，観光地となる場合もある。南米ボリビア西部の都市ウユニから車で1時間，アンデス山脈に囲まれた広大な塩の大地がウユニ塩湖である。ここは降雨が流れず，大地に薄く膜を張るため，空を湖面に映し出す「天空の鏡」となる。ただ日本からここに行くには飛行機を乗り継ぎ30時間もかかる。しかし，香川県三豊市父母ヶ浜でも，ボリビアのウユニ塩湖と同様，神秘的な光景が現れる。この光景を撮影し，SNSにあげた途端，父母ヶ浜は「日本のウユニ湖」となり，ほとんど誰も訪れなかった砂浜は，多い日には3,000人以上が集まる砂浜となった。そこにカフェやゲストハウスが設置され，そこへ行くためにタクシーの乗車客が増え，駅前に滞留していたタクシーが動くようになった（三豊市観光協会）。

　マーケティングへのビッグデータの利用は始まったばかりであり，今後どのような価値が生まれるかは未知数である。個人が特定されなくても，個人データが様々な場面で利用され，組み合わすことに否定的な人は多い。ただプライバシーが保護され，自らの生活が豊かになることを考えると決してマイナスではない。他方，企業がビッグデータを収集しても，それを分析できる人材不足の課題がある。昨今取り上げられる「**データ・サイエンティスト**」の人材の不足である。そこで，大学はこれらの人材育成の学部や学科が急速に設置・計画されている。ただ教育の性格上，すぐに育成するのは不可能であり，活躍できるまでには時間を要する。このような事態となったのは，急速にデータ収集技術が向上し，それを必要とする分野が多く誕生したためだろう。当然だがビッ

グデータは，それ自体では価値を生まない。多様なデータと組み合わされ，ようやく価値を生み出せるようになる。そのため，収集したデータは，単なるデータに過ぎず，それを活用できる技術とそれを使いこなせる人材が揃ってビッグデータを活用したマーケティングが実現する。

3. エフェクチュエーション・マーケティング

第1章では，マーケティング・マネジメント以前にマーケティング戦略（STP）を構築する重要性を取り上げた。昨今，マーケティング戦略だけではなく，経営戦略でも戦略構築の意味，その有効性が議論されるようになってきた。とくにインド人経営学者サラス・サラスバシーがエフェクチュエーションを体系化し，起業論分野で注目されるようになった。

(1) エフェクチュエーションとは

エフェクチュエーションは，優れた起業家の意思決定プロセスに関する研究が中心であるが，事業機会の認識に関するエキスパート（熟達者）の文脈では，マーケティング研究にも影響を与えつつある。この観点では，認知科学の熟達研究を踏まえ，マーケティングにおける潜在的ニーズを顕在化するプロセスは，企業家だけでなく，大企業や商社の新規事業開発担当者や広告代理店の人材育成でも幅広く応用可能としている（http://www.j-mac.or.jp/research-project/5536/）。

エフェクチュエーションは，先にあげたように「優れた起業家が用いる意思決定の理論」である。起業家の中には連続して何度も新事業を立ち上げる優れた起業家は共通の思考プロセスを有しているとする。それを抽出したものがエフェクチュエーションである。サラスバシーは，27人の起業家（1つ以上の企業を創業し，創業者としてフルタイムで10年以上働き，最低1社を株式公開した人物）は，産業・地域・時代に関係なく，共通の理論や思考プロセスを活用することを発見・体系化した（Sarasvathy 2008）。熟達した起業家が行動す

る流れは，「手近なところで取り組むことが可能な活動を発見→この活動を実行→自社の新製品に適した市場の領域を把握」である。したがって，STPマーケティングのプロセスとは真逆のプロセスをたどる。エフェクチュエーションは，日本語に訳すと「やってみなはれの論理」と呼ばれる（栗木 2015）。

　またエフェクチュエーションには，5つの原則がある。①「手中の鳥（bird in hand)」の原則（所与の目的を達成するため，新手法の発見ではなく，既存手段で何か新しいものを創造），②「許容可能な損失（affordable loss)」の原則（プロジェクトの期待利益を計算して投資するのではなく，損失を許容する気について予めコミット），③「クレイジーキルト（crazy-quilt)」の原則（機会コストを気にかけ，精緻な競合分析をせず，コミットする意思を持つ全関与者を考慮する），④「レモネード（lemonade)」の原則（不確実な状況を回避，克服，適応せず，むしろ予期しない事態を的として活用し，不確実な状況を認め，適切に対応）である。そして⑤「飛行機の中のパイロット（pilot-in-the-plane)」の原則（外的要因の活用に起業家の努力を限定せず，自らの力と才覚を事業機会創造の主たる原動力とする）である。これらの原則は，不確実な状況を統制するため，「予測を基にした戦略」の使用を減らそうとする。サラバシーはこれらの原則における「行為の論理」と行動プロセスの総体とした（見吉 2016）。

(2) マーケティングの定型プロセスの超越

　これまでマーケティングの定型プロセスは，「マーケティング・リサーチ→STP→マーケティングミックスの策定→実行」とされてきた。エフェクチュエーションは，この定型プロセスに疑問を投げかけ，マーケティング・リサーチを必要としない経営者が多く，優れた経営者であるほどその傾向は強いとされる（栗木 2015）。そしてこれまでのマーケティングの考え方を見直す必要性に踏み込んだ。以前にも，マーケティング・リサーチの有効性への疑問やコストの高さは取り上げられてきた。それらは過去の情報やほぼ現在の情報も取得できるが，未来の情報までは取得できないという問題提起がほとんどであっ

図表15-2　コーゼーションとエフェクチュエーション

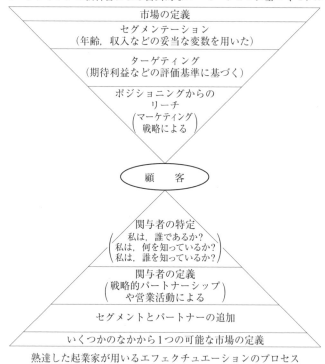

マーケティングの教科書による古典的なコーゼーションに基づくモデル

市場の定義

セグメンテーション
（年齢，収入などの妥当な変数を用いた）

ターゲティング
（期待利益などの評価基準に基づく）

ポジショニングからの
リーチ
（マーケティング
戦略による）

顧　客

関与者の特定
私は，誰であるか？
私は，何を知っているか？
私は，誰を知っているか？

関与者の定義
（戦略的パートナーシップ
や営業活動による）

セグメントとパートナーの追加

いくつかのなかから1つの可能な市場の定義

熟達した起業家が用いるエフェクチュエーションのプロセス

出所：Sarasvathy (2008)，邦訳書 p.50

た。マーケティング・リサーチは，現在から過去の情報を収集し，それを整理，分析することがその主な機能である。マーケティング・リサーチに未来の予測を期待するようになったのは，多くのマーケターの勘違いかもしれない。

　したがってエフェクチュエーションは，従来の「経済学的に合理的な意思決定を行うための論理」である「**コーゼーション**（因果推論）」とは正反対の論理とプロセスである（図表15-2）。コーゼーションは，新製品や市場，起業機会を特定し，定義するためにフォーカスグループやサーベイを通じて情報収集し，妥当な変数を用いて市場を細分化し，潜在的市場の戦略的価値により対象

セグメントを選択する。そして，競争分析や市場調査により，資源や技術など
を考慮し最適の方法でターゲットにポジショニングし，具体的な事業計画を策
定する。そして，計画を実行するために最適な資源と利害関係者を確保し，環
境に適応させる。ここでは起業家が対峙する市場は，STPマーケティングの
前提と異なり，精査してもその未来を予測できない困難な環境としている（見
吉 2016）。

　エフェクチュエーションの提示が，マーケティング論や経営学に投げかける
課題は大きい。それはこれまでの教科書を否定することにもなり得るためであ
る。今後，エフェクチュエーション研究も進捗するだろうが，これまで教室で
教授されてきたマーケティング論や経営学自体をエフェクチュエーションとい
う視角以外からも検討する必要があろう。

4. マーケティングのその先

　第1章では，マーケティングの誕生を取り上げた。マーケティングはその誕
生から極めて実践的な色彩の濃い学問あるいは技術と捉えられてきた。マーケ
ティングの現場は，机上ではなく，企業や取引の場面，消費者や産業用使用者
という顧客の内部にある。マーケティングは，交換によって「利益」を得るこ
とだけが目的ではなく，顧客の「満足」や「達成感」などを得ることが目的の
場合もある。かつて過剰な農産物の市場問題に端を発したマーケティング活動
やその研究は，この1世紀と少しの間に大きくその主体も対象も変化した。

　また，企業の業績が下降，あるいは商品の販売が芳しくなくなると，すぐに
「マーケティング，マーケティング」といわれてきた。しかしマーケティング
は，企業経営を立て直す魔法の道具ではない。何度も取り上げてきたが，売り
手と買い手という場面だけでマーケティングが活用されるのではなく，送り手
と受け手など様々な場面でも活用できる。マーケティングは「市場対応」と短
く定義されたり，「顧客対応」と言い換えられたりされることもある。基本的
には，市場や顧客といういい方は，「利益」を追求する場面では適しているが，

その以外でマーケティングが行われるような場面では，適していない場合もあろう。それではどのようないい方がマーケティングを短く定義する上で適切であろうか。

わが国では2018年に「忖度」という言葉が，しばしば使用され，年末の流行語大賞にもノミネートされた。忖度という本来は美しい言葉が，いつの間にか汚れた言葉として，マイナスの意味を持つ言葉と認識されるようになったことは嘆かわしい。しかしマーケティングは，美しい言葉の意味での忖度であろう。対象が市場や顧客，相手など様々に変化しても，マーケティング主体（マーケター）はこれらの対象を忖度し，対象への最適解を提供することがマーケティングの目的となる。最適というのは，それが製品やいわゆるサービスであることもあろうし，単なる行為もあるだろう。世界中で美しい言葉である忖度としてのマーケティングが浸透することを期待したい。

おわりに

本章では，20世紀後半にマーケティングの世界でも浸透したインターネットが，マーケティングにおいて活用されることの拡大を取り上げた。さらにインターネットにより，単に情報がやりとりされるだけではなく，ナローバンドからブロードバンドの段階へと進むにつれ，インターネット上での取引が盛んになった。それだけでなく，やりとりされる情報が蓄積され，ビッグデータとして認識され，それがマーケティングに及ぼす状況を取り上げた。

また，情報のやりとりが一方向ではなく双方向となり，しかも瞬時に伝達される時代となった。それまで想像することもできなかったことが個人レベルで行われ，生活自体が変化している。そして，これまでのマーケティングの手順やその効果への疑問として，起業論で取り上げられたエフェクチュエーションをマーケティングのこれまでのプロセスについて再考し，今後のマーケティングに思いをめぐらせた。

演習課題

①ICTの発達により，企業のマーケティング活動に最も影響を与えたのは何であろうか。1つ取り上げてその影響について考えてみよう。

②日々大量に発生するデータを活用することにより，われわれの生活はどのように変化していくか，マーケティングの視点から消費者の生活について考えてみよう。

③マーケティング戦略に対する新たなマーケティングの手法として，エフェクチュエーション・マーケティングがある。この手法の特徴について考えてみよう。

【参考文献】

Sarasvathy, S.D. (2008) "Effectuation: Elements of Entrepreneurial Expertise, Cheltenham", UK, Edward Edgar Publishing.（加護野忠男監訳，髙瀬進・吉田満梨訳『エフェクチュエーション─市場創造の実行理論』碩学社，2015年）

折笠俊輔（2015）「流通視点でみるビッグデータ活用の現状と課題」『流通情報』No.515，流通経済研究所，pp.6-14.

栗木契（2015）「無限後退問題とエフェクチュエーション」『国民経済雑誌』211巻4号，pp.33-46.

電通コーポレート・コミュニケーション局（2011）『ニュースリリース』2011.1.31

西川英彦・澁谷覚編著（2019）『1からのデジタル・マーケティング』碩学舎
http://www.dentsu.co.jp/news/release/pdf-cms/2011009-0131.pdf（2019.5.4確認）

日本マーケティング学会マーケティングリサーチプロジェクト，エフェクチュエーション研究会
http://www.j-mac.or.jp/research-project/5536/（2019.5.5確認）。

見吉英彦（2016）「競争戦略論におけるエフェクチュエーションの可能性に関する考察」『サービス経営学部研究紀要』第29号，西武文理大学，pp.37-48.

石川和男

索　引

【著者紹介】（執筆順）

鈴木　寛（すずき　かん）‥‥‥‥‥‥‥‥‥‥‥‥‥‥‥‥‥第2章　執筆
東洋大学経営学部専任講師　博士（商学）

坪井明彦（つぼい　あきひこ）‥‥‥‥‥‥‥‥‥‥‥‥‥‥‥第4章　執筆
高崎経済大学地域政策学部教授

佐藤敏久（さとう　としひさ）‥‥‥‥‥‥‥‥‥‥‥‥‥‥第10章　執筆
高崎経済大学経済学部教授　博士（商学）

庄司真人（しょうじ　まさと）‥‥‥‥‥‥‥‥‥‥‥‥‥‥第13章　執筆
高千穂大学商学部教授

【編著者紹介】（執筆順）

石川和男（いしかわ　かずお）‥‥‥‥はしがき，第1章，第6章，第11章，第15章　執筆
専修大学商学部教授　博士（経営学）
東北大学大学院経済学研究科博士課程後期修了
［主要業績］『新版　地域マーケティングの核心―地域ブランドの構築と支持される地域づくり―』（共編著），同友館，2016年。『産業復興の経営学―大震災の経験を踏まえて―』（共編著），同友館，2017年。『現代マーケティング論』（単著），同文舘出版，2020年

石原慎士（いしはら　しんじ）‥‥‥‥‥‥‥‥第3章，第5章，第8章，第9章　執筆
宮城学院女子大学現代ビジネス学部教授　博士（学術）
弘前大学大学院地域社会研究科博士後期課程修了
［主要業績］『新版　地域マーケティングの核心―地域ブランドの構築と支持される地域づくり―』（共編著），同友館，2016年。『産業復興の経営学―大震災の経験を踏まえて―』（共編著），同友館，2017年

佐々木茂（ささき　しげる）‥‥‥‥‥‥‥‥‥第7章，第12章，第14章　執筆
東洋大学国際地域学部教授　博士（商学）
明治大学大学院商学研究科博士後期課程単位取得満期退学
［主要業績］『新版　地域マーケティングの核心―地域ブランドの構築と支持される地域づくり―』（共編著），同友館，2016年。『産業復興の経営学―大震災の経験を踏まえて―』（共編著），同友館，2017年

2021年4月30日　第1刷発行

入門　マーケティングの核心
―マーケティングの未来を展望する―

Ⓒ編著者　　　石　川　和　男
　　　　　　　佐　々　木　茂
　　　　　　　石　原　慎　士

　　　　発行者　　脇　坂　康　弘

発行所　株式会社 同友館

〒113-0033 東京都文京区本郷3-38-1
TEL.03(3813)3966
FAX.03(3818)2774
http://www.doyukan.co.jp/

落丁・乱丁本はお取り替えいたします。　　　　　三美印刷／松村製本
ISBN 978-4-496-05517-1　　　　　　　　　　　　Printed in Japan